La Famille Heureuse

SEMINAIRE BIBLIQUE

Manuel d'Évangélisation
Vie de Famille

Gordon & Waveney Martinborough

Toutes les références bibliques, sauf indications contraires, sont tirées de la version Louis Segond, édition revue avec références. Alliance Biblique Universelle.

Logo par Enrique Urguijo

Maquette par Jainie Baltodano

Traduction française par Ketlie Henry

Droits d'auteur ©2004, Gordon & Waveney Martinborough et Conférence Générale des Adventistes du Division Interaméricaine.

ISBN-13: 978-1-4796-0709-9
Library of Congress Control Number: 2016905807

MIRACLES

La série de *Séminaires Bibliques « La Famille Heureuse »* a été créée pour la gloire de Dieu, par la grâce du Christ, sous l'inspiration du Saint-Esprit.

En 1987, lors d'une campagne, le Pasteur Redvers Philbert, remarquant que je présentais chaque soir une capsule sur la « Vie Familiale » juste avant le sermon d'évangélisation, mais distincte de ce dernier, me mit au défi de combiner ces deux éléments du programme en une seule présentation. Ma réponse initiale fut: « C'est impossible! »

Cependant, en quelques semaines, l'Esprit Saint se mouvant au-dessus de mon esprit, lui insufflant son inspiration impressionnante, je compris que cela pouvait se faire et devait être fait. Cela impliquait la tâche exigeante d'intégrer toutes les questions importantes de la Vie Familiale aux grandes doctrines de la Bible dans des présentations conceptuellement compatibles. Tout d'abord rampant, puis sur les deux pieds, et ensuite en marche vers le sommet de la montagne de l'harmonisation conceptuelle, l'Évangélisation Intégrée par la Vie Familiale poursuit aujourd'hui sa course autour du monde!

Éduquer les familles en les évangélisant a été une expérience rafraîchissante. Ce fut enrichissant de conduire simultanément l'Éducation par la Vie Familiale pour l'église et l'Évangélisation par la Vie Familiale pour la communauté.

Cet ouvrage est un manuel d'ensemble. Il comprend non seulement des séries complètes de plans de sermons, mais il articule la philosophie et la méthodologie de l'Évangélisation par la Vie Familiale. Il ébauche des stratégies pour la « Préparation Prospective » avant la campagne, la « Visite des Intéressés » pendant la campagne et la « Consolidation du Nouveau Croyant » après la campagne. De plus, il propose de nouvelles séries de cartes dont la valeur a été vérifiée pour la collecte de noms comme une alternative viable à la session traditionnelle de questions bibliques chaque soir.

Tout comme l'ordinaire verge de Madian devint la verge mystérieuse de Dieu entre les mains de Moïse pour les miracles d'hier, que ce manuel devienne un instrument puissant de Dieu entre vos mains pour les miracles du salut divin aujourd'hui. Qu'il puisse contribuer à apporter la réponse à la prière de l'Apocalypse, « Amen, viens Seigneur Jésus ».

Gordon O. Martinborough

Remerciements spéciaux à

Dr. Earl E. Cleveland, qui m'a doté d'un potentiel illimité pour un leadership en évangélisation

Dr. Kembleton S. Wiggons, qui m'a poussé à penser l'évangélisation avec un esprit critique et scientifique

Dr. Roy MCGarrell qui m'a introduit à l'éducation pastorale en Vie Familiale

Dr. John Youngberg, qui fut la première personne à ouvrir ma vision pastorale du Ministère de la Famille.

Mme. Nancy Van Pelt, dont les livres ont nourri mon intérêt pour et ma compréhension de la famille.

Pasteur Redvers Philbert de la Grenade, pour m'avoir porté à créer des présentations intégrées.

Dr. George Brown, ancien président de la Division Interaméricaine, qui a pourvu l'environnement et l'encouragement nécessaire au foisonnement de « l'Évangélisation par la Vie Familiale ».

Pasteur Israël Leito, président de la Division Interaméricaine, pour avoir supporté et facilité le développement de ce projet d'évangélisation.

Dr. Floyd Bresee, ancien Secrétaire de l'Association Pastorale à la Conférence Générale, pour avoir publié une version embryonnaire de ce manuel il y a une décade.

Pasteurs de district des différents pays qui ont travaillé avec moi dans maintes campagnes, et ont évalué le contenu et la méthodologie de l'Évangélisation par la Vie Familiale.

Mme. Jainie Baltodano, qui a dédié son expertise à la mise en page et à l'illustration de ce manuel.

Federico Jay Davis et Enrique Urquijo pour notre collaboration perspicace, et leur production artistique des sermons présentés sur Power Point.

Jose Rojano et son personnel au « Centro Audio Digital (CAD) », qui ont produit le CD pour cette série de sermons.

Waveney, ma bien-aimée et dévouée épouse depuis quarante ans, pour avoir pourvu le « Laboratoire de Sagesse » nécessaire pour l'expérimentation et la compréhension des questions relatives à la famille.

Gordon O. Martinborough

TABLE DES MATIÈRES

MODULE UN 1
  Cinq raisons en faveur de l'Évangélisation par la
    Vie Familiale 1

MODULE DEUX 4
  La Méthode 4
    I Définition 4
    II Les Séries 4
    III Le Sermon 4

MODULE TROIS 7
  Plan détaillé de la campagne 7
    I Le cycle de la conversion 8
    II Le cycle du Sabbat 9
    III Le cycle du baptême 10
    IV Le cycle de la décision 11
    V Le cycle de la consolidation 12

MODULE QUATRE 13
  Vingt-quatre sermons 13

MODULE CINQ 182
  Six services de Sabbat 182
    I Premier Sabbat: Journée de Prière, Programme de
      Visites et Sermon 184
    II Deuxième Sabbat: Programme ordinaire 189
    III Troisième Sabbat: Célébration du Sabbat ... 196
      Étude de la Leçon et Sermon 197
    IV Quatrième Sabbat: Première cérémonie de
      Baptêmes 208
      Étude de la Leçon, Sermon, Programme de
      l'après-midi 209
    V Cinquième Sabbat: Deuxième cérémonie de Baptêmes 218
      Étude de la Leçon, Sermon, Programme de l'après-midi 219
    VI Sixième Sabbat: Journée d'Actions de Grâce et Sermon 227

MODULE SIX 228
  Préparation et Conservation 230
    I Conservation intentionnelle 230
    II Pré-campagne de conservation 231

III	Campagne de conservation	232
IV	Post-campagne de conservation	233
V	Le Décompte	233

MODULE SEPT — 236
Visites hebdomadaires — 236
  I Première Semaine: Amitié et Prière — 236
  II Deuxième Semaine: Inscriptions des intéressés et Prières — 236
  III Troisième Semaine: Décisions et Cartes
      d'autorisation de Baptême — 236
      Considération des remarques — 238
  IV Quatrième Semaine: Baptême & Consolidation — 239

MODULE HUIT — 240
Les ressources — 240
  I La Carte de Prière — 240
  II Service de demi Veillée de Prière et de Louange — 241
  III Cours de préparation des intéressés — 248
      Famille Heureuse, Séries AA, 8 leçons
  IV Sondage des familles dans la communauté — 271
  V Cours de conservation pour les nouveaux croyants
      Famille Heureuse, Séries C, 12 leçons — 272
  VI Cartes de la campagne: 14 modèles — 304
  VII Trois cartes spéciales — 312
  VIII Programme du soir — 314

MODULE NEUF — 315
Dix Bienfaits de l'Évangélisation par la Vie Familiale — 315

MODULE DIX — 317
La Puissance et la Gloire — 317
  I La Puissance — 317
  II La Gloire — 317
  III Chant Thème — 319

Chant thème de la série Famille Heureuse :
« Le Seigneur des miracles »

MODULE UN

CINQ RAISONS EN FAVEUR DE L'ÉVANGÉLISATION PAR LA VIE FAMILIALE

Pourquoi devrions-nous nous engager dans l'évangélisation par la Vie Familiale? Il y a au moins cinq bonnes raisons à cela.

I   C'EST UNE METHODE DIVINE POUR COMMUNIQUER LA VERITE.

1. À travers les Écritures, Dieu a fait usage de paraboles sur la famille mettant en évidence tant le rapport entre l'époux et l'épouse que celui entre le parent et l'enfant pour enseigner des leçons sur ses relations avec nous.
2. Exemples des relations parent - enfant comme leçons de chose:
    a. Abraham et le sacrifice d'Isaac.   Genèse 22:1-14
    b. Le père qui prend pitié.   Psaume 103:13, 14
    c. La mère qui n'oublie pas.   Ésaïe 49:14-16
    d. Le « Notre Père ».   Matthieu 6: 9
    e. La parabole du fils prodigue.   Luc 15:11-32
    f. La discipline parentale.   Hébreux 12:6, 7
3. Exemples des relations mari et femme comme paraboles:
    a. L'histoire d'Osée et de Gomer.   Le livre d'Osée
    b. Salomon et son épouse Sulamithe.   Cantiques des Cantiques
    c. Ruth et Boaz.   Le livre de Ruth
    d. Les paraboles du Christ sur le mariage.
                                            Matthieu 22
    e. Les noces de l'Agneau.   Apocalypse 19
    f. L'exemple classique.   Éph. 5:21-33
4. Par conséquent, l'utilisation de la famille terrestre pour illustrer la vérité spirituelle n'est pas une machination humaine. C'est une méthode divine.

II   IL PRODUIT UNE DOUBLE RÉFORME.

1. Nous sommes bien conscients du fait que Dieu a créé deux institutions dans le beau jardin d'Éden : Le mariage et le Sabbat.
2. Nous sommes aussi conscients du fait que la papauté a rabaissé le saint Sabbat de Dieu.

3. La question est donc: La papauté a-t-elle aussi déprécié le mariage? Et la réponse est "Oui."
4. Comment a-t-elle déprécié le mariage?
   a. Par le célibat du clergé. L'homme vraiment saint n'est pas l'homme marié, c'est le célibataire.
   b. En perpétuant le dualisme gnostique de la chair et de l'esprit, dépréciant ainsi la relation sexuelle.
5. En tant qu'adventistes du 7e jour, nous proclamons fièrement qu'en tant qu'Église du Reste de Dieu, nous sommes les "réparateurs de la brèche», les "restaurateurs des chemins." Et nous sommes connus pour avoir restauré le Sabbat!
6. La grande question est la suivante: sommes-nous aussi connus pour la restauration du mariage et de la famille? Sinon, pourquoi?
7. Les adventistes devaient être à l'avant-garde, non seulement pour la restauration du Sabbat, mais également pour la restauration de la famille.
8. L'Évangélisation par la Vie Familiale aide à remplir cette mission.

III L'ÉVANGÉLISATION PAR LA VIE FAMILIALE MET EN ÉVIDENCE LE CARACTÈRE AIMANT DE DIEU.

1. Alors que nous sommes d'accord que Dieu est amour, nous manquons à notre devoir de faire le portrait de cette image dans la présentation de certaines campagnes évangéliques.
2. L'Évangélisation par la Vie Familiale nous permet de faire le portrait du Dieu d'amour parce que toutes les doctrines de la Bible sont présentées dans le contexte d'une relation d'amour – soit la relation d'amour existant entre mari et femme ou entre parent et enfant – mettant ainsi en évidence le fait que "Dieu est amour".

IV ELLE NOUS AIDE À ATTEINDRE LES CLASSES PRIVILÉGIÉES DE NOTRE SOCIÉTÉ.

1. Si nous sommes honnêtes avec nous-mêmes, nous devons confesser que la plupart de nos programmes d'évangélisation sont destinés aux masses des couches défavorisées de notre société.
2. Mais qu'en est-il des classes privilégiées? Le Christ n'est-il pas

mort aussi pour eux?
3. Ellen G. White demande, "Nous parlons et écrivons beaucoup au sujet du pauvre négligé: ne devrait-on pas accorder un peu d'attention au riche négligé?" *Évangélisation* p. 555.
4. Puisque ces gens sont matérialistes, ne serait-il pas sage de leur présenter un paquet contenant des bénéfices terrestres et célestes? En voici certains exemples: La Bible et la Santé, la Bible et la Vie Familiale.

V L'ÉVANGÉLISATION PAR LA VIE FAMILIALE FACILITE LA PRÉSENTATION DU MESSAGE D'ÉLIE.

1. Ce message comprend un renouveau de la famille. Malachie 3:4
2. Alors que le service de Baal permettait l'adultère (Nombres 25:1-3), Élie exigeait la moralité sexuelle.
3. Alors que le service de Baal sanctionnait le sacrifice des enfants (Jérémie 19:5), Élie exigeait l'amour des parents (Malachie 3:4).
4. L'Évangélisation par la Vie Familiale nous donne la possibilité d'appeler nos communautés à une transformation de la Vie Familiale.
5. En même temps, elle appelle les membres de nos églises à une réforme de la Vie Familiale.

MODULE DEUX

MÉTHODOLOGIE

Comment créons-nous un programme d'Évangélisation par la Vie Familiale? Examinons les étapes pour créer les séries et les principes pour présenter les sermons. Étudions tout d'abord la définition.

I DÉFINITION
L'Évangélisation Intégrée par la Vie Familiale est une méthode divine qui combine des questions vitales pour la famille avec des doctrines bibliques appropriées selon une approche unitaire centrée sur le Christ.

II LES SÉRIES
Pour créer les séries, nous:
1. Faisons une liste des questions vitales que nous voulons aborder sur la vie familiale. Ces dernières comprennent des thèmes dans trois grands domaines: La préparation prénuptial, le mariage et l'art d'être parent.
2. Nous faisons ensuite une liste des doctrines de la Bible que nous devons couvrir dans chacune des séries d'évangélisation. Cela pourrait conduire les intéressés vers trois points de décisions majeurs: la conversion au Christ, l'obéissance à Christ, le baptême en Christ.
3. Finalement, nous recherchons les thèmes de la première liste qui sont conceptuellement compatibles avec les sujets de la deuxième liste. Quand nous les trouvons, nous les unissons et leur donnons un titre commun.
4. Dans le module trois, nous examinerons une liste complète de sujets avec des titres appropriés.

III LE SERMON

1. Un sermon ordinaire comprend quatre parties: A, B, C et D.
   A. Attention
   B. La doctrine biblique
   C. Le Christ
   D. La décision

2. Un sermon de l'évangélisation par la Vie Familiale comprend quatre parties: A, B, C et D.
   A. La famille (qui reçoit la plus grande attention.)
   B. La doctrine biblique
   C. Le Christ
   D. La décision

Voici des repères pour chacune de ces parties :

A. La famille
   1. Soyez pratique. Donnez des informations sur "le comment".
   2. Enseignez plus que vous ne prêchiez.
   3. Soyez clair et précis. "Cinq étapes", "Trois clés", "Sept Secrets", etc.
   4. Utilisez des textes bibliques dans la section sur la famille.
   5. Tournez les regards vers Jésus toutes les fois qu'il est possible.
   6. Ajoutez de l'humour avec prudence.
   7. Utilisez des illustrations qui ont rapport avec le style de vie.
   8. Utilisez des aides visuelles.
   9. Soyez sexuellement inclusif.
   10. Restez dans les limites du temps.

B. La Doctrine Biblique
   1. Établissez une bon enchaînement, une transition souple entre les parties A et B.
   2. Soyez orienté vers l'individu, utilisant des biographies pour enseigner les doctrines.
   3. Soyez interactif. Utilisez le principe des paraboles, allant tout à tour de la famille terrestre à la famille céleste, comme dans le modèle présenté dans Éphésiens 5.

C. Le Christ
   1. Introduisez le Christ dans la section sur la famille toutes les fois qu'il est possible.
   2. Placez le Christ au centre de la section sur les doctrines.
   3. Rappelez-vous que le Christ a dit, "Je suis la vérité". Par conséquent, si une présentation n'est pas centrée sur le Christ, elle n'est pas la Vérité!

D. **La Décision**
   1. Dans chaque sermon nous avons besoin d'appeler les gens à prendre une décision.
   2. Nous devons faire un appel pour une décision dans la section sur la famille aussi bien que dans la partie doctrinale.
   3. Il y deux types de décisions: la décision légère et la décision bien pesée.
   4. Quand vous faites un appel du haut de l'autel, utilisez un mécanisme de progression.
      a. On lève les mains
      b. On se met debout
      c. On s'avance vers l'autel

MODULE TROIS

PLAN DETAILLE DE LA CAMPAGNE

Qu'est-ce qu'un plan détaillé? Pourquoi en avons-nous besoin? Le plan détaillé de la campagne est le plan de base du prédicateur. La ligne correspondant à chaque rencontre indique le sujet annoncé, la section sur la famille, la doctrine biblique, la procédure pour l'appel, le coin spécial et la carte correspondante. Il présente tout le programme en un coup d'oeil et aide les prédicateurs à savoir dès le début où ils vont et comment y arriver. Voici le plan détaillé pour les Séminaires bibliques « la Famille Heureuse. »

NUMÉRO DU SÉMINAIRE	SUJET	THÈME SUR LA FAMILLE	THÈME DOCTRINAL	APPEL	COIN SPÉCIAL ET CARTE
1 Vendredi	SEMAINE 0: OUVERTURE Quatre Secrets pour une Famille Heureuse	Estime de Soi Sacrifice du Moi	Existence de Dieu Dieu et la Famille	A Lever les mains M Quelle est douce l'harmonie (C)	*Défilé (1)
Sabbat	JOURNÉE DE PRIÈRE & VISITES ÉS: Étude de la leçon comme à l'ordinaire Culte: "Qui appelle ?" PM: Visites/Distribution de prospectus			Matin: 3 Séances de prières Après-midi: Visites, Distribution de Prospectus Soir: Campagne (A=Action, C=Chant M=Musique)	

7

NUMÉRO DU SÉMINAIRE	SUJET	THÈME SUR LA FAMILLE	THÈME DOCTRINAL	APPEL	COIN SPÉCIAL ET CARTE
2	SEMAINE 1: LE CYCLE DE LA CONVERSION Est-ce vraiment de l'amour? Sept façons de le savoir	L'amour humain: La Sensualité face à l'Amour	L'amour du Christ	A. Autel: Couples/Jeunes M. Je viens Seigneur (C) Entre tes mains (C) Quelle est douce (C)	ñ Sondage du public (2) ñ Introduction de l'équipe
3	Les trois facteurs essentiels d'une Communication Réussie	Parler, Écouter & Échanger	Prière, Étude biblique, et Méditation	A. Prière : Groupes de deux personnes M. Dans le jardin où (C)	ñ Qui suis-je? (3) ñ REMISE DE CERTIFICATS (Facultatif)
4	La clé de voûte de la Compatibilité conjugale	Les Six Clés de la Compatibilité	Conversion : La clé de voûte	A. Autel : Cercle de Prière M. Seigneur des Miracles(C) À Dieu soit la Gloire (C)	* Cercle de Puissance I (4)
5	Trois façons de dire, « Je t'aime » L'une d'entre elles est irrésistible	V.A.K : Le couple	VAK : Le couple	A. Debout M. Bientôt le Seigneur va venir (C)	
6	Sept étapes pour Résoudre les conflits Conjugaux	Conflits Conjugaux	Les conflits conjugaux	A. Appel de l'Autel M. Tel que je suis (C)	* Requêtes de Prière (5) Annonce du Sabbat
Sabbat	JOURNÉE DE PRIÈRE & DE VISITES ÉS: Étude de la leçon CULTE: «Le Secret de la Victoire » Après-midi(PM): Visites			I=Musique instrumentale	AM: Trois Séances de Prières PM: Visites et Invitations Soir: Campagne

NUMÉRO DU SÉMINAIRE	SUJET	THÈME SUR LA FAMILLE	THÈME DOCTRINAL	APPEL	COIN SPÉCIAL ET CARTE
7	SEMAINE 2: CYCLE DU SABBAT Sept façons de gérer le Stress et de jouir de la Paix intérieure!	Gestion du Stress	Sabbat	A Lever les mains M Pleine Paix (C)	Mon sujet favori !(6) Inscription pour le Sabbat Enveloppe pour offrandes
8	Six faits que tout couple devrait savoir au sujet du Sexe	Intimité Sexuelle	Intimité Spirituelle	A Lever les mains M Je suis à toi, Gloire à ton nom suprême (C)	Le Mariage & Moi: Sermon (7) Inscription pour le Sabbat Enveloppes
9	"Chéri, je suis enceinte!"	Conception et Naissance	**Le Baptême: Une Nécessité**	A Autel : Cercle de Prière M Seigneur des Miracles À Dieu soit la gloire (C)	Cercle de Puissance II (8) Inscription pour le Sabbat Enveloppes
10	Oui, elle est célibataire, charmante et adorable	Célibat	Choix et Récompenses	A Appel de l'autel M Je suis à toi, Gloire à ton nom suprême (C)	Distribution de la Carte d'inscription pour le Sabbat
11	Ce que Dieu a uni! Renouvellement des vœux de mariage	Permanence: Mari et Femme	Permanence: Le Sabbat et le Sauveur	A Témoignage Public M Marche nuptiale (I) On est bien à la Maison (C)	Annonce de la date des Baptêmes Enveloppes pour Offrandes de gratitude Distribution de la
Sabbat	CÉLÉBRATION ES: Six Bénédictions CULTE: Attendez-vous à un Miracle!		Sabbat- Observation Baptême : Israël	A Lever les Mains M Matin : 4 chants À Dieu soit la gloire (C) PM : Festival musical	« Six bénédictions » pour les invités

NUMÉRO DU SÉMINAIRE	SUJET	THÈME SUR LA FAMILLE	THÈME DOCTRINAL	APPEL	COIN SPÉCIAL ET CARTE
12	SEMAINE 3: Cycle de Baptêmes Sept façons de Baptêmes	Satisfaction Sexuelle	Baptême: Excuses, Paul	A Urnes M Aujourd'hui, tu m'appelles (C)	ñ Mon Vote: Urne (10) ñ Offrande de gratitude
13	Mon ange, où est l'argent? Six Secrets pour la réussite financière	Argent	Dîme & Renoncement	Appel de l'autel A M Entre tes mains j'abandonne (C)	ñ Est-ce vrai? (11) † Autorisation de baptême
14	Huit étapes vers la Guérison, la Santé, et le Bonheur	Santé et Guérison	Renoncement & Victoire	A Cercles élargi et Cercle étroit M Seigneur des Miracles	ñ Cercle de Puissance III (12) † Autorisation de
15	Qui est le chef dans ce foyer?	Relations entre le Mari et la Femme	Baptême: Geôlier	A Appel de l'autel et Urne M Entre tes mains	Film: J. Lingo ñ Invitation (13) † Autorisation de
16	Comment porter mon Enfant à Obéir-	Obéissance	Obéissance	A Appel de l'autel M Aujourd'hui tu (C) Tel que je suis (C)	Révision des concepts doctrinaux
Sabbat	BAPTÊME I ÉS : Montage avec les Voix de Jésus et de EGW CULTE : Comment devenir un grand homme		Esprit de Prophétie Baptême	A 2e Appel de la chaire M Ah si ton sang (C) Matin :Trois chants PM : Mimi Festival et Trois chants	† Voix de Jésus (Invités) † Autorisation de baptême BAPTÊME I

NUMÉRO DU SÉMINAIRE	SUJET	THÈME SUR LA FAMILLE	THÈME DOCTRINAL	APPEL	COIN SPÉCIAL ET CARTE
17	SEMAINE 4 : LE CYCLE DE LA DÉCISION	Des méthodes pour élever les enfants et la discipline	L'enfer et le ciel	A Appel de l'autel M Tel que je suis (C) Me voici devant ta (C) Voir Mon Sauveur face	Mon Témoignage (14) † Autorisation de baptême
20	Dix choses que tout homme devrait savoir au sujet de la femme	La Femme : Ses caractéristiques	L'Église du reste	A Appel de l'autel M Je suis à toi, gloire à ton nom suprême (c) Oui, ton amour (c)	† Autorisation de baptême BAPTÊME II
19	Quatre façons de parler avec les langues efficacement dans mon église et dans ma famille BAPTÊME II	Les langues au foyer	Les langues dans l'église	A Appel de l'autel M Seigneur de Miracles	† Autorisation de baptême e
21	Dix choses que toute femme devrait savoir au sujet de l'homme	L'homme : Ses caractéristiques	Jésus-Christ	A Appel (Sermon) M Un regard sur (c) Tel que je suis (C) Me voici devant ta (C	† Autorisation de baptême
22	Embrasse-moi et baise-moi ! J'ai seize ans !	L'adolescent	Prodigue : Décision	A Appel de l'autel J'ai longtemps erré sans (c) Le Maître est là qui (C)	† Autorisation de baptême
Sabbat	BAPTÊME III ÉS : Bénédictions, enveloppes pour les dîmes S : Les secrets du succès PM : 1- Être membres d'église 2.Conservation : ÉS, 3. Témoignages 4.Prises de photos		Dîmes et Offrandes Réussite spirituelle	A Appel de l'autel M Voir mon Sauveur (C) Matin : Trois chants P-M : Quatre chants	« Bénédictions » (Invités) † Autorisation de baptême BAPTÊME III

NUMÉRO DU SÉMINAIRE	SUJET	THÈME SUR LA FAMILLE	THÈME DOCTRINAL	APPEL	COIN SPÉCIAL ET CARTE
18 Dimanche		Maternage et responsabilité	Le sanctuaire et le jugement	A Appel de l'autel M Lorsque devant l'agneau Me voici devant ta face (C)	BAPTÊME IV
23 Mercredi		Récupérer du chagrin	La mort et la résurrection	A Appel de l'autel M Seigneur de Miracles)	Activité Sociale Témoignages Étude Prière
C1 N'importe quel soir de la semaine	Quatre façons de parler avec les langues efficacement dans mon église et dans ma famille BAPTÊME II				
24 Vendredi	Dix choses que toute femme devrait savoir au sujet de l'homme	Mari et femme : Trois clés	Le Christ et moi : Cinq clés	A Debout M Je suis à toi, gloire (C)	
Sabbat	Embrasse-moi et baise-moi ! J'ai seize ans !			A Témoignages M À Dieu soit la gloire (C)	

MODULE QUATRE

VINGT-QUATRE PLANS DE SERMONS

Sermon 1

LES QUATRE SECRETS D'UNE FAMILLE HEUREUSE

ATTENTION

1. « Au secours ! » Le beau mariage était en train d'être célébré. Soudain, au moment où le couple s'agenouilla pour prier la congrégation commença à pouffer de rire. Quelle en était la raison ? Quelque individu malicieux avait écrit en caractères gras les mots « AU SECOURS » sur chacune des semelles du marié. Aussi quand il s'agenouilla, l'assistance vit les semelles de ses chaussures et lut l'appel « AU SECOURS, AU SECOURS ! »
2. Tout mariage a besoin d'aide. Chaque foyer a besoin d'aide. Chaque famille a besoin d'aide.
3. Les statistiques sur le divorce sont alarmantes.
   a. Aux Etats-Unis d'Amérique, 50% des mariages se terminent par un divorce.
   b. Considérez les statistiques pour votre propre pays.
4. La bonne nouvelle est que l'aide est disponible. Nous avons les meilleurs conseils de notre Conseiller conjugal et il nous révèle les quatre secrets d'une famille heureuse.

I SECRET NO. 1 : S'AIMER
   A. **La raison**
      1. Notre texte de base : « S'aimer soi-même. » **Mat. 22 : 39**.
      2. Malheureusement, certains ne s'aiment pas !
      3. Examinons le principe trouvé dans   **Ac. 3 : 6**.
      4. Pierre disait : « Je ne peux pas donner ce que je n'ai pas, mais ce que j'ai, je pourrais le donner. »
      5. Illustrons : Si j'ai 6 objets, je peux en donner 3. Mais si j'en ai 3, je ne peux pas en donner 6.
      6. Il en est ainsi de l'amour ! Si je n'en éprouve pas pour moi-même, je ne peux pas en donner à mon conjoint.

7. Par conséquent, je devrais m'aimer moi-même.
8. Comment puis-je me défaire de mon complexe d'infériorité et développer une meilleure estime de soi. Voici les six étapes pour arriver à une plus haute estime de soi.

B. Les six Étapes
1. Me demander pourquoi ? **Ps. 43 : 5.**
2. Oublier mon passé. **Ph. 3 : 13, 14.**
3. Reconnaître que je suis unique. **Ps. 139 :14.**
4. Identifier mes points forts. **2R. 4 : 2.**
5. Penser et parler positivement. **Ph. 4 : 13.**
6. Me rappeler que Dieu m'aime. **Jé. 31 : 3.**

Important. Un mariage heureux ne consiste pas en ce que l'on a trouvé la personne qu'il faut, mais en ce que l'on est avec la personne qu'il faut.

II SECRET NO. 2 : AIMER MON PARTENAIRE PLUS QUE MOI-MÊME

1. Notre texte dit ceci : « Aime ton prochain comme toi-même. »
2. Quand l'avocat demanda, « Qui est mon prochain ? », Jésus raconta l'histoire du bon samaritain (Luc 10 : 29-37). Il a démontré que quiconque est dans le besoin est mon prochain.
3. Aussi, tout comme j'ai un prochain qui vit loin de moi et un prochain qui vit dans la maison d'à côté, mon conjoint est mon prochain le plus proche et le plus aimé !
4. C'est pourquoi, je devrais aimer mon conjoint comme moi-même.
5. Mon conjoint est mon alter ego !
6. Ce concept se retrouve dans **Ép. 5 :28**.
7. Quand je me regarde dans le miroir, je me vois. Quand je regarde le visage de mon conjoint, je vois mon second moi !
8. **Question** : Quand il y a conflit entre le désir de mon premier moi et celui de mon second moi que devrais-je faire ?
Réponse : Un texte puissant : **Mt. 15: 1.**
9. L'exemple de Jésus : **Mt. 15: 3.**
10. Un principe très puissant : **Jn. 13: 34.**

III SECRET NO. 3 : AIMER MON ENFANT COMME UN AUTRE MOI-MÊME

1. Si mon conjoint est mon prochain le plus proche, mon enfant est mon plus proche prochain après mon conjoint.
2. Si mon conjoint est un second moi-même, mon enfant est mon troisième moi.
3. La relation qui devrait exister entre parent et enfant est illustrée dans la prière dominicale. **Mt. 6 : 9**.
   a. Quand je m'adresse à Dieu, je dis, « Père »
   b. Quand mon enfant s'adresse à moi, il dit, « Père »
   c. Alors, quand mon enfant s'adresse à Dieu, est-ce qu'il dit « Grand-père » ?
4. Puisque les deux parents et l'enfant disent, « notre Père, » mon enfant et moi sommes des frères spirituels ! Des sœurs spirituelles !
5. Ainsi, les enfants devraient être traités avec respect et amour fraternel.
6. Voici ce que Dieu conseille aux parents. **Col. 3 :21**.

IV SECRET NO. 4 : AIMER DIEU PLUS QUE TOUT

1. Notre texte : **Mt. 22 :37**.
2. Dieu est nécessaire au mariage parce qu'il l'a créé.
3. Premièrement, il a créé l'univers dans son immensité remarquable ! Examinons, par exemple, notre propre Voie lactée :
   a. La dimension de la Voie lactée est de 100.000 années lumière !
   b. La vitesse de la lumière est de 298.051 Kms par seconde ! Aussi, une année lumière équivaut à : $298.051 \times 60 \times 60 \times 24 \times 365 = 9.399$ milliard de Kms !
   c. 100.000 années lumière = 939.934.000.000.000.000 Kms !
   d. Mais c'est là la dimension d'une seule galaxie !
   e. Il existe des millions de galaxies !
   f. Tout ceci pourrait-il voir le jour et survivre sans un architecte divin ?
   g. « Il y a un Dieu dans le ciel ! » (Ge. 1 :27, 28)
4. Puis Dieu institua le mariage.
5. Puisque Dieu est le l'architecte du mariage, il est l'expert dans la survie du mariage.
6. Vous rappelez-vous du mariage de Cana en Galilée ? Le problème ne fut pas le vin. La solution miraculeuse est que Jésus

changea l'eau en vin.
7. **La question** : Qu'est-ce que Jésus faisait là ?
   La réponse : Il avait reçu une invitation spéciale. Regardez le texte : **Jn 2 : 2.**
8. Supposez un moment qu'il ne fût pas invité ! Cela aurait causé de l'embarras et de la tristesse. Mais, parce qu'il avait été invité, il y avait de la joie et de la réjouissance éternelle.
9. Qu'en est-il de votre foyer ? Pas de vin ? Pas de joie ? Pas de paix ? Pas d'amour ?
10. Si seulement vous invitiez Jésus, il changerait votre eau en vin ; vos défis en victoires ; votre tristesse en joie.
11. **La question** : Comment puis-je l'inviter ?
    La réponse : Par le culte familial. Par les chants et la prière et l'étude de la Bible. Chaque matin et chaque soir.

DÉCISION

1. Revoyons nos quatre secrets.
   a. M'aimer
   b. Aimer mon conjoint mieux que moi-même.
   c. Aimer mon enfant comme moi-même.
   d. Aimer Dieu par-dessus tout.
2. Ce soir, Christ est en train de frapper à la porte de votre foyer, et à la porte de votre cœur. Lui ouvrirez-vous la porte ?
3. Chant : « Quelle est douce l'harmonie ! »
4. Combien d'entre vous veulent-ils dire, « Seigneur, j'ouvre mon coeur et ma maison au Jésus des miracles. S'il te plaît change mon eau en vin; mes défis en victoires; ma tristesse en bonheur » ? **Levez vos mains.**
5. Prière

Sermon 2

EST-CE VRAIMENT DE L'AMOUR ?
SEPT FAÇONS DE LE SAVOIR

ATTENTION

1. Certains "tombent amoureux", se marient, puis découvrent qu'il ne s'agissait pas vraiment de l'amour. Alors, qu'est ce que c'était?
2. Est-ce vraiment de l'amour? Les couples qui ne sont pas encore mariés ont besoin de le savoir.
3. Pour chaque bonne chose que Dieu a créée, Satan a fait une contrefaçon.
4. Quelle est la contrefaçon de Satan pour l'amour ?
5. Comment faire la différence entre le vrai et le faux ?

PREMIÈRE PARTIE : SEPT CONTRASTES

I **Contraste No. 1 : La sensualité est un sentiment changeant. L'amour est un principe permanent.**

1. Quelqu'un a dit, « L'amour est un sentiment que vous ressentez quand vous allez avoir une sensation que vous n'avez jamais eue auparavant. » Ce n'est pas de l'amour !
2. L'amour est un sentiment, mais il n'est pas que sentiment ; c'est un principe.
3. Un principe permanent. **1 Co. 13 : 8**.
4. Nous aimons avec nos cœurs, mais encore plus avec nos têtes.

II **Contraste No. 2 : La passion est aveugle, mais l'amour voit et examine.**

1. Le dieu romain de l'amour, Cupide, était un gamin qui volait avec des arcs et des flèches les yeux bandés. Chaque fois que quelqu'un était touché par ce garçon aveugle, il ou elle tombait aveuglement amoureux de la première personne sur son chemin. Ce n'est pas de l'amour !
2. L'amour n'est pas aveugle ; l'amour a des yeux. Il voit et il

examine l'autre personne, évalue ses points forts et ses points faibles intelligemment.
3. La question du Christ. (Marc 8 :18)

III Contraste no. 3 : La sensualité est obsédée par l'extérieur. Mais l'amour se concentre sur l'intérieur.

1. L'extérieur constitue la forme, le style, et l'attirance sexuelle.
2. L'intérieur comprend la personnalité, les habitudes et le caractère.
3. L'amour admire l'extérieur, mais il est plutôt fasciné par l'intérieur.
4. Le point de mire de l'amour est aussi le point de mire de Dieu. **1 Sa. 16 : 7.**

IV Contraste no. 4 : La passion est promiscue mais l'amour est pur.

1. L'amour respecte le septième commandement de Dieu. **Ex. 20 : 14.**
2. L'amour réagit comme Joseph l'a fait face à la femme de Potiphar. **Ge. 39 : 9.**
3. Quand il est tenté par les relations sexuelles avant le mariage, l'amour dit « Attendons d'être mariés ! »
4. Quand il est tenté par les relations sexuelles extraconjugales, l'amour dit « Stop ! » [Je suis ou vous êtes déjà marié (e)].
5. Quand on est encouragé à avoir des relations sexuelles en dehors du mariage (la vie commune sans être mariés), l'amour dit, « Non ! Marions-nous »
6. Marions-nous, pendant cette campagne sur la « Famille Heureuse » ! Nous sommes là pour vous aider.

V Contraste no. 5 : La luxure est égoïste ; l'amour est sacrifice.

1. « L'amour ne cherche point son intérêt. »
2. Le voeu de la luxure est, « Qu'est-ce que je désire ? »
3. Le voeu de l'amour est, « qu'est-ce que tu désires ?»
4. L'amour se soucie du bien-être et du bonheur de l'autre.

VI Contraste no. 6 : La passion dépend de la chance ; l'amour dépend du dessein de Dieu.

1. La passion dit « que sera sera » - « Advienne que pourra .»
2. L'amour reconnaît que Dieu a un plan pour ma vie.
3. Illustration : L'histoire de Isaac et de Rebecca.   **Ge. 24 : 10-15.**
4. Voici un beau texte biblique.   **Jé. 29 : 11.**

VII Contraste no. 7 : La luxure vient de Satan ; l'amour vient de Dieu.

1. Satan a utilisé Hollywood (le cinéma) pour manufacturer des films luxurieux.
2. Alors que la planche de la luxure est Hollywood, la planche de l'amour est le ciel !
3. « Dieu est amour. »   **1 Jn. 4 :8.**
4. Tout vrai amour vient de Dieu et est à l'aise en présence de Dieu.

DEUXIÈME PARTIE : TROIS ÉTAPES

1. Est-ce que je passe le test des sept contrastes ?
2. Comment puis-je m'améliorer ? Voici trois étapes que je peux suivre pour améliorer ma vie amoureuse.

I Étape no. 1: Expérimenter l'amour de Jésus

1. « Il n'y a pas de plus grand amour »
2. C'était un jeudi soir. Regardez le Christ agonisant dans le jardin de Gethsémané !
3. La scène : Suant des gouttes de sang.
   a. Satan murmura, « Vous n'avez pas besoin de souffrir sur le Calvaire, retournez au ciel. »
   b. L'agonie de la décision finale du Christ lui fit suer des gouttes de sang !
   c. Mais en nous regardant, vous et moi, Jésus décida d'aller jusqu'au Calvaire !
   d. Quel amour sans égal !
4. Puis vint le Vendredi Saint. Contemplez la scène.
5. Voyez son dos blessé de 39 coups reçus deux fois ! Souffrez la douleur provoquée par les clous qui déchirent la chair de ses mains et de ses pieds ! Écoutez son cœur crier, « Mon Dieu

pourquoi m'as-tu abandonné ? »
6. Poème : « Regardez, de sa tête, ses mains, ses pieds
   La douleur et l'amour d'un même flot couler;
   Amour et douleur jamais si intimement liés,
   Et des épines, une couronne de roi, parer. »
7. Mais en plus de la douleur physique, il souffrait d'une angoisse mentale et spirituelle- de la terreur du péché !
8. Christ était en train d'éprouver la terreur de tous les péchés de tous les hommes, femmes et enfants de tous les pays de la terre, à travers tous les siècles de l'existence ! Tout cela pesait sur l'esprit de Jésus. Une telle angoisse est indescriptible.
9. Il souffrait la terreur de tous les meurtriers ! Toute la hantise de tous les voleurs ! Toute la culpabilité de tous les adultères ! Toute l'angoisse des violeurs ! Elles ont toutes bombardé l'esprit de Jésus ! Une telle angoisse est indescriptible.
10. Se sentant s'éloigner de plus en plus de Dieu, les péchés du monde semblant le séparer de son Père, il s'écria « Mon Dieu, mon Dieu, pourquoi m'as-tu abandonné ! »
11. Où était Dieu le père ? Il était là à côté de son Fils dans l'obscurité, souffrant avec son Fils, car « Dieu était en christ réconciliant le monde avec lui-même ! »
12. Quel amour ! Quel amour impénétrable !

II Étape no 2 : S'abandonner à l'amour de Jésus.

1. Alors que nous sommes debout au pied de la croix et que nous regardons ce Sauveur souffrant, je vous demande ce soir, aimez-vous vraiment Jésus ?
2. Quand le Christ rencontra Pierre, il lui posa cette question importante trois fois.   **Jn. 20 : 15-17**.
3. Ce soir, il vous pose la même question : « M'aimez-vous ? » Est-ce vraiment l'amour ? Est-ce une contrefaçon vide de l'amour ou est-ce le vrai, l'amour qui se sacrifie ?
4. **La question** : Comment savoir si mon amour pour lui est le vrai ?
   La réponse : Parce que son amour pour moi est véritable. Il a donné sa vie pour moi. Si mon amour pour lui est vrai, je lui donnerai toute ma vie.
5. Poème : « Entre tes mains j'abandonne.. »
6. Vous abandonnerez-vous entre ses mains ce soir ?

III   Étape no. 3 : Aimer mon conjoint comme Christ m'aime.

1. Quand l'amour de Jésus pénètre votre âme, il vous donne un commandement bouleversant.
2. Le texte : **Jn. 15 : 12**.
3. Voici la troisième étape pour l'amélioration de votre vie amoureuse : Aimer mon conjoint comme le Christ m'aime.
4. Malgré son indignité, son indifférence ; l'aimer comme le Christ m'aime.

DÉCISION
1. Chantez : « Je suis à toi, gloire à ton amour divin »
2. Combien veulent-ils dire ce soir, « Cher Seigneur, ce soir mon coeur est touché par l'amour merveilleux de Jésus ? Merci de m'aimer et de donner ta vie pour moi » ? Levez vos mains.
3. Combien veulent-ils ajouter, « Parce que je vous aime vraiment, ce soir je te donne entièrement ma vie » ? Mettez-vous debout là où vous êtes.
4. Et combien veulent-ils dire, « cher Seigneur, s'il te plaît, aide-moi à aimer mon conjoint comme tu m'aimes » ? **Levez votre main au ciel**.
5. Prière.

Sermon No. 3

LES TROIS FACTEURS ESSENTIELS D'UNE COMMUNICATION EFFICACE

ATTENTION

1. Mise en scène: Alice et Bernard (ou votre propre mise en scène). Depuis trois jours Alice, une femme au foyer, attend que Bernard rentre du travail pour avoir leur voiture pour faire les courses. Aujourd'hui elle décide de le confronter à ce sujet.
2. Chaque problème requiert une ordonnance, mais avant de prescrire l'ordonnance, nous avons besoin d'un diagnostic. La communication est la procédure de diagnose qui nous permet de trouver une cure.

PREMIÈRE PARTIE: LA COMMUNICATION CHEZ LE COUPLE

Quand un problème se présente, le couple a deux options.
    a. Pas de dialogue: "La guerre froide"
    b. Exploser: Une vraie guerre!
    c. Dialogue sincère: Résolution grâce à la communication.

FACTEUR ESSENTIEL A: PARLER AVEC SAGESSE

Le texte clé est: **Col. 4: 6.**

I   **Étapes no. 1 : Alice doit identifier le problème spécifique.**

Par exemple : « Bernard, j'ai un problème avec ton utilisation de la voiture. »

II   **Étapes no. 2 : « Alice devrait exprimer ses vrais sentiments. »**

1. Par exemple : « Je suis fâchée… », « Je suis en colère… », « Je suis déçue… », « Je me sens comme une esclave… »
2. Certaines personnes hésitent à exprimer leurs vrais sentiments.
3. Rappelez-vous de l'exemple de Jésus, l'Homme Modèle. Dans

son heure de détresse suprême, il n'a pas eu honte de dire « Mon âme est triste jusqu'à la mort. » (Mat. 26 :38)

III Étape no. 3 : Alice devrait énoncer clairement son désir.

1. Jésus a non seulement dit ce qu'il ressentait, il a exprimé ce qu'il voulait. « Restez ici et veillez avec moi. »(Mat. 26 :38)
3. S'il l'a fait, nous le pouvons nous aussi.

IV Étape no. 4 : Alice devrait utiliser des déclarations avec « je » comme sujet.

1. Il y a deux manières d'exprimer nos sentiments et nos besoins.
2. La 1ère option est l'utilisation des déclarations avec « vous » comme sujet.
3. Exemple : « Vous m'avez fait attendre chaque jour pour utiliser la voiture. »
4. La déclaration avec « vous »
   a. Vous rend responsable de mon humeur.
   b. Pointe mon doigt sur vous.
   c. Est une déclaration de guerre.
5. La 2e option est l'utilisation des déclarations avec « je ».
6. La déclaration avec « je »
   a. Exprime mes sentiments.
   b. Pointe mon doigt sur moi.
   c. Est une déclaration de paix.
7. Une déclaration avec « je » efficace stipule le problème, exprime comment je me sens, et explique ce que je veux.
8. Exemple : « Je suis fâchée d'attendre jour après jour pour pouvoir utiliser la voiture afin de faire les courses. »

FACTEUR ESSENTIEL B : ÉCOUTER ACTIVEMENT
Le texte clé est **Ja. 1 : 19.**

V Étapes no. 5 : Bernard devrait interpréter les sentiments d'Alice.

1. Dans la communication verbale les mots eux-mêmes expriment seulement 7% du message, le ton de la voix 38%. Le langage corporel transmet 55% du message !

2. Écouter effectivement ou attentivement, signifie entendre ce qui se dit et ce qui ne se dit pas. C'est combiner les mots, le ton de la voix, et le langage corporel pour interpréter les vrais sentiments afin de saisir 100% du message.

3. Christ, le Grand Communicateur, l'a fait. **Lu. 5 : 8**.
   Les mots de Pierre à Jésus était, « Retire-toi de moi »
   a. Mais son vrai cri était tout à fait l'opposé : « Reste avec moi. »
   b. Jésus interpréta son vrai message et répondit, « Reste avec moi, sois pour toujours mon disciple. »

VI   Étape no. 6 : Bernard devrait communiquer avec Alice avec empathie

1. Communiquer avec empathie, c'est me mettre à votre place et essayer de faire moi-même l'expérience de ce que vous ressentez.
2. On appelle cela « Communication intuitive ».

VII   Étape no 7 : Bernard devrait refléter les sentiments d'Alice.

1. La réflexion c'est reformuler vos sentiments.
2. C'est vous dire que je comprends ce que vous ressentez et ce que vous voulez.

VIII Étape no. 8 : Bernard devrait faire des déclarations dont le sujet est « vous ».

1. Exemple : « Alors vous vous sentez blessée parce que j'ai gardé la voiture tous les soirs cette semaine.
2. Dieu a reflété les sentiments de Jonas quand il dit : « Fais-tu bien de t'irriter ? »

Il est temps de faire un exercice!
1. Tournez-vous vers votre conjoint, ou la personne assise à côté de vous.
2. L'un de vous jouera le rôle d'Alice, et l'autre celui de Bernard. Choisissez votre rôle **maintenant**.
3. Alice devrait parler en utilisant des déclarations avec « je » pour sujet. Faîtes-le **maintenant**.   **Ja. 1 : 19**

FACTEUR ESSENTIEL C : CHANGEZ DE RÔLES AVEC GRÂCE

IX Étape no. 9 : Alice et Bernard devraient changer de rôles.
1. Jusqu'à présent, nous avons écouté la version d'Alice. Maintenant nous devons écouter ce que Bernard a à dire.
2. Alors Alice et Bernard doivent changer de rôles : Bernard est celui qui parle et Alice écoute.
3. Bernard, en parlant doit utiliser des phrases avec « je ».
4. Par exemple : Notre compagnie est en train de faire des réductions et beaucoup d'employés sont en train de perdre leurs postes. Chaque soir cette semaine, au moment où je m'apprêtais à partir, mon superviseur mettait un travail « urgent » sur mon bureau. Je restais plus tard au bureau pour pouvoir les finir afin de garder mon poste.
5. Alice, celle qui écoute devrait utiliser des déclarations avec « vous ». Qu'est-ce qu'elle peut dire ?

Faisons l'exercice !
1. Laissons Bernard parler en utilisant **maintenant** des phrases avec « je ».
2. Laissons Alice parler en utilisant **maintenant** des phrases avec « vous ».

X Étape no. 10 : Alice et Bernard devraient concerter maintenant.
1. Ils devraient faire la liste de toutes les solutions possibles au problème.
2. Ils devraient ensuite décider ensemble quelle est la meilleure solution pour eux.
3. Elle doit être une solution où tout le monde gagne- Chacun d'eux perd un peu et gagne beaucoup.

DEUXIÈME PARTIE : LA COMMUNICATION SPIRITUELLE

Tout comme les relations maritales épanouies exigent une communication constante entre le mari et la femme, pour faire l'expérience d'une relation spirituelle riche, il faut une communication constante entre Dieu et moi.

FACTEUR ESSENTIEL A : PARLER À DIEU
1. Un texte important **Mt. 6 :6.**
2. « La prière est ouvrir son cœur à Dieu comme à un ami. » E.G. White.
3. C'est parler à Dieu, lui raconter nos joies et nos peines, les événements, mes sentiments, mes besoins, dans mes propres mots.
4. Les moments de prière.
    a. Tout le temps **1 Th. 5 : 17.**
    b. En des occasions spéciales **Ps. 55 : 17.**
    c. Tôt le matin **Mc. 1 : 35.**

FACTEUR ESSENTIEL B : ÉCOUTER DIEU

1. Les Écritures sont la voix de Jésus qui s'adresse à moi. **Jn. 5 : 39.**
2. L'origine des Écritures : L'inspiration de Dieu. **2 Ti. 3 : 16.**
3. De saints hommes poussés par l'Esprit. **2 Pi. 1: 21.**
4. Avec quelle fréquence devrions-nous étudier la Bible. **Ac. 17 : 11.**

FACTEUR ESSENTIEL C : MÉDITER SUR DIEU
1. La méditation n'est ni la prière ni l'étude de la Bible, c'est réfléchir sur Dieu.
2. La méditation est douce. **Ps. 104 : 34.**

Je suis amoureux !
2. Aussi, **chaque jour**, je devrais utiliser ces trois facteurs essentiels : La prière, l'étude de la Bible, la méditation.
3. Alors que je parle à Jésus, l'écoute, et réfléchit sur lui, je deviens amoureux de Jésus !
4. Chant : « Mon cœur te cherche au point du jour, Ô Jésus, mon ami suprême. Toi qui m'as tant aimé, je t'aime ; et je vis de ton amour. »

Faisons notre dernier exercice !
1. Ce soir, nous allons tous parler à Jésus dans la prière- Tous les Bernard, puis toutes les Alice.
2. Peut-être que vous n'avez jamais encore prié à haute voix. C'est facile !
3. Rappelez-vous que prier, c'est parler à Dieu comme à un ami – en utilisant vos propres mots.

4. Fermons nos yeux. Pensez à trois choses au sujet desquelles vous voulez prier.
   a. Premièrement, quelque chose pour laquelle vous voulez remercier Dieu.
   b. Deuxièmement, quelque chose que vous aimeriez demander à Dieu.
   c. Troisièmement, une chose spirituelle que vous voulez demander à Dieu.
5. Ouvrez vos yeux. Partager votre liste de prière (3 choses) avec votre partenaire de prière, la personne qui est assise près de vous.
6. Maintenant, parlons à Dieu de ces 3 choses. Priez afin que Dieu et votre partenaire vous entendent. Bernard d'abord, puis Alice.
7. De la musique de fond pendant la prière : « Dans le jardin o j'aime entrer ». Chantez le chant à la fin des prières.
8. Engagement
   a. N'était-ce pas beau ?
   b. Faîtes-le tout seul ce soir
   c. Faîtes-le avec votre famille demain
   d. Combien d'entre vous veulent-t-ils le faire ? Levez vos mains.
   e. Prière par le prédicateur.

Sermon 4

LA CLÉ DE VOÛTE DE LA COMPATIBILITÉ CONJUGALE

ATTENTION

1. Chaque année, un nombre incalculable de couples se divorcent sur la base de l'incompatibilité.
2. Dieu, l'Architecte du mariage, a donné la compatibilité au premier couple en créant Ève avec une côte d'Adam.
   Dieu dit, « Je lui ferai une aide semblable à lui ».
   (Ge 2 :18, Segond).
3. Dans cette présentation, nous exposerons les sept clés de la compatibilité conjugale. L'une d'entre elles, cependant, en est la clé de voûte.

PREMIÈRE PARTIE : SIX CLÉS

I   Clé no. 1 : L'âge

1. À chaque étape du cycle de la vie, nous avons des besoins différents.
2. Une grande différence d'âge peut résulter dans l'incapacité de l'un des conjoints à satisfaire les besoins de l'autre.
3. Cela peut causer de sérieux conflits conjugaux.

II   Clé no 2 : L'éducation

1. De grandes différences dans le niveau d'éducation peuvent porter le couple à avoir très peu d'activités communes.
2. Des activités séparées peuvent conduire à des cercles d'amis différents.
3. Cela peut porter les partenaires à s'éloigner l'un de l'autre.

III Clé no. 3 : La santé

1. Un texte intéressant   **3 Jn. 2**.
2. Vérifiez l'état de santé du partenaire prospectif.
3. Vérifiez aussi les habitudes sanitaires, car les habitudes sanitaires d'aujourd'hui déterminent les conditions de santé

de demain.

IV   Clé no. 4 : La culture

1. Dans notre monde multiculturel, la culture est pertinente pour déterminer la compatibilité conjugale.
2. Certaines différences culturelles sont simples et peuvent être résolues facilement.
3. D'autres sont complexes et ont besoin d'être résolues avec délicatesse pour assurer le succès conjugal.

V   Clé no. 5 : Les valeurs familiales

1. Un exemple d'influence familiale négative. **Éz. 16 : 44, 45.**
2. Un exemple d'influence familiale positive.   **2 Ti. 161 : 5.**
3. C'est durant l'enfance que nous avons des modèles, développons des concepts et assimilons les normes de comportement.
3. Cependant, il est possible de rompre le cycle. Le jeune Josias l'a fait.   **2 Ch. 33 : 9-22 ; 34 : 1, 2.**
4. Mais ceci est l'exception plutôt que la règle, et il exige un effort déterminé.

VI   Clé no. 6 : Le tempérament

Il y a quatre types de tempéraments de base :

A.   Le sanguin
1. Le sanguin est extraverti, c'est-à-dire, tourné vers les autres.
2. Points forts : Ouvert, causeur et charismatique.
3. Faiblesses : Égoïste, impulsif, remuant.
4. Exemples : Deborah, Pierre.

B.   Le colérique
1. Le colérique est extraverti et s'intéresse à la tâche à accomplir.
2. Points forts : Pratique, déterminé, «rassembleur», «leader né».
3. Faiblesses : Impatient, insensible et exigeant.

4. Exemples : Paul, Marthe.

C. **Le flegmatique**
1. Le flegmatique est intraverti et tourné vers les autres.
2. Point forts : Facile à vivre, encourageant, pacifiste.
3. Faiblesses : Indécis, temporisateur, préfère garder le statut quo.
4. Exemples : Abraham, Ruth.

D **Le mélancolique**
1. Le mélancolique est intraverti et s'intéresse à la tâche à accomplir.
2. Points forts : Analytique, ordonné, et émotionnel.
3. Faiblesses : Trop sensible, d'humeur changeante, fréquent sentiment de culpabilité.
4. Exemples : Moise, Marie.

E **Comment identifier sa personnalité**
1. La plupart des individus ont plus d'une personnalité, mais l'une est dominante
2. Par conséquent, j'ai un caractère dominant, et un caractère secondaire.
3. Je pense que :
    a. Mon tempérament dominant est _____
    b. Mon tempérament secondaire est _____
    c. Le tempérament dominant de mon partenaire est _____
    d. Le tempérament secondaire de mon partenaire est _____

(Comparez et discutez)

F **Si je ne suis pas encore marié (e), je dois reconnaître que** :
1. Les couples qui sont similaires en tout point sont ennuyeux.
2. Les couples qui sont complètement différents peuvent être constamment en conflit.
3. Les similarités et les différences chez les couples facilitent la compatibilité.

G Si je suis déjà marié (e), je devrais :
1. Accepter la différence d'avec mon conjoint, et respecter son individualité.
2. Placer les besoins de mon partenaire au-dessus des miens.
3. Permettre aux points forts de mon partenaire de compléter mes faiblesses.

DEUXIÈME PARTIE : LA CLÉ DE VOÛTE

I   Identification de la clé de voûte

1. Nous avons examiné six clés vitales : l'âge, l'éducation, la santé, la culture, les valeurs familiales, et les tempéraments ; mais aucune de ces dernières n'est la clé de voûte.
2. La clé de voûte de la compatibilité conjugale est l'unité spirituelle.
3. Ce principe est affirmé dans l'Ancien Testament.   **De. 7 :3, 4.**
4. Il est souligné dans le Nouveau Testament.   **2 Co. 6 : 14.**
5. Spirituellement parlant, il existe deux familles : la famille de Satan et la famille de Dieu.
   a. Si les deux partenaires appartiennent à la famille de Satan, il y a chaos !
   b. Si l'un d'eux appartient à la famille de Satan, et l'autre à la famille de Dieu, il y a constamment des conflits.
   c. Si les deux appartiennent à la famille de Dieu, il y a compatibilité.
6. Les deux questions importantes auxquelles nous devons répondre ce soir sont les suivantes :
   a. Est-ce que j'appartiens à la famille de Dieu ?
   b. Est-ce que mon partenaire appartient à la famille de Dieu ?
7. Comment peut-on devenir membre de la famille de Dieu ? L'histoire de Jacob nous donne la réponse.

II   Le rêve de Jacob

1. Jacob était un voleur, un menteur, un fuyard. Ce soir-là, seul,

désappointé et découragé, il se coucha à même le sol et s'endormit.
2. Mais la bonne nouvelle, c'est que notre Dieu aimant n'avait pas oublié Jacob !
3. Ce soir-là, Dieu le visita dans un rêve.
   a. Il vit une échelle qui était un type du Fils de Dieu.
                                                             (Jn 1 :51)
   b. Il contempla les anges de Dieu !
   c. Il entendit la voix de Dieu ! Et le message de Dieu était, « Je t'aime encore. »
4. Le lendemain, Jacob continua son voyage vers Haran.
   a. Là, il passa cinq années, dix années, quinze années, vingt longues années.
   b. Il se maria, éleva une famille et devint riche.
   c. Mais bien au fond, il était le même Jacob, sans aucun changement spirituel.

II   La décision de Jacob

1. Puis, un jour, Jacob reçut de mauvaises nouvelles ! Ésaü arrivait avec 400 hommes armés pour se venger. Cependant, Jacob n'était pas prêt à rencontrer Ésaü. Jacob était terrifié ; il avait besoin de l'aide de Dieu, mais il n'était pas droit devant Dieu.
2. Aussi, Jacob prit-il la décision la plus importante de sa vie.
3. Sa décision était : « Avant de faire face à Ésaü demain, je dois m'arranger avec Dieu ce soir. »
4. C'est la décision que vous et moi devons prendre ce soir !

IV   Jacob et Jésus

1. La scène :   **Ge. 32 : 24.**
2. Seul ! Il avait laissé ses femmes ! Ses enfants ! Son bétail ! Il voulait être avec Dieu seul ! Révérencieusement, il s'agenouilla dans une prière sincère.
3. Il était minuit ! Soudain, une main s'empara de lui. Était-ce Ésaü ? Pendant des heures il lutta. L'Homme toucha la cuisse de Jacob et il devint paralysé !
4. C'était Jésus, l'Homme - Dieu, le Sauveur merveilleux.
                                                                Ge. 32 :24, 30.

Christ avait laissé le ciel, voyagé à travers l'espace et atterri sur la terre pour rencontrer un pécheur pleurant ! Il le fera encore pour vous- ce soir !
5. Suivons cette conversation : (Ge. 32 :26-28)
Jésus : « Laisse-moi m'en aller car le jour point à l'horizon. »
Jacob : « Je ne te laisserai pas aller sans que tu ne me bénisses. »
Jésus : « Quel est ton nom ? »
Jacob : « Jacob (le trompeur) »
Jésus : « On ne t'appellera plus Jacob (le trompeur), mais Israël (le vainqueur) ! »

V **Miracle !**
1. Pourquoi le Christ changea-t-il le nom de Jacob ? Parce qu'il avait changé la nature de Jacob.
2. À l'instant même, Jacob fut changé de l'escroquerie à l'honnêteté ! Du mensonge à la sincérité ! Du trompeur au vainqueur !
3. Dieu est prêt à répéter ce miracle dans ma vie, ce soir.
4. Si je prie, « Créée en moi un cœur pur, O Dieu. »
(Ps. 51 :10), Dieu répondra, « Je vous donnerai aussi un cœur nouveau » (Ez. 36 :26)
5. Le miracle !
L'ivrogne devient sobre ! Le drogué devient abstinent ! Le fumeur arrête de fumer ! Celui qui maltraite commence à prodiguer des soins !
6. Je deviens une nouvelle créature.   **2 Co. 5 :17**
7. C'est un changement radical !
De l'adultère à la pureté ! De la jouissance à la sobriété ! Le joueur devient un économe ! L'offenseur un doux !

DECISION
1. Le miracle peut se produire maintenant même !
2. Combien d'entre vous veulent-ils dire : « Seigneur, s'il te plaît, accomplis un miracle dans ma vie ce soir. » ? Levez vos mains.
3. C'est le moment d'avoir notre Cercle de prières (Les anciens devraient se tenir debout avec les corbeilles

contenant les requêtes de prières au-devant de chaque aile, **maintenant**).
4. Certains sont venus à cause de besoins familiaux, d'autres pour des besoins physiques, et d'autres encore pour des besoins matériels. Mais tous devraient venir pour des besoins spirituels.
5. Quand vous venez avec un cœur sincère, Dieu accomplira le miracle de Jacob dans votre vie ! Il vous convertira ! Il vous changera ! Il fera de vous une nouvelle personne- **Ce soir** !
6. Levons-nous et chantons notre chant de prière
 « Quel ami fidèle et tendre ». **Avancez** alors que nous chantons !
7. Appel : Quelques soient les changements dont vous avez besoin, Dieu vous les procurera ce soir ! Avancez !
8. Prières d'intercession par deux pasteurs.
9. La question : Croyez-vous que Dieu a répondu à votre prière ce soir ?
 Alors, **saisissez** cette certitude ! Veuillez en **faire pour le mieux** ! **Remerciez Dieu** pour cela !
10. Chantons, « A Dieu soit la gloire » alors que nous laissons la salle.

Sermon 5

TROIS MANIERES DE DIRE "JE T'AIME" L'UNE D'ENTRE ELLES EST IRRESISTIBLE!

ATTENTION

1. Mise en scène: Jean et Marie (ou créez votre propre mise en scène)

    En arrivant à la maison, Jean salue Marie en l'embrassant et la baisant. Mais Marie est indifférente. Se laissant tomber sur le canapé, il lance en l'air ses chaussures en s'exclamant : « Il fait bon de rentrer chez soi ! » Mais Marie en voyant ses chaussures dans le salon le réprouve avec colère. Au lit, Jean passe son bras autour de sa femme. Qu'il aient des relations sexuelles ou pas, il aime l'entourer de ses bras. Marie se retourne et s'arrange à l'autre extrémité du lit.
2. Quel est leur problème ? En réalité Jean et Marie s'aiment beaucoup, mais ils ont des personnalités différentes, chacun d'eux veut exprimer son amour d'une manière différente et désire être aimé différemment.
3. Il existe trois façons de s'exprimer :
    a. Par la vue : Voir l'individu.
    b. Par l'ouie : Ecouter l'individu.
    c. Par le geste : Toucher l'individu.
4. Tous les êtres normaux utilisent les trois manières d'expérimenter l'amour, mais chez la plupart, une est dominante.
5. Alors que nous continuons, essayez d'identifier le mode dominant :
    a. Chez Jean et Marie
    b. Chez vous
    c. Chez votre conjoint

PREMIERE PARTIE : L'AMOUREUX HUMAIN

I   **IDENTIFICATION DES TROIS TYPES DE PERSONNALITE**

    A. Le visuel ou voir l'être aimé.
       1. Le mari visuel observe ce que porte sa femme.

2. La femme visuelle garde sa maison immaculée- comme une expression de son amour.

B. L'auditif ou écouter l'être aimé.
1. Une femme auditive aime écouter son mari bavarder continuellement.
2. Un mari auditif aimera écouter de la musique en faisant l'amour.

C. Le kinesthésique ou celui qui aime toucher l'être aimé.
1. Un homme kinesthésique aime tenir la main de sa femme pendant la marche.
2. Une femme kinesthésique aime se blottir et désire être caressée constamment.

D. Salomon et son épouse sulamithe

1. Salomon était visuel   **Cantiques des Cantiques 2:14.**
2. Salomon était aussi auditif   **Cantiques des Cantiques 2:14.**
3. Mais la femme de Salomon était kinesthésique
   Cantiques des Cantiques 2:6.

E. Dieu a utilisé le trois modes d'expression pour démontrer son amour et son attention.
1. Visuel : « Son regard est sur nous. »   **Actes 3 : 4.**
2. Auditif : « Jésus lui dit, « Lève-toi ». »   **Jn 5 : 8.**
3. kinesthésique : « Il lui a oint les yeux »   **Jn 9 : 6.**

II LA SOLUTION : TROIS SECRETS

A. Secret numéro 1 : Identifier mon partenaire et moi.
1. En nous examinant nous-mêmes et en nous observant et nous écoutant l'un l'autre, nous pouvons arriver à nous identifier.
2. De quel type est Jean ?
   De quel type est Marie ?

3. Quel est mon type ?
   Quel est celui de mon partenaire ?

B. **Secret no 2 : Accepter nos différences. Respecter l'individualité de mon conjoint.**
   1. Mon conjoint est unique.   **Ps. 139 : 15, 16.**
   2. Je devrais accepter mon conjoint tel qu'il est.
   3. Si je cherche à changer mon partenaire ne suis-je pas en train de me prendre pour Dieu ?
   4. Qui oserait prendre des libertés avec « la Statue de la Liberté », la « Tour Eiffel » ou la « Place des Héros » ? Alors pourquoi devrais-je prendre des libertés avec la personnalité de mon conjoint ?

C. **Secret no. 3 : Mettre les vœux de mon conjoint au-dessus des miens.**
   1. Les bonnes grâces de l'abnégation de soi ajoutent du lustre au mariage.
   2. Estimer mon conjoint plus que moi-même   **Ph. 2 : 3.**
   3. La racine de tout problème est le fait de placer le moi d'abord.
   4. La solution à chaque problème est le conjoint en premier lieu.   **Ph. 2 : 4.**
   5. Le Christ, notre exemple   **Ph. 2 : 5-8.**

III   LA RÉPONSE

   1. **Point focal** : Il y a donc trois manières d'exprimer mon amour : L'expression visuelle (la vue), auditive (l'ouïe), et le kinesthésique (Le toucher).
   2. **La question** : Mais seulement une est irrésistible ! Laquelle ?
   3. **La réponse** : Celle que mon conjoint préfère.

DEUXIÈME PARTIE : L'AMOUREUX DIVIN

I   LA PROMESSE

   1. Je peux ou ne pas avoir un amoureux humain. Mais j'ai un amoureux divin ! Son nom est Jésus.

    2. Sa précieuse promesse. **Jn. 14 : 1-3**.
    3. Quand nous recevons nos amoureux humains, un mode est plus dominant. Mais quand nous rencontrons notre amoureux divin, les trois modes opèrent de façon optimale !
       a. Nous le verrons !
       b. Nous l'entendrons !
       c. Nous serons touchés par sa Présence glorieuse.

II   LA CERTITUDE

    1. La seconde venue du Christ est mentionnée plus de 2000 fois dans les Écritures !
    2. C'est une certitude !
       a. Enoch l'a annoncée. (Ju. 14)
       b. David l'a déclarée. (Ps. 50 :3)
       c. Daniel l'a décrite. (Da. 2 :44)
       d. Les anges l'ont annoncée. (Ac. 1 :11)
       e. Paul l'a proclamée. (1Ts. 4 :16)
       f. Pierre l'a prêchée. (2 P. 3 :10)
       g. Jean a prié pour elle. (Ap. 22 :20)

III   IL VIENT BIENTÔT !

    1. Les signes disent que son retour est proche.
       a. Signes physiques   (Lu. 21 :11)
       b. Signes politiques   (Ma. 24 :6,7)
       c. Signes industriels   (Jc. 5 :1-8)
       d. Signes sociaux   (2 Tm. 3 :1-5)
       e. Signes spirituels   (Mt 24 : 14)
    2. Notre devoir est d'être : Prêts   **Mt. 24 :14**

IV   REGARDEZ-LE ! ÉCOUTEZ SA VOIX ! TOUCHEZ-LE !

    1. Quand Jésus revient dans sa gloire- Tous le verront.
       a. « Tout œil Le verra. »   **Ap. 1 :7**
       b. Le second retour du Christ n'est pas une affaire secrète ! Ce n'est pas un rapt secret ! Ce n'est pas une expérience que l'on fait à la mort !
       c. C'est une apparition littérale dans le ciel vue par toute personne sur la terre.

2. Tous l'entendront.
   a. Les vivants l'entendront !
   b. Même les morts l'entendront !   **1Ths. 4 :16, 17.**
3. Tout le monde sera touché par sa présence glorieuse. **Mt. 24 : 30.**
   a. Il reviendra en puissance et dans une grande gloire.
   b. La gloire du Père, la gloire du Fils, et la gloire des anges.

V   ÉVÉNEMENT EXTRAORDINAIRE !

1. Les événements au retour du Christ.
   a. Le ciel s'enroulera comme une banderole
   b. Les montagnes changeront de position.
   c. Les îles se déplaceront.
2. Ce sera la fin du monde !
   a. Les banques s'effondreront ! L'argent n'aura plus de valeur !
   b. Les salles de danses seront vides ! Le plaisir deviendra folie !
   c. Les magasins de liqueurs fortes fermeront leurs portes ! L'alcool deviendra du carburant pour les flammes !
   d. Les bordels seront fermés ! Pas de clients ! Pas de prostitués !
3. Alors, « Oh mon Seigneur, prépare mon âme pour ce grand jour. Oh lave-moi dans ton sang précieux, enlève tous mes péchés. »

VI   SEULEMENT DEUX FAMILLES !

1. En ce jour il y aura seulement deux familles.
   a. La famille de Satan, courant vers les pierres et les montagnes, criant, « tombez sur nous ». **Ap. 6 :1.**
   b. La famille de Dieu, regardant le Sauveur, disant, « C'est notre Dieu…Il nous sauvera. »   **És. 25 :9.**
   « Amen, viens, Seigneur Jésus. »   **Ap. 22 :20.**
2. Dans quelle famille serez-vous ? À quelle famille appartenez-vous maintenant ?

DÉCISION
1. Chant : « Bientôt le Seigneur va venir »
2. Combien veulent-ils dire : « Seigneur, je t'aime ; je veux te voir, t'entendre et être touché par ton amour » ? **Levez-vous.**

3. Combien veulent-ils ajouter, « Seigneur, je veux vivre avec Toi en ce jour. S'il te plaît rends-moi prêt maintenant » ? **Levez vos mains**
4. Prière.

Sermon 6

SEPT ÉTAPES POUR LA RÉSOLUTION DES CONFLITS

ATTENTION

1. Tous les mariages font l'expérience des conflits. La question n'est pas de savoir si les conflits existent, mais comment les gérer.
2. Si nous pouvons apprendre comment résoudre les conflits, nos mariages dureront pour toujours.
3. La scène : Carlos et Gloria. (Créez votre propre mise en scène d'un conflit conjugal).
4. Examinons les sept étapes pour la résolution des conflits.

PREMIÈRE PARTIE : CONFLIT CONJUGAL, MARI ET FEMME

I **Étape no 1 : Confronter le problème le plus tôt que possible**
1. Un texte important   **Ép. 4 : 26, 27.**
2. Les problèmes sont comme les mauvaises herbes : Si on ne s'en occupe pas, elles deviennent bientôt une forêt.
3. Les conflits sont comme des termites : Plus on les laisse, plus ils se multiplient ! Le résultat sera : Pas de maison, pas de foyer, pas de mariage.

II **Étape no. 2 : Acceptez le fait qu'il y a un deuxième côté**
1. Comme une pièce de monnaie ou un billet de banque, chaque histoire a deux côtés
2. Au fait, il y a trois côtés : le vôtre, le mien et le vrai ! Selon notre mise en scène : le côté de Gloria, celui de Carlos et le vrai côté.
3. Un texte révélateur :   **Ph. 2 :4.**

III **Étape no. 3 : Communiquer afin de voir l'autre côté**
Vous rappelez-vous des trois facteurs essentiels pour une communication réussie ?
Révisons-les :
A. Facteur essentiel A. Parler avec sagesse

1. Un texte pour des paroles sages   **Col. 4 :6.**
2. Gloria, qui parle, devrait
   a. Poser le vrai problème
   b. Exprimer ses vrais sentiments
   c. Expliquer ses besoins
   d. Utiliser des phrases avec « je ».

B. Facteur essentiel B. Écouter activement
1. Un texte pour une écoute active   **Jc. 1 :19.**
2. Une écoute active ou effective entend ce qui est dit et ce qui n'est pas dit. Il combine les mots, le ton de la voix, et le langage corporel pour saisir les 100% du message.
3. Carlos qui écoute devrait
   a. Interpréter les sentiments de sa femme.
   b. Écouter avec empathie
   c. Refléter ses sentiments et ses besoins
   d. Utiliser des phrases avec « tu »

C. Facteur essentiel C. Changer de rôles avec grâce
1. Rappelez-vous que chaque histoire a deux côtés.
2. Maintenant, Carlos devrait parler utilisant le pronom « je » pour donner sa version de l'histoire alors que Gloria écoute.
3. Puis, Gloria devra répondre avec empathie en utilisant des phrases avec « vous ».
4. Chacun d'eux arrive finalement à comprendre le côté de l'autre. Chacun d'eux comprend les besoins de l'autre.

IV   **Étape no 4 : Mettre les besoins de mon conjoint au-dessus des miens.**
1. La racine de tout problème conjugal est : le moi en premier.   **Ja. 4 :1, 2.**
2. La solution à tout conflit est : le conjoint en premier.   **Ro. 15 :1, 2.**
3. Le Christ notre merveilleux exemple   **Ro. 15 :3.**

V   **Étape no. 5 : Choisir un plan d'action**
1. Faire la liste des différentes solutions possibles au problème.
2. Choisir celle qui convient le mieux aux deux partenaires.

3. Que ce soit une solution où tout le monde gagne: Chacun d'eux perd un peu et gagne beaucoup !

VI   Étapes no.6 : Dites, « je suis navré(e) »
1. La confession est nécessaire pour la cicatrisation conjugale.   Jc 5 :16.
2. La question facile est : Est-ce que mon conjoint avait tort ?
3. La question importante est : Est-ce que j'avais tort ?
4. Même si je crois que mon conjoint avait tort à 95%, et moi, à 5%, je devrais confesser mes 5%.

VII   Étapes no. 7 : Priez l'un avec l'autre et l'un pour l'autre.
1. Priez l'un pour l'autre.
2. L'objectif de Satan est de détruire votre famille. Quand nous prions, nous recrutons le pouvoir de Dieu pour vaincre Satan.
3. Quand la tempête conjugale se soulèvera, le Christ, le Prince de Paix, se lèvera et dira, « Paix, calme-toi ».

DEUXIÈME PARTIE : LE CONFLIT SPIRITUEL, DIEU ET MOI

1. Il y a un autre conflit qui doit être résolu.
2. Les deux partenaires sont Dieu et moi.
3. Notre séparation est causée par le péché.   **És. 59 :2**.
4. Je suis né pécheur et séparé de Dieu.
5. Tout comme il y a sept étapes pour la réconciliation entre le mari et la femme, il y a sept étapes pour la réconciliation entre Dieu et moi.
6. La bonne nouvelle c'est que Dieu a déjà couvert les six premières étapes ! Je n'ai qu'une seule à franchir.
7. À la fin de ce séminaire, j'inviterai tout le monde – chaque homme, femme et enfant- à s'approcher de l'autel pour franchir l'étape no. 7.

I   Étape no. 1 : Dieu s'est fait homme
1. Le Christ qui est Dieu s'est fait homme.   **Jn 1 :1. 14**.
2. C'est un mystère incompréhensible ! Comment le Dieu Tout-Puissant a-t-il pu s'implanter dans la matrice d'une femme et naître d'une vierge ?

3. Il est Emmanuel, Dieu avec nous.

II **Étape no. 2 : Le Christ est mort pour moi.**
1. Amour extraordinaire **Rm. 8 :5.**
2. Voyez son dos blessé par 39 coups de verge- infligés deux fois !
3. Sentez les clous s'enfoncer et déchirer la chair de ses mains et de ses pieds !
4. Entendez sa voix crier, « Mon Dieu, mon Dieu, pourquoi m'as-tu abandonné ? »
5. Quel amour incomparable !

III **Étape no. 3 : Le Christ intercède en ma faveur.**
1. Le texte **Hé. 4 :14, 16.**
2. Aussi, aujourd'hui, je n'ai besoin d'aucun prêtre terrestre pour intercéder auprès de Dieu pour moi car le Christ est mon Grand-Prêtre.
3. Je peux directement m'approcher de Dieu et lui parler moi-même, utilisant mes propres mots.
4. Il m'accorde le pardon et la paix.

IV **Étape no. 4 : Jésus reviendra**
1. Sa précieuse promesse **Jn 14 :1-3.**
2. Son avènement magnifique **1 Th. 4 :16.**
3. Tous les yeux le verront ! Tout le monde l'entendra ! Tous seront touchés par lui !

V **Étape no. 5 : Dieu anéantira le péché**

A. Le commencement du millénium quand Jésus vient.
1. La famille de Dieu : Les morts ressusciteront. **1 Th. 4 :16.**
2. La famille de Dieu encore vivante sera transmuée. **1 Th. 4 :17.**
3. La famille de Satan encore vivante sera morte. **2 Th.1 :7-9.**
4. La famille de Satan morte restera morte. **Ap. 20 :4.**

B. Durant le millénium, pour mille ans.
1. La famille de Satan demeure morte. **Ap. 20 :5.**

2. Satan sera enchaîné ; confiné sur la terre sans personne à tenter. **Ap. 20 :1-3**.
3. Toute la famille de Dieu sera au ciel. **Ap.20 :4**.

   C. Fin du millénium
1. La nouvelle Jérusalem avec la famille de Dieu commence sa descente du ciel vers la terre. **Ap. 21 :1**.
2. La famille de Satan est ressuscitée. **Ap. 20 :5**.
3. La dernière guerre du monde : Une confrontation entre la famille de Dieu et la famille de Satan. **Ap. 20 :7-9**.
4. Le feu ! Satan, le péché, le pécheur détruit ! La planète purifiée !
5. La nouvelle Jérusalem achève sa descente. **Ap. 21 : 1, 2**.

VI   **Étape no. 6 : Dieu créera un paradis de paix**
1. De nouveaux cieux et une nouvelle terre. **Ap. 20 : 1-3**.
2. Plus de larmes, de tristesse, de douleur, de mort. C'est la vie à jamais. **Ap. 21 :4**.

VII   **Étape no. 7 : Parce que Jésus a donné sa vie pour moi, je lui donne ma vie.**
1. Dieu a franchi les étapes une à six.
2. Tout ce que je dois franchir est l'étape no. 7 : Donner ma vie au Christ.

DÉCISION
1. Chant : « Entre tes mains j'abandonne. » Levez-vous et chantez la première strophe.
2. Combien veulent-ils dire, « Puisque Jésus a donné sa vie pour moi, je lui donne ma vie » ? **Levez vos mains**
3. Combien veulent-ils dire « Non » à Satan, « Oui » à Jésus ? Approchez-vous de l'autel.
4. Appel, dites :
   a. Non au tabac, à l'alcool, et aux drogues de Satan.
      Oui au style de vie de Jésus – Venez !
   b. Non à la musique et à la danse de Satan.
      Oui à la musique et à la joie de Jésus – Venez !
   c. Non à la fornication et l'adultère de Satan.

      Oui à la pureté de Jésus – Venez !
- d. Non au « droit coutumier du mariage» de Satan.
  Oui aux lois du mariage en Jésus – Venez !
- e. Non à la malédiction et aux imprécations de Satan.
  Oui aux bénédictions de Jésus – Venez !
- f. Non aux abus de l'enfant de Satan.
  Oui au maternage de l'enfant en Jésus – Venez !
- g. Non à la violence physique contre sa femme de Satan.
  Oui à l'amour pour sa femme en Jésus – Venez !
- h. Mettez fin au conflit ! Soyez en paix avec Dieu – Ce soir ! Approchez-vous de l'autel.

5. Prière.

Sermon 7

SEPT MANIÈRES DE GÉRER LE STRESS ET JOUIR DE LA PAIX INTÉRIEURE

ATTENTION

Illustration: (Vous pouvez utiliser l'histoire de Cheryl ou votre propre illustration.)

1. Cheryl fut transportée d'urgence à l'hôpital avec des difficultés respiratoires, une transpiration profuse, et de l'engourdissement aux pieds et aux doigts. Quand on lui demanda si elle avait été l'objet de grandes tensions récemment, elle répondit qu'elle s'était divorcée il n'y a pas longtemps. Son nouveau mari venait de perdre son travail et le propriétaire de leur immeuble menaçait de les mettre à la porte. À part cela, elle prenait soin de sa mère hospitalisée durant le jour et suivait des cours le soir. Qu'est-ce qui a précipité sa visite à la salle d'urgence? Le stress.
2. Qu'est-ce que le stress? Le stress c'est la réponse physique, mentale et émotionnelle du corps à une pression dénommée facteur de stress. Un peu de stress est utile, mais trop de stress est dangereux.
3. Chaque jour, nous expérimentons le stress – à la maison, l'école, au travail; dans la communauté et dans le monde.
4. Il existe quatre types de stress.
    a. Le stress négatif résultant de la perte d'emploi, par exemple.
    b. Le stress positif résultant d'une promotion au travail, par exemple.
    c. Le stress léger, courir pour s'abriter de la pluie, par exemple.
    d. Le stress sévère comme lorsqu'on souffre du cancer, par exemple.
5. Quelques symptômes négatifs du stress sont:
    a. Des migraines dues à la tension nerveuse.
    b. Une angoisse excessive
    c. La perte de l'appétit
    d. La gloutonnerie
    e. L'insomnie
6. Pour gérer intelligemment le stress, je dois d'abord en trouver la cause.
7. Comme David, je devrais me demander: « Pourquoi t'abats-tu, mon

âme, et gémis-tu au dedans de moi ? » **Ps 43 :5**
8. Examinons sept techniques pour la gestion efficace du stress.

PREMIÈRE PARTIE : LES SEPT TECHNIQUES

I Technique no. 1 : Utilisez une thérapie intégrale du corps.
   1. La solution au stress n'est pas une pilule, mais c'est un processus.
   2. Je dois « discipliner mon corps ». **1 Co 9 :27.**
   3. La thérapie de tout le corps comprend :
      a. Du sommeil en quantité suffisante
      b. Un régime alimentaire sain
      c. L'absence du tabac, de l'alcool et de la caféine
      d. Des exercices réguliers.
   4. La thérapie intégrale du corps procure un environnement positif pour gérer le stress.

II Technique no. 2 : Faîtes des exercices de relaxation
   1. Respirez à pleins poumons
      a. « Voici, je vais faire entrer en vous un souffle et vous vivrez. » **Éz. 37 :5.**
      b. La respiration à pleins poumons soulage du stress en remplissant les poumons d'oxygène et en dilatant le diaphragme.
      c. Exercice : Placez les mains sur les hanches avec les doigts vers le diaphragme. Inspirez profondément et sentez le diaphragme se dilater. Retenez l'air. Expirez et sentez le diaphragme se détendre.
   2. Des muscles détendus
      a. « Je ferai croître de la chair sur vous… et vous vivrez. » **Éz. 37 :6.**
      b. La relaxation de certains muscles permet d'alléger le stress.
      c. Exercice : Tournez la tête en faisant un cercle à partir du devant puis, à gauche, derrière, à droite, puis devant. Faîtes le mouvement contraire, devant, droite, derrière, gauche, devant. Répétez.

III Technique no. 3 : C'est la technique du remplacement
   1. Participez dans des activités salubres qui remplacent l'expérience stressante par une autre plus agréable. Remplacez la tension par le plaisir.

2. L'exemple de Saul.   **1 Sa. 16 :23.**

IV Technique no. 4 : Ayez une auto conversation positive
   1. Un principe puissant   **Pr. 23 :7.**
   2. Quand je reçois un message négatif, j'ai deux options :
      a. Le renforcer pour qu'il devienne mon maître (mon facteur de stress).
      b. L'emprisonner pour qu'il devienne mon esclave.
   3. L'équation du stress est :
      a. Agent stimulant+ mes pensées=mes sentiments.
      b. En d'autres termes : Je reçois+ Je pense= Je sens.
   4. Ainsi, le secret réside dans l'auto conversation – Ce que je me dis à moi-même !
   5. Exprimons ce point différemment :
      a. Quand un message négatif passe par une auto conversation négative, il produit des sentiments négatifs – Le stress !
      b. Quand le même message négatif passe par une auto conversation positive, il produit des sentiments positifs – Pas de stress !
   6. C'est un bon remède !   **Pr. 17 :22.**

V Technique no. 5 : Engagez des conversations avec les autres.
   1. Si c'est une personne qui provoque le stress, parlez lui.
   2. Le grand conseil du Christ.   **Ma. 5 : 22, 23.**
   3. Parler à quelqu'un qui peut vous aider. Ayez un système de support.
   4. David avait Jonathan pour l'aider à supporter son stress.
          1Sa. 20 : 3,.4

VI Technique no. 6 : Utilisez votre imagination
   1. C'est imaginer un décor de paix. C'est penser à la paix.
   2 David a utilisé cette technique.   **Ps 55 : 5, 6.**

VII Technique no 7 : La méditation spirituelle
   1. Une technique puissante.   **Ps 46 :10.**
   2. Cette septième technique, la méditation spirituelle, est la plus importante de toutes.
   3. Jésus a utilisé ce mécanisme chaque jour, nous devrions le faire nous aussi.   **Mc. 1 :35**
   4. La méditation spirituelle ne devrait pas être seulement une

activité journalière – Elle doit aussi être une activité hebdomadaire.
5. La relaxation hebdomadaire. **Ge. 2 :3**
6. Avant même que le stress n'envahisse notre planète, Dieu a donné cette technique à Adam et Ève.
7. Allons maintenant à la découverte des sept perles du Sabbat.

DEUXIÈME PARTIE : LES SEPT PERLES

I **Perle no 1 : Le Sabbat n'est pas juif, il est chrétien.**
1. Plusieurs pensent que le Sabbat est seulement pour les juifs.
2. Question : Adam était-il juif ? Bien sûr que non !
3. Le Sabbat a été donné à Adam 2500 ans avant la nation juive !
4. Le mariage était une expérience agréable pour Adam et Ève et pour toute la famille humaine. Le Sabbat a été donné à Adam et Ève pour le bien de toute la famille humaine !
5. Qu'a dit Jésus ? **Mc. 2 : 27.**
6. Tout comme le mariage a été fait pour l'homme, ainsi le Sabbat a été fait pour l'homme.
   a. Blanc ou noir, le Sabbat a été fait pour l'homme !
   b. Riche ou pauvre, le Sabbat a été fait pour l'homme !
   c. Anglophone, hispanophone, francophone, le Sabbat a été fait pour l'homme !
7. Et parce qu'il a été créé par le Christ, il est chrétien.

II **Perle no. 2 : C'est un jour d'activités de famille pour la famille de Dieu.**
1. Quand un couple se marie, il va en lune de miel.
2. Adam et Ève ont été créés et mariés un vendredi, et le jour suivant fut le Sabbat.
3. Ainsi, ce vendredi soir fut la première soirée de leur lune de miel !
4. Le Sabbat fut la première journée que le couple passa ensemble.
5. Ainsi, le Sabbat est un jour d'activités familiales spécial pour la famille de Dieu.

III **Perle no. 3 : C'est un jour identifié.**
1. **Question** : Quel jour est le Sabbat du Christ ?
   Réponse : Analysons le rapport de la crucifixion dans **Lu. 23 :53 à 24 :1**.
2. Il y eut trois événements : La crucifixion du Christ, sa mi se en tombeau, et sa résurrection.
3. Comment dénommons-nous ces trois jours ?
   La crucifixion du christ : Nous disons, Vendredi Saint.
   Le séjour dans la tombe : Nous disons samedi.
   La résurrection du Christ : Nous disons, dimanche de Pâque.
4. Que dit la Bible ?
   La crucifixion : La Bible dit, le jour de la préparation.
   Le séjour dans la tombe : La Bible dit, le Sabbat.
   La résurrection : La Bible dit, le premier jour de la semaine.
5. Notre Vendredi Saint = Jour de la préparation de la Bible.
   Notre samedi = Le Sabbat de la Bible.
   Notre dimanche de Pâque = Le premier jour de la semaine de la Bible.
6. Par conséquent, la perle no. 3 est que le Sabbat est le jour entre la crucifixion et la résurrection de Jésus.

IV **Perle no. 4 : Le Sabbat est l'ordonnance de Dieu pour le Stress humain.**
1. Un texte merveilleux. **És. 58 :13**.
2. Pendant toute une journée entière, chaque semaine, je me débarrasse de mes facteurs de stress : Travail et école, les affaires et les bordereaux.
3. Je n'y pense même pas. Ils sont entre les mains de Dieu.
4. Mon esprit jouit d'un congé hebdomadaire, est libéré de tout stress.
5. Après un tel renouveau, je suis prêt à affronter les défis de la nouvelle semaine.
6. Ce renouveau est le résultat de l'adoration et de la louange. **Ps. 100 : 4, 5**.
7. Je fais l'expérience de la paix de Dieu : La libération du stress. **Ps. 119 : 165**.
8. C'est une grande paix ! **És. 26 :34**.

V **Perle no. 5 : Dieu l'a choisi ! Je ne peux pas le changer !**
1. Je ne peux pas choisir mon propre jour de repos. Dieu a déjà

désigné le septième jour.
2. Je ne peux pas consacrer un jour ; seul Dieu peut le consacrer ; il l'a déjà fait.
3. C'est irréversible.
4. Tout comme ma femme est importante pour moi, ainsi le Sabbat est important pour Jésus.

VI   **Perle no. 6 : Le Sabbat appartient au Seigneur.**
1. Il s'est désigné lui-même le Seigneur du Sabbat ! **Mc 2 :28**.
2. Vingt pour cent des miracles rapportés de Jésus ont été accomplis durant le Sabbat ! En ce jour, il prenait plaisir à alléger le stress.
   a. Paralysé pendant 38 ans, l'homme prit son lit et marcha. **Jn 5 : 1-15**.
   b. Le démoniaque fut délivré   **Mc. 1 :21-28**.
   c. Handicapée et courbée pendant 18 ans, la femme fut « libérée ». **Lu. 13 »10-17**.
   d. Aveugle-né, l'homme déclare, «J'étais aveugle, maintenant, je vois.» **Jn. 9 :1-41**.
3. Le Sabbat : Le Christ l'a créé et l'a gardé. **Lu. 4 :16**.
4. «Jésus, je te suivrai partout. »

VII   **Perle no. 7 : Le Sabbat est un signe de mon amour pour Jésus.**
1. Comment montrer mon amour pour Jésus. **Jn. 14 :15**.
2. Un signe visible. **Éz. 20 :20**.
3. Le mariage est un signe de l'amour qui unit un homme et une femme.
4. Le Sabbat est un signe d'amour et de paix entre un homme ou une femme et Jésus.

DÉCISION
1. Chant : « Pleine paix.. »
2. Combien veulent-ils dire, « Seigneur, s'il te plaît, donne-moi cette paix intérieure. » ? Levez vos mains au ciel.
3. Combien veulent-ils prier, « Cher Seigneur, aide-moi à faire l'expérience de cette paix que l'on éprouve quand on garde ton Sabbat sacré » ? Placez votre main droite sur votre cœur.
5. Prière.

Sermon 8

SIX CHOSES QUE TOUT COUPLE DEVRAIT SAVOIR AU SUJET DU SEXE

ATTENTION

1. Dans le beau jardin d'Éden, le premier commandement que Dieu a donné à Adam et Ève fut, « Vous aurez des relations sexuelles ! »
2. Voici le texte **Ge. 2 :24**.
3. C'était un Dieu saint qui avait créé les expériences sexuelles pour un couple saint dans un monde sans péché !
4. Explorons six faits au sujet de la sexualité chrétienne.

I   **Fait no. 1 : Dieu a créé le sexe et le recommande dans le mariage.**
     1. Nous venons de lire le texte **Ge. 2 :24**.
     2. Il n'y a qu'une seule façon pour un homme et une femme de devenir « une seule chair », et c'est dans l'union sexuelle.
     3. Non seulement Dieu le Père l'a recommandée, cette expérience « d'une seule chair » a été entérinée par Dieu le Fils. **Mt. 19 :6**.
     4. Créé par Dieu notre Père et béni par notre Sauveur bien-aimé :
         a. Le sexe n'est pas souillé, il est sain !
         b. Le sexe n'est pas sale, il est propre !
         c. Le sexe n'est pas ordinaire, il est sacré !
         d. Il n'est pas seulement humain, il est aussi divin.

II   **Fait no.2 : Dieu prohibe l'union sexuelle en dehors du mariage.**
     1. Le septième commandement nous le dit. **Ex. 20 :14**.
     2. Il y a un nombre de cas auxquels le « Tu n'aura pas » de Dieu s'applique :
         a. Les relations sentimentales extra maritales **Ge. 39 :7-10**.
         b. Le sexe avant le mariage
         c. Le concubinage **Hé. 13 :14**.
         d. La prostitution **1 Co. 6 : 15, 18**.
         e. L'homosexualité et le lesbianisme **Ro. 1 :26-28**.

3. Si vous vivez avec quelqu'un que vous aimez, et que vous ne soyez pas encore marié (e), Dieu veut que vous vous mariez. Contactez-nous ; nous sommes là pour aider.
4. Cependant, si un mariage avec cette personne n'est pas possible ni désirable, Dieu veut que vous mettiez fin à cette affaire !

III **Fait no. 3 : Le sexe fut créé pour lier intimement le couple.**
1. C'est dans l'union sexuelle que le couple devient une seule chair.
2. Tout un livre de la Bible, le Cantique des Cantiques de Salomon, est une histoire d'amour entre Salomon et son épouse Sulamithe.
3. Tout au milieu du livre, l'accent est mis sur la relation sexuelle. Écoutez ce que dit la femme : **Ca. 4 :16**.
4. Écoutez ce que dit le mari : **Ca. 5 :1**.

IV **Fait no. 4 : L'intimité sexuelle est une obligation et du mari et de la femme.**
1. Lisons ce texte explicite, explosif : **1 Co. 7 :3-5**.
2. C'est un langage fort ! Mon corps ne m'appartient pas. Il appartient d'abord à Dieu, puis à mon conjoint !
3. Refuser mon corps à mon conjoint est une escroquerie ! Ainsi, dans la famille heureuse de Dieu, chaque conjoint devrait dévouer du temps pour le maintien de leurs relations sexuelles.
4. Le sexe devrait être un point important dans l'ordre du jour du couple marié.
5. Chaque mariage a ses saisons. Prêtez attention aux changements et aux défis.
   a. Dans les premières années du mariage : Il y a de la satisfaction sexuelle.
   b. La ménopause de la femme : Son désir sexuel diminue.
   c. La crise de la quarantaine du mari : Il a moins de capacité, mais le même désir.
   d. Si les avances de l'homme sont rejetées, il y conflit conjugal.
   e. Les hommes enclins au péché cherchent à prouver leur potentiel sexuel dans des affaires extraconjugales avec des jeunes femmes.

      f.   Aussi, la satisfaction sexuelle conjugale est-elle une aide à la fidélité conjugale.

  6.   Je dois mettre les désirs de mon conjoint avant les miens.
                                                            Ph. 2 :3, 4.

V   Fait no. 5 : Le lien sexuel entre le mari et la femme est une illustration de l'intimité qui devrait exister ente Jésus et moi.

A. Illustration
1. « L'unique chair : du mari et de la femme devrait symboliser l'unité d'esprit entre Jésus et moi.
2. Un texte puissant   **Ép. 5 : 31, 32.**
3. Tout comme le mari et la femme se rapprochent l'un de l'autre, ainsi le Christ veut se rapprocher de moi. Tout comme les conjoints deviennent plus précieux l'un pour l'autre, ainsi Jésus devrait devenir plus précieux pour moi. Comme le couple se lie intimement, ainsi le Christ et moi devrions nous lier éternellement.

B. Cinq exigences
Examinons les cinq exigences pour la satisfaction sexuelle qui illustrent les exigences de la satisfaction spirituelle.
1. Intimité.
    a. J'ai besoin d'un endroit où Dieu et moi pouvons être seuls.
    b. Le lieu secret.   **Mt. 6 :6.**
2. Temps.
    a. J'ai besoin de réserver du temps afin de ne pas écourter mon intimité avec Christ, mais de le rendre, au contraire, paisible et agréable.
    b. Le texte : Prenez du temps   **Mc. 1 :35.**
3. Dialogue.
    a. J'ai besoin de dire à Jésus combien je l'aime.
    b. Le texte : « Lui ouvrir » mon cœur.   **Ps. 62 :8.**
    c. « La prière, c'est ouvrir son cœur à Dieu comme à un ami. » E.G. White
4. Écouter
    a. Puis, j'écoute quand il me dit combien il m'aime.
    b. Le texte : Les Écritures sont la voix de Dieu. **Jn. 5 :39.**

5. Méditer
   a. La méditation c'est ne penser qu'à lui, jouir de son amour et recevoir son inspiration.
   b. Le texte : Une douce méditation **Ps. 104 :34**.

VI   Fait no. 6 : **L'intimité sexuelle illustre l'engagement d'amour qui devrait exister entre mon Sauveur et moi.**
1. Comme mari et femme se dédient leurs vies dans une « seule chair », ainsi le Christ et moi devrions nous dédier nos vies.
2. Le Christ dit, « Je t'aime ». **Jé. 31 :3**.
3. Je réponds, « J'aime le Seigneur » **Ps. 116 :1**.
4. Jésus parle encore, « Si vous m'aimez » **Jn 14 :15**.
5. Si vous m'aimez vraiment :
   a. N'ayez pas d'autre dieux devant ma face.
   b. Ne faites point d'images taillées ; ne vous prosternez pas devant elles.
   c. Ne prenez pas mon nom en vain.
   d. Souvenez-vous du jour du Sabbat pour le sanctifier.
   e. Honorez votre père et votre mère.
   f. Ne tuez point.
   g. Ne commettez pas d'adultère.
   h. Ne dérobez pas.
   i. Ne rendez pas de faux témoignages.
   j. Ne convoitez pas ce qui est à votre voisin.
6. je réponds :
   « Jésus mon espérance, Jésus, mon seul trésor,
   Je mets ma confiance en toi jusqu'à la mort.
   De toi me vient la vie, de toi descend la paix,
   En toi, joie infinie, je vis et pour jamais. »

DÉCISION
1. Chantons assis, la première strophe du chant d'amour, « Jésus mon espérance. »
2. Maintenant, prenez votre carte, « le mariage et moi » (HF7) et remplissons-la ensemble dans un esprit de prière (pendant que la musique continue).
3. Combien veulent-ils promettre : « Marié ou célibataire, j'honorerai Jésus dans ma vie sexuelle. » ? **Levez-vous**.

4. Combien veulent-ils dire, « Je passerai du temps seul avec Jésus chaque jour. » ? **Levez vos mains**.
5. Prière.

Sermon 9

« CHÉRI, JE SUIS ENCEINTE ! »
LE MIRACLE DE LA PROCRÉATION

ATTENTION
1. Dans notre dernière présentation, nous avons vu que Dieu a créé le sexe pour l'intimité humaine. « C'est pourquoi … l'homme s'attachera à sa femme et les deux deviendrons une seule chair. » **Ge. 2 : 24**.
2. Dans cette présentation, nous verrons que Dieu a aussi façonné le sexe pour la procréation humaine. « Dieu les bénit et leur dit, soyez féconds et multipliez, remplissez la terre, et l'assujettissez. » **Ge. 1 :28**.
3. « Chéri, je suis enceinte ! » Est-ce une bonne nouvelle ou pas ?
    a. Si le couple n'est pas marié et ne désire pas d'enfant, c'est une mauvaise nouvelle !
    b. Si le couple est marié, mais ne désire pas d'enfant, c'est aussi une mauvaise nouvelle !
    c. Mais, si le couple est marié et désire un enfant, c'est une bonne nouvelle.

PREMIÈRE PARTIE : LA NAISSANCE PHYSIQUE

I **La conception.**
1. Comment la conception a-t-elle lieu ? Commençons avec le système reproductif de la femme.
2. La femme.
    a. Une fois par mois, un ovaire libère une ovule ou œuf (ovule).
    b. L'ovule descend le long d'un canal, ou trompe de Fallope pour attendre un sperme.
    c. En préparation à la fécondation, il y a une augmentation de la rétention du sang dans la matrice.
    d. S'il n'y a pas de fécondation, le sang est déchargé causant la menstruation, ou les règles mensuelles.
3. L'homme.
    a. Pendant le coït, l'homme dépose le sperme qui contient des millions de spermatozoïdes.

      b. Le sperme se déplace le long de la trompe de Fallope à la recherche d'un œuf.
4. La rencontre.
      a. Si la rencontre a lieu dans les limites du temps nécessaire, un spermatozoïde fort entre dans l'œuf et le féconde.
      b. L'œuf fécondé s'en va vers l'utérus, la matrice, où il s'installe.
      c. Puisque le sang est maintenant en plus grade demande, les règles menstruelles cessent.
      d. La conception a eu lieu ! Une nouvelle vie a commencé !
5. Le miracle.
      a. **Question** : Quelle est la grosseur de l'œuf de la femme ?
      Réponse : Plus petit que le point à la fin de cette phrase.
      b. **Question** : Quelle est la longueur du spermatozoïde ?
      Réponse : $1/500^e$ de pouce ou $1/20^e$ de millimètre.
      c. Comment une si petite cellule peut-elle produire un cœur, des poumons, un cerveau, un nouveau système reproductif, un être humain complet ?
      d. C'est un miracle !
6. Texte : « C'est lui qui nous a faits, et nous lui appartenons ! »   **Ps. 100 :3**.

II   **La naissance**.
1. Durant les neufs mois qui suivent, le fœtus se développe dans la matrice de la mère.
2. L'utérus ou matrice est une merveille.
      a. Avant la conception il est de la taille d'une poire, pesant environ deux à trois onces et peut contenir tout juste deux cuillérées à table, ou 30ml, de fluide.
      b. Pendant la grossesse, il s'agrandit de 20 fois sa dimension originale !
      c. De deux cuillérées à table, il peut alors contenir un gallon de fluide.
      d. Entre quatre à six semaines après la naissance, il reprend sa dimension originale.
3. Le placenta est une autre merveille.
      a. Il rattache le bébé à sa mère par le cordon ombilical.

       b. Il procure au fœtus l'air et la nourriture tout en éliminant les déchets.
4. L'amnios est aussi une merveille. Cette « poche d'eaux » est légèrement antiseptique et procure un espace où le fœtus peut se déplacer librement.
5. Enfin vient l'heure de la naissance !
       a. Le fœtus entame sa descente, la tête la première.
       b. Les os du crâne de l'enfant s'imbriquent les uns dans les autres pour réduire la grosseur de la tête du bébé.
       c. Le nouveau-né aspire sa première bouffée d'air, mettant en marche ses différents systèmes.
       d. Le cordon ombilical est coupé, et le placenta est expulsé après la naissance.
       e. Le bébé pleure, et la mère sourit !
6. Oui, nous sommes « admirablement et merveilleusement faits ». **Ps. 139 : 13-17.**
7. Chaque enfant est un « héritage du Seigneur » **Ps. 127 : 3.**

DEUXIÈME PARTIE : LA NAISSANCE SPIRITUELLE

I   **Deux exigences.**

1. Jésus a utilisé le miracle de la naissance pour enseigner la naissance spirituelle à Nicodème.
2. Le texte : **Jn. 3 : 3.**
3. Nicodème pensant que Jésus parlait de la naissance littérale lui posa une question. **Jn. 3 : 4.**
4. Mais, Jésus n'était pas en train de parler de la naissance physique ; il parlait de la naissance spirituelle.
5. La naissance littérale a deux exigences :
Spermatozoïde + ovule.
La naissance spirituelle a aussi deux exigences. Quelles sont-elles ?
6. Le Christ a donné la réponse à cette question. **Jn. 3 : 5.**
7. La naissance humaine est un miracle, mais elle a deux exigences. La formule est : spermatozoïde + ovule = vie humaine.
8. La naissance spirituelle est aussi un miracle ! Et elle a, elle aussi, deux exigences.
La formule est : Esprit + eau = vie spirituelle.

9. Que veut dire « naître de l'Esprit » ? **Ti. 3 : 5, 6**.
10. Quand je donne ma vie à Jésus, il pardonne mes péchés, change ma vie même, et fait de moi une nouvelle personne. Il chasse l'esprit de Satan, et vit en moi à travers son Saint Esprit. Aussi, « naître de l'esprit » signifie la conversion.
11. Que signifie « naître d'eau » ? **Jn. 3 :23**.
12. « Naître d'eau » signifie le baptême.

II   Les deux sont nécessaires.

1. Oui, Jésus l'a dit, en utilisant un langage non équivoque.
Jn. 3 :5.
2. Spermatozoïde sans ovule : pas de vie humaine.
Ovule sans spermatozoïde : pas de vie physique.
3. De même, baptême sans conversion : pas de vie éternelle
Conversion sans baptême : pas de vie spirituelle.
4. Examinons le sens du baptême. **Ro. 6 :3, 4**.
5. Le baptême symbolise :
   a. La mort, l'ensevelissement, et la résurrection de Jésus.
   b. Ma mort, mon ensevelissement, et ma résurrection spirituelle.
6. La signification du baptême dicte la méthode du baptême. La méthode, c'est l'immersion.
7. « Il descendit », et « remonta ». **Ac. 8 : 38, 39**.
8. Je descends dans l'eau pour symboliser la mort et l'ensevelissement de ma vieille vie de péchés. Puis je sors de l'eau pour symboliser ma résurrection à une vie nouvelle en Christ.

III   Des exemples

A. Le trésorier éthiopien.
1. Le trésorier éthiopien est un bon exemple.
2. Il était :
   a. Éduqué, influent et politiquement puissant.
   b. À la recherche de la vérité. Aussi Dieu arrangea-t-il sa rencontre avec quelqu'un qui enseignait la vérité.
   c. Il était en train de lire la prophétie au sujet du Sauveur souffrant dans Ésaïe 53.

d. Philippe lui a appris que l'agneau souffrant était Jésus.
3. Dès qu'il entendit l'histoire de Jésus, il posa la question importante. Quelle fut-elle ? **Ac. 8 : 36**.
4. Puis il cria, « Arrêtez le chariot ! Je veux être baptisé maintenant même ! » **Ac. 8 : 37,38**.
5. Il aurait pu dire :
   a. « Laissez-moi d'abord consulter ma reine », mais il ne l'a pas fait.
   b. « Laissez-moi parler aux autres officiels de mon gouvernement, » mais il ne l'a pas fait.
6. Au contraire il dit, « Candace est ma reine, mais le Christ est mon Roi ! Je ferai tout ce qu'il commande.

B. Jésus
1. Oui, l'officiel éthiopien est un très bel exemple.
2. Mais, le meilleur exemple est celui de Jésus-Christ.
3. Imaginons la scène. **Mt. 3 :16**.
4. Jésus avait-il une vieille vie de péchés à laver ? Pas du tout. Mais notre Sauveur a accepté le baptême comme s'il avait péché.
5. Pourquoi ? Parce qu'il est notre exemple.
   « Jésus je te suivrai partout »
6. Dieu était heureux. **Mt. 3 :17**.
7. Un de ces jours, nous aurons une belle cérémonie de baptême, et Dieu sera heureux à votre baptême ! Il dira « Voici mon fils bien-aimé, voici ma fille bien-aimée, en qui j'ai mis toute mon affection. »

DÉCICION
1. Chant : « Jésus je te suivrai partout.. » Chantez assis.
2. « Je rend grâce à Dieu mon Créateur adorable, du fait que le spermatozoïde + l'œuf me donnèrent la vie. **Levez votre main**.
3. « Je veux naître de nouveau : me convertir intérieurement, me baptiser extérieurement pour la vie éternelle. **Levez les deux mains au ciel**.
4. Il est temps d'avoir notre **cercle de prière**.
   a. Certains viennent pour des besoins familiaux, d'autres pour des problèmes de santé, d'autres encore pour des besoins matériels. Mais, j'invite tout le monde à venir

pour les besoins **spirituels** – besoin de conversion, du Sabbat, du baptême.
b. Levons-nous et chantons notre chant de prière, « Quel ami fidèle et tendre nous avons en Jésus-Christ » alors que nous avançons.
c. Deux prières d'intercession pour les besoins spécifiques.
d. Assurance que la prière est exaucée.
e. Remerciement, « À Dieu soit la gloire. »

Sermon 10

OUI, ELLE CÉLIBATAIRE, MAIS DOUCE ET ADORABLE

ATTENTION

1. Histoire. Il était une fois, une vieille fille qui laissa pour ses funérailles des instructions dont l'une était que l'on n'ait que des femmes à porter sa bière ! Quelles furent ses raisons ? Puisque les hommes ne lui ont pas démontré de l'amitié durant sa vie, ils ne devraient pas la porter dans sa mort !
2. Certaines personnes sont célibataires, amères et misérables, alors que d'autres sont célibataires, douces et adorables. Qu'est-ce qui fait la différence ?

PREMIÈRE PARTIE : L'ÉCHELLE SOCIALE

A. Différents types de célibataires

1. Ceux qui sont encore en train de chercher. Ils espèrent changer de statut quand la personne qu'il faut se présentera. Voici quelques idées pour ceux qui se trouvent dans cette catégorie.
   a. Joignez-vous à des clubs. Participez dans des activités sociales diverses afin de rencontrer plus de gens.
   b. Ayez un comportement et une tenue vestimentaire attrayants.
   c. Surmontez la timidité et la peur.
   d. Améliorez vos techniques de communication et de relations interpersonnelles.
   e. Acceptez le fait que vous ne pourrez jamais trouver la personne parfaite, car vous n'êtes pas parfait vous-même.
   f. Demander à Dieu de vous guider. Le Dieu d'Isaac peut être votre Dieu (Ge. 20 :4).
2. Célibataires par choix. Ces personnes préfèrent rester célibataires au lieu de se marier.
3. Séparés et divorcés. Il y des individus qui ont souffert le traumatisme de la rupture d'une relation.
4. Veufs. Ces derniers ont perdu un conjoint entre les mains cruelles de la mort.

Quelle que soit la cause du célibat, voici sept étapes pour rester doux et adorable.

B   **Sept étapes sociales**

1. **Être optimiste.**
   a. Voici une bonne raison pour l'optimisme. **Pr. 17 : 22**.
   b. Les célibataires font face à des défis et ont besoin de garder une attitude positive dans la vie. Vivre l'optimisme ou le pessimisme est un choix personnel.
   c. Quand les expériences négatives du passé nous portent à devenir pessimistes, souvenons-nous de ce conseil. **Ph. 3 : 13**.
2. **Reconnaître la dignité du célibat.**
   a. Examinez ce texte important. **1Co. 7 : 7**.
   b. L'apôtre Paul était célibataire quand il a écrit son épître aux Corinthiens.
   c. Remarquez qu'il a appelé le célibat l'un des « dons » de Dieu. Ainsi le mariage est un don et le célibat est un don.
   d. Par conséquent, le célibat devrait être traité avec le même respect que le mariage.
   e. La vraie source de la joie n'est pas le mariage, mais une relation intime avec Dieu. **Ps. 16 : 11**.

3. **Compter ses bénédictions.**
   a. La vie est comme un bouquet de roses contenant et des épines et des roses. Le mariage a les deux et le célibat aussi.
   b. Quelques épines du célibat sont :
      1. La solitude
      2. Le manque de satisfaction sexuelle
      3. La société n'approuve pas ce statut.
   c. Quelques roses du célibat sont :
      1. Le contrôle de son temps.
      2. La liberté de mouvement.
      3. Le contrôle de son argent.
      4. La liberté d'atteindre ses objectifs dans la poursuite d'une carrière.

4. **Augmenter mon estime personnel**
   a. Que l'on soit marié ou célibataire, voici un texte merveilleux. **És. 43 : 4**.
   b. Le mariage n'augmente pas ma valeur. Le célibat ne diminue pas ma valeur. Que je sois marié(e) ou pas, je suis précieux (se) aux yeux de Dieu et également important (e) pour la société.
   c. Quelques célibataires qui ont laissé un legs important au monde :
      1. Florence Nightingale - fondatrice des Sciences Infirmières modernes.
      2. Sir Isaac Newton – mathématicien et physicien.
      3. Évangeline Booth – Générale de l'Armée du Salut.
      4. Ludwig Van Beethoven – musicien et compositeur allemand.
      6. Marion Anderson – grande contralto américaine.
   d. Des célibataires extraordinaires des temps bibliques :
      1. L'apôtre Paul – le plus grand théologien chrétien.
      2. Dorcas – travailleur social historique.
      3. Jésus-Christ – notre Seigneur et Sauveur.

5. **Être financièrement indépendant.**
   a. Voici un conseil judicieux. **1 Th. 4 : 11, 12**.
   b. Si je ne suis pas économiquement indépendant, je deviens vulnérable ! Pour être indépendant (e), j'ai besoin d'une profession académique ou technique, qui me permet d'être financièrement stable.
   c. Par conséquent, je dois m'éduquer.
   d. Où je devrais apprendre un métier.
   e. Si je suis un parent célibataire, et veux suivre Jésus, je devrais :
      1. Me marier si c'est possible ou désirable.
      2. Rompre la relation si le mariage est impossible ou non désirable.
      3. Travailler pour prendre soin de moi et de mes enfants.
      4. Faire ma part et faire confiance à Dieu pour pourvoir à mes besoins et à ceux de ma famille. **Mt. 6 : 33**.

6. **Gérer les désirs sexuels avec sagesse**
   a. Premièrement en y résistant. **Jc. 4 : 7, 8.**
   b. Pratiquez l'équation spirituelle à succès :
      1. Volonté humaine + Puissance divine = Victoire spirituelle.
      2. En d'autres termes, Je choisis + je prie = Je peux !
   c. Puis, je peux utiliser la sublimation ou recentrer mes énergies.
      1. La sublimation c'est orienter son énergie dans une autre direction.
      2. L'énergie recentrée vers des activités positives peut m'apporter la satisfaction physique et émotionnelle.
      3. C'était sans doute l'expérience de Dorcas. Alors qu'elle était en train d'aider les autres, elle a réalisé la plénitude physique et émotionnelle.
      4. Les Écritures encourage la sublimation   **Ro. 12 : 31.**

7. **Faire du Christ mon constant compagnon**
   1. Voici un beau texte.   **És. 54 : 5.**
   2. Elle est merveilleusement illustrée par l'expérience de Marie.

DEUXIÈME PARTIE : L'ÉCHELLE SPRITUELLE

A. L'histoire de Marie
   1. Il était une fois une jeune fille du nom de Marie. Elle était célibataire, douce et adorable.
   2. Elle vivait dans la ville de Béthanie avec sa sœur Marthe et son frère Lazare.
   3. Malheureusement un homme nommé Simon le pharisien compromit Marie dans l'adultère.
   4. Elle alla vivre à Magdala et devint Marie de Madeleine. Sous l'influence du vice et du péché, elle devint synonyme de sensualité.
   5. Bientôt Satan fit d'elle son esclave ! Son esprit et son corps devinrent la maison des démons.
   6. Elle était maintenant célibataire, amère et misérable.

7. Mais un jour Jésus vint à Magdala et la bataille pour Marie commença ! L'un après l'autre, les démons la laissèrent et le Christ eut la victoire.
8. Lisons le récit. **Lu. 8 :2.**
9. Marie a franchi les sept étapes de l'échec au succès, d'amère et misérable, elle redevient une fois de plus douce et adorable.
10. Les étapes spirituelles : elle les a franchies et nous devrions les franchir aussi.

B **LES SEPT ÉTAPES SPIRITUELLES**

I **Donner ma vie à Jésus.**
   1. Un texte merveilleux. **2 Co. 5 : 17.**
   2. Comme Marie soumettait sa vie au Christ, elle devint une nouvelle Marie ! Une fois de plus douce et adorable.
      a. Elle devint une nouvelle personne, d'une pécheresse à une croyante.
      b. Elle servit un nouveau maître, de Satan à Jésus.
      c. Elle un nouveau boulot, de la prostitution à la vie du disciple.
   3. Ce que le Christ a fait pour Marie, il peut le faire pour vous et moi !

II **Entourer Jésus de mon amour**
   1. Voyez ce qu'elle a fait. **Lc. 7 :38.**
   2. Pourquoi l'a-t-elle fait ? Parce que son cœur était rempli d'amour.
   3. Se tenant là, elle se rappela de :
      a. Son passé terrible.
      b. Sa rencontre avec Jésus et sa bataille pour son âme.
      c. Le changement merveilleux qu'il a apporté dans sa vie.
   4. Alors, elle fut saisie d'une sainte émotion ! Elle ne pouvait retenir ses larmes !
   5. Tendrement elle lava Ses pieds poussiéreux avec ses larmes, les sécha avec ses cheveux, et les baisant, elle versa son parfum sur tout Son corps !

6. Ami, cela vous est-il déjà arrivé ? L'amour de Jésus vous a-t-il déjà électrisé encore et encore ? O, que son amour inonde votre cœur en ce soir.

7. Alors, votre âme pourra chanter son chant d'amour à Jésus, « Je suis à toi, gloire à ton non nom. »

III   Faire mon sacrifice pour Jésus

1. Quel genre de parfum Marie a-t-elle utilisé ? Voyons dans **Mc. 14 :3**.
2. Son parfum était très cher !
   a. Il a coûté 300 centimes.
   b. Le salaire journalier était de un Dinar, soit 1 centime romain (Mt. 20 :2)
   c. Ce cadeau représentait donc le salaire de toute une année.
   d. Quel sacrifice !
3. Aujourd'hui Dieu nous demande à vous et à moi de lui donner nos vies comme un sacrifice vivant. **Ro. 12 :1**.
4. C'est là la signification du baptême – C'est un joyeux service.
5. Aimez-vous Jésus assez pour faire ce sacrifice pour lui ?

IV   Prendre position pour Jésus.

1. Nous sommes maintenant au Vendredi Saint ! Le Christ est suspendu crucifié sur le Calvaire.
2. Où est Judas ? Il s'est suicidé.
3. Où est Pierre ? Il a renié son Seigneur.
4. Où sont Philippe et André, Jacques et Matthieu ? Ils se sont enfuis terrifiés.
5. Où est Marie ?
6. Lisez la réponse touchante dans Jean 19 :25.
7. Hardiment elle se tenait au Calvaire. Elle prit sa position publiquement devant Ses moqueurs et meurtriers ! Sans crainte, elle déclara qu'elle appartenait au Christ crucifié !
8. Homme, prenez position pour Jésus ce soir ! Femme, prenez position pour Jésus ce soir !

V   **Garder le Sabbat de Jésus.**
1. Puis, ils placèrent notre Sauveur dans la tombe. Durant le Sabbat d'Éden Christ se reposa de son œuvre de création. Durant le Sabbat du Calvaire, il se reposa de son œuvre de rédemption.
2. Alors que le Christ se reposait, Marie aussi se reposait.
3. Consultez ce texte important. **Lc. 23 ; 55, 56.**
4. Le prochain Sabbat sera un Sabbat de célébration ! Jésus sera ici ! Les anges seront ici ! Vous devrez être ici !

VI   **Écouter la voix de Jésus appeler son nom**
1. Nous sommes maintenant au dimanche matin ! Et Marie traverse le jardin. Mais le corps de Jésus n'est pas là ! Puis, elle vit le jardinier et lui parle.
2. Écoutez la conversation rapportée dans Jean 20 :15,16.
    a. Marie dit : « Dites-moi où vous avez mis son corps. »
    b. Jésus appelle : « Marie ! »
    c. Elle s'exclame : « Raboni ! »
3. C'était Jésus !
4. Écoutez ! L'entendez-vous ? Tout comme il appela Marie, il vous appelle par votre nom ! Quelle sera votre réponse ?

VII   **Honoré (e) par Jésus**
1. Puis, Jésus fit une déclaration solennelle. Lisons-la dans **Jean 20 :17**.
2. C'est incroyable ! Avant de remonter vers son Père céleste, il attendit de voir Marie Madeleine !
3. Quelle pensée fantastique !
    a. Avant que le Père le reçoive, Marie l'a salué !
    b. Avant que les anges ne l'honorent, Marie l'a adoré !
4. Le premier être humain à voir le Seigneur ressuscité n'était pas un homme, mais une femme ! Elle n'était pas une femme mariée, mais une célibataire !
5. Quand je déciderai de suivre Jésus, que je sois un homme ou une femme, marié (e) ou célibataire, le Christ m'honorera.

6. Il m'accordera du succès dans cette vie. **De. 28 :13.**
7. Quand il viendra dans sa gloire, le Christ m'honorera avec les joies de la vie éternelle. **Ap. 2 :10.**

DÉCISION

1. **Chant d'amour.** Aussi, ce soir, mon chant d'amour pour Jésus est, « Je suis à toi, gloire à ton nom suprême ». Levez-vous et chantez.

2. **Les jeunes.** Ce soir, l'appel de Dieu est d'abord pour les jeunes, jeunes gens et jeunes filles. Le diable a le plan de rendre votre vie amère et misérable, mais Dieu a un plan différent pour rendre votre vie douce et adorable. Prenez position pour Jésus ce soir. Donnez votre vie à Jésus Christ. Approchez-vous de l'autel maintenant.

3. **Les délivrance.** Que vous soyez jeunes ou vieux, mariés ou célibataires, hommes ou femmes, Dieu est prêt ce soir, à vous donner la délivrance comme il l'avait fait pour Marie. Il chassera les démons si vous le lui demandez. Voulez-vous qu'ils chassent les démons des plaisirs mondains ? Approchez-vous de l'autel maintenant. Voulez-vous qu'ils chassent les démons de l'alcool, du tabac, et des drogues dangereuses ? Approchez-vous de l'autel maintenant. Voulez-vous qu'il chasse les démons de la vie commune et de l'adultère ? Approchez-vous de l'autel maintenant. Voulez-vous qu'il chasse les démons de l'abus des drogues, de l'abus du conjoint, et des enfants ? Approchez-vous de l'autel maintenant.

4. **Des frissons d'amour.** Ouvrez votre boîte d'albâtre et oignez les pieds de Jésus. Laissez son amour vous faire frissonner d'une sainte émotion. Laissez l'amour de Jésus inonder votre âme ce soir. Le sentez-vous ? Approchez-vous de l'autel maintenant.

5. **Un sacrifice.** Marie sacrifia toutes ses économies en abandonnant tout à Jésus. Qu'est-ce que Dieu vous demande d'abandonner ce soir ? Quel est le sacrifice qu'il réclame de vous ? Quel qu'il soit, aimeriez-vous vous approcher de l'autel maintenant et vous abandonner complètement ?

6. **Une prise de position.** Hommes, prenez position pour Jésus. Levez-vous. Approche-vous de l'autel maintenant. Femmes, dames, prenez position pour Jésus. Approchez-vous de l'autel maintenant. Acceptez son Sabbat, acceptez son baptême, prenez position pour Jésus.

7. **Un nom**. L'entendez-vous vous appeler par votre nom ? Jeune homme, il a un plan pour votre vie. Jeune fille, Dieu a un plan pour vous. Approche-vous de l'autel et acceptez le plan de Dieu maintenant.

8. **De l'honneur**. Marie a été honorée. Le premier être humain à voir le Seigneur ressuscité était une célibataire, douce et adorable, puis privilégiée et honorable. Dieu vous honorera dans cette vie si vous vous approchez de l'autel maintenant. Et ensuite, il vous honorera avec la vie éternelle. Vous approcherez-vous pour recevoir la bénédiction maintenant ? Venez.

9. Prière.

Sermon 11

QUE L'HOMME NE LE SÉPARE POINT CE QUE DIEU A UNI !

ATTENTION
1. Histoire. Tim et Tilda. (Vous pouvez utiliser votre propre histoire)

    Tim et Tilda sont heureux dans leur mariage. Ce qui est surprenant dans leur histoire est que Tim est un tétraplégique, paralysé du cou jusqu'en bas. Alors qu'il était à l'école de médecine, sa voiture a été frappée par un chauffeur négligent et il eut une fracture de la colonne vertébrale. Mais, inébranlable, Tim a poursuivi son rêve, compléta son programme d'études et commença sa carrière médicale. Après une lutte intense, Tilda, son amie à l'université, décida que malgré les restrictions physiques de Tim, il n'y aurait pas limites à son amour.

    Depuis leur beau mariage dans un jardin, des décades se sont écoulées, mais leur amour et loyauté mutuels ont survécu.

2. Malgré les défis auxquels font face les couples aujourd'hui, Dieu s'attend à ce que le mariage dure pour toujours.
3. « Ce que Dieu a uni, que l'homme ne le sépare point. » **Mt. 19 : 6**.

PREMIÈRE PARTIE : MARI ET FEMME : ENSEMBLE POUR TOUJOURS.

A. Le mariage est perpétuel.
1. Le mariage est un « grand mystère ». **Ép. 5 : 32**.
2. Nous sommes deux à venir à l'autel, mais en repartons comme un ! Et ça, c'est un mystère.
3. Malgré tout, le divorce a des proportions épidémiques aujourd'hui. Cinquante pour cent des mariages aux Etats-Unis d'Amérique finissent par un divorce, et 65% de remariages subissent le même sort.
4. Alors que le mariage est prononcé sur la terre, il est endossé au ciel. « Dieu a uni » (Mt. 19 :6).
5. Par conséquent, les annulations faites sur la terre doivent être approuvées au ciel. « Que personne ne sépare » (Mt.19 :6)
6. S'il y a adultère, Dieu est disposé à annuler. **Mt.19 :9**.

7. Si je suis déjà divorcé(e), Dieu ne tiendra pas compte de mon ignorance antérieure. **Ac. 17 : 30**.
8. Quelles mesures pouvons-nous prendre pour éviter le divorce.

B. **Le Six Étapes**

I **Étape no. 1 : Prendre un engagement, et ne pas faire un essai.**
1. L'expérimentation du mariage dit, « je vais l'essayer ; j'espère que ça marchera. »
L'engagement du mariage dit, Je m'engage pour la vie, et je ferai tout ce qui est possible pour le faire marcher. »
2. Quand nous prenons une décision – quand nous faisons travailler nos cent milliards de cellules cérébrales- nous pouvons presque tout réussir.
3. Dieu lui-même dit, « Rien de ce qu'ils planifient de faire ne leur est impossible. « **Ge. 11 :6**.
4. Voici l'engagement que nous devons prononcer :
Ps. 57 :7.

II **Étapes no. 2 : Cultiver une relation d'amour.**
1. Dans le Cantique des Cantiques, cette relation d'amour est dépeinte comme un jardin parfumé.
Ca. 4 :16.
2. Un jardin nécessite des soins constants : Pensée, temps et effort. Ainsi en est-il du mariage.
3. Nous devrions donc faire de notre mariage une priorité.

III **Étape no. 3 : Exprimer mon amour**.
1. Certains ont de la difficulté à exprimer l'amour, mais si nous nous y mettons, nous y arriverons.
2. Répétez ces paroles d'or : « Je vous aime » jour après jour.
3. Les paroles d'amour d'un mari **Ca. 4 : 1, 7**.
4. Les paroles d'amour d'une épouse **Ca 5 : 10, 16**.
5. En plus des paroles d'amour, nous avons besoin de démontrer l'amour par des actions : un baiser, une carte,

un cadeau, une fleur ; non seulement pour les anniversaires de naissance et de mariage, mais n'importe quel jour de l'année.

IV **Étape no. 4 : Maintenir ouverts les canaux de la communication.**
1. Rappelez-vous des dix étapes de la communication réussie. Révisons-les.
2. Facteur essentiel A : Parler avec sagesse. **1 Co. 4 : 6**.
3. Celui qui a la parole devrait :
    a. Présenter le problème
    b .Exprimer ses sentiments
    c. Préciser ses besoins
    d. Utiliser des phrases avec « Je »

4. Facteur essentiel B : Une écoute active   **Jc. 1 :19**.
5. Celui qui écoute devrait :
    a. Interpréter les sentiments
    b. Manifester de l'empathie envers l'interlocuteur
    c. Refléter ses sentiments et ses besoins
    d. Utiliser des phrases avec « vous »
6. Facteur essentiel C : Changement de rôles
    a. L'interlocuteur se tait et écoute ; la personne qui écoutait devrait parler.
    b. Négociation : Choisir la meilleure action pour une solution où « tout le monde gagne ».

V **Étape no. 5 : Placer les désirs de mon conjoint au-dessus des miens**.
1. Je devrais plaire à mon partenaire.   **Ro. 1 : 1**
2. La racine de tout problème conjugal est : Soi-même d'abord.   **Jc. 4 : 1, 2**.
3. La solution à tout problème conjugal est : Mon conjoint d'abord.   **Ro. 15 : 1, 2**.
4. Christ, notre exemple.   **Ro. 15 : 3**.

DEUXIÈME PARTIE : LE SAUVEUR ET LE SABBAT : ENSEMBLE POUR TOUJOURS

A. Un autre mariage.
1. Dans le jardin d'Éden un autre mariage a été consommé.
   a. Au sixième jour, Adam et Ève furent unis l'un à l'autre.
   b. Au septième jour, le Christ et sa famille furent unis ensemble.
   c. Dans le plan de Dieu, le Christ et le Sabbat sont unis pour toujours.
2. Tout comme les liens entre époux et épouse ont vu le jour en Éden, ainsi, le lien du Sauveur au Sabbat a vu le jour dès le commencement.
3. On avance souvent que le Christ et son Sabbat furent liés dans l'Ancien Testament, mais se sont divorcés dans le Nouveau Testament.
4. Arrêtons-nous à trois endroits où l'on pense que le divorce a eu lieu.

B. Les trois Stations

I. Station no. 1 : La crucifixion du Christ.
1. Quand le Christ fut crucifié, le sabbat hebdomadaire fut-il crucifié avec lui ?
2. Un texte curieux.   **Col. 2 : 14-17**.
3. **Question** : Quelle « ombre » était-ce ?

Réponse : Avant que le Sauveur ne vienne sur la terre dans sa forme humaine, son ombre était le sanctuaire avec ses services de sacrifices d'animaux. Chaque sacrifice était le symbole du Saveur à venir.
4. Les sabbats annuels.
   a. Ce système cérémoniel avait sept fêtes annuelles ou jours sacrés. Par exemple : la Pâque, la Pentecôte, le Jour des Expiations.
   b. Ces fêtes sacrées avaient lieu une fois par an, comme nos « Vendredis Saints » et nos « Noël ».
   c. On les appelait sabbats.
5. Regardez le texte :   **Lev. 23 : 27, 32**.

6. Quand le Christ est mort sur le Calvaire, tout ce système, avec ses sacrifices d'animaux et ses sabbats annuels prirent fin !

7. Quand il cria, « tout est accompli », le voile du temple se déchira en deux. **Mt. 27 : 50, 51.**

8. C'est pourquoi, aujourd'hui, nous n'avons plus besoin de :

    a. Bougies, car le Christ est la Lumière du monde !

    b. Plus d'autel, car le Calvaire était l'autel.

    c. Plus de prêtre, puisque Jésus est notre Grand Prêtre.

    d. Plus d'agneau, car le Christ est l'Agneau de Dieu qui efface les péchés du monde.

    e. Plus de Sabbats cérémoniels comme la Pâque, car Christ est notre Pâque.

9. Par conséquent, au Calvaire, il n'y a pas eu de divorce ! Le Seigneur et le Sabbat sont toujours mariés ! « Et que l'homme ne sépare pas ce que Dieu a uni. »

II   **Station no. 2 : La résurrection du Christ.**

1. Jésus a-t-il changé le Sabbat après sa résurrection ?

2. Il y a seulement 8 versets du Nouveau Testament qui mentionnent le « premier jour de la semaine ». Cinq d'entre eux parlent de l'histoire de la résurrection, mais ne font pas référence à des réunions. Examinons les trois autres.

3. Le premier fait mention d'une réunion. Lisons-le dans **Jn. 20 :19**.

Question : Alors, pourquoi les disciples s'étaient-ils assemblés ?

Réponse : Par peur des juifs.

4. Le deuxième texte est **1Co. 16 :1, 2**.

Question : Était-ce une réunion ?

Réponse : Absolument pas. Il avait été demandé à chacun d'eux de « mettre à part quelque chose, de faire des provisions » pour la collecte que Paul planifiait d'apporter aux Saints de Jérusalem qui se trouvaient dans le besoin.

5. Notre dernier texte sur le « premier jour de la semaine » est **Ac. 20 :7**.
   a. C'est une réunion d'adieu.
   b. L'église primitive rompait le pain n'importe quel jour et n'importe où. **Ac. 2 :46**.
   c. Puisque dans la nomenclature juive, le jour commence au coucher du soleil, ce « premier jour de la semaine », un service du soir, était une réunion du samedi soir.
   d. L'apôtre a poursuivi son voyage le dimanche.

6. Par conséquent, après la résurrection du Christ, il n'y avait <u>pas</u> de divorce ! Le Sauveur et le Sabbat sont encore mariés !

« Et que l'homme ne sépare pas ce que Dieu a uni. »

7. L'institution du dimanche ne se retrouve pas dans les Écritures.

8. Ce fut l'empereur romain Constantin qui fit passer la première loi du dimanche le 7 mars 321.

9. Et quand l'empire romain perdit son pouvoir, l'église le remplaça. Mais au lieu de changer ses erreurs en bien, l'église appela le mal bien. Elle légalisa le dimanche comme jour d'adoration.

10. Suivez ses déclarations :

« **Question** : Avez-vous aucun autre moyen de prouver que l'église a le pouvoir d'instituer un précepte pour les festivals » ?

« **Réponse** : Si elle n'avait pas un tel pouvoir, elle n'aurait pas pu porter tous les religieux modernes à se mettre d'accord avec elle ; elle n'aurait pas pu instituer l'observation du dimanche, le premier jour de la semaine, à la place du samedi, le septième jour, un changement qui ne se base sur aucune autorité scripturale. » Rev. Steven Keenan, Un Catéchisme Doctrinal, p. 174.

III   **Station no. 3 : mon salut : Sauvé par grâce !**

1. Oui, nous sommes sauvés par grâce. **Ép. 2 :8**.
2. La question importante est la suivante : Après avoir été sauvé (e) par la grâce de Jésus, est-ce que j'ignore la loi de Jésus ?
3. La réponse sans équivoque de Paul se trouve dans **Ro. 3 :31**.

4. **Illustration**. Harry, qui roule toujours à toute vitesse, est arrêté par le policier et devrait recevoir une contravention. Mais, le policier lui donne une chance. Ceci constitue-t-il une licence pour lui pour continuer à faire des excès de vitesse ? Non ! Cela devrait le porter à être plus respectueux de la loi.

5. Quand je suis sauvé par la grâce de Dieu, il n'y a pas de divorce d'avec la loi. Au lieu d'un divorce, il y a un renouvellement des vœux du mariage.

6. Un texte très important. **Hé. 8 :10.**

7. Plus de vol, car Dieu a écrit dans mon esprit, « Tu ne déroberas point », et j'obéis à la loi de Jésus parce que je suis sauvé par la grâce de Jésus.

Plus de mensonges, car Dieu a écrit dans mon esprit, « Tu ne porteras point de faux témoignage. »

Plus de désobéissance aux parents, car Dieu a écrit dans mon esprit, « Honore ton père et ta mère », et j'obéis à la loi de Jésus parce que je suis sauvé par la grâce de Jésus.

Plus d'alcool, car Dieu a écrit dans mon esprit, « Tu ne tueras point ».

Plus d'adultère, car Dieu a écrit dans mon esprit, « Tu ne commettras point d'adultère ».

Plus d'adoration des idoles, car Dieu a écrit dans mon esprit « Tu ne te courberas point devant elles ni ne les adoreras ».

Et j'obéis à la loi de Jésus parce que je suis sauvé par la grâce de Jésus.

Plus d'entraves, car Dieu a écrit dans mon esprit « Tu n'auras pas d'autres dieux devant ma face ».

Plus de serments, car Dieu a écrit dans mon esprit, « Tu ne prendras pas le nom de l'Éternel ton Dieu en vain ».

Plus de violation du Sabbat, car Dieu a écrit dans mon cerveau, « Souviens-toi du jour du Sabbat pour le sanctifier ».

Et j'obéis à la loi de Jésus parce que je suis sauvé par la grâce de Jésus.

8. Par conséquent, quand je suis sauvé par la grâce de Jésus, je garde le Sabbat de Jésus.

IV   L'Éternité

1. Quand Dieu recréera la terre, il n'y aura toujours <u>pas de divorce</u> ! Le Sauveur et le Sabbat seront ensemble pour toujours !

2. Un texte merveilleux. **És. 66 : 22, 23**
3. Ce sera une « Famille Heureuse » pour toujours !

DÉCISION
  A. Renouvellement des vœux du mariage
  1. « Mesdames et messieurs, voici la mariée ! »
  2. Le couple choisi spécialement, marche le long de l'allée. Le mari porte l'écriteau, « Sauveur » ; la femme porte celui de « Sabbat ».
  3. Tous les couples mariés suivent le couple choisi sur la plate-forme ou au devant de l'autel.
  4. Vœux de mariage : Cérémonie de renouvellement de voeux.
     a. Le mari parlant à la femme : « Chère _____, ce soir, je renouvelle mes vœux de mariage envers toi. Par la grâce de Dieu:
     Je garderai ce vœu comme un engagement et non une décision sujette à l'expérimentation. Je prendrai du temps et ferai attention à cultiver notre relation d'amour. J'exprimerai souvent mon amour pour toi. Je maintiendrai ouverts les canaux de la communication. Je placerai tes désirs au-dessus les miens. Je prierai avec toi et pour toi chaque jour. »
     b. La femme au mari : « Cher ____, ce soir, je renouvelle mes vœux de mariage. Par la grâce de Dieu :
     Je garderai ce vœu comme un engagement et non une décision sujette à l'expérimentation. Je prendrai du temps et ferai attention à cultiver notre relation d'amour. J'exprimerai souvent mon amour pour toi. Je maintiendrai ouverts les canaux de la communication. Je placerai tes désirs au-dessus des miens. Je prierai avec toi et pour toi chaque jour. »
     c. Un engagement personnel peut-être ajouté, si on le désire.
  5. Déclaration : « Que l'homme ne sépare point ce que Dieu a uni. »

II. L'engagement du Sabbat
  1. Le couple choisi spécialement se présente. Ce couple symbolise aussi le mariage spirituel.
     a. Quel est le nom spirituel de l'époux? Sauveur.

b. Quel est le nom spirituel de l'épouse ? Sabbat.

2. Ce soir nous avons vu que dans les Écritures, le Sauveur et le Sabbat sont mariés. Ils ne se sont jamais divorcés ! Ils sont ensemble pour toujours.

3. Dans ce cas, si j'accepte le Sauveur, je dois aussi accepter le Sabbat parce qu'ils sont mariés !

« Et, qu'aucun homme ne sépare ce que Dieu a uni. »

Mais, si je rejette le Sabbat, je rejette aussi le Sauveur, parce qu'ils sont mariés.

« Et, qu'aucun homme ne sépare ce que Dieu a uni. »

5. Le vœu du Sabbat. Tout le monde se lève et répète à l'unisson :

« J'accepte le Sauveur ce soir, j'accepte son Sabbat ce soir. »

« J'accepte le Sauveur, le Seigneur du Sabbat. J'accepte le Sabbat qui appartient au Seigneur. »

6. Prière de consécration pour
    a. Tous les couples mariés : Renouvellement des vœux du mariage.
    b. Tout le monde : Engagement du Sabbat.

Sermon 12

SEPT FAÇONS DE MIEUX JOUIR DE MA VIE SEXUELLE

ATTENTION
1. Citez les paroles de Prov 5 :18, 19 trouvées dans une traduction moderne de la Bible.
2. Cela pourrait-il être inscrit dans votre Bible ? Oui, il y est !
3. Alors, Dieu s'attend à ce que chaque mari et femme chrétiens jouissent de plus en plus de leur vie sexuelle.
4. Examinons quatre façons de le faire.

PREMIÈRE PARTIE : LES SEPT RÈGLES

I. **Rester amoureux 24 heures sur 24.**
   1. Certains couples se querellent et se battent toute la journée et essaient de jouir du sexe le soir. Assurément, ça ne peut pas marcher.
   2. Quand les problèmes surgissent, résolvez-les immédiatement.
   3. Consultez ce texte important **Éph. 4 :26**.
   4. Souvenez-vous que la relation sexuelle n'est pas seulement la réunion de deux corps mais, la fusion de deux esprits. Aussi, pour faire l'amour avec succès, nous devons rester tout le temps amoureux.

II **Avoir une stratégie de planification familiale**
   1. Certains couples ont des questions sur la validité de la planification familiale.
   2. L'avortement est coupable puisqu'il détruit une vie.
   3. Une planification familiale chrétienne n'est pas coupable. Il prévient le commencement d'une vie.
   4. Puisque l'efficacité des plans varie avec les familles, chaque couple devrait, sur avis médical, choisir le plan qui lui convient le mieux.

III **Se soumettre l'un à l'autre pour ce qui concerne la fréquence**
   1. Pour beaucoup de couples, la fréquence est un grand problème.
   2. Les variations dans le désir sexuel pourraient être causées par :

a. Les différences biologiques entre l'homme et la femme.
  b. Les différences de tempéraments.
  c. Le surmenage physique, mental ou émotionnel.
  d. Une différence d'âge significative.
3. Donner la préférence l'un à l'autre. **Rm. 12 :10.**
4. Si chacun essaie de plaire à l'autre, on trouvera un compromis heureux.
5. Se rappeler du Christ, notre exemple **Ph. 2 :3.**

IV **Me préparer et préparer mon partenaire**
1. Une atmosphère parfumée ; l'épice du charme contribue à une expérience sexuelle satisfaisante. **Ca. 4 :16 et 5 :1.**
2. Premièrement, je devrais me préparer. L'apparence physique, l'odeur corporelle et l'attrait de la tenue sont la responsabilité de chaque partenaire.
3. Je dois, ensuite préparer mon conjoint. Cela est nécessaire parce qu'il existe de grandes différences entre nous.
4. Voici quelques différences qui existent généralement entre l'homme et la femme :
  a. L'homme est comme une cuisinière à gaz, la femme, comme une cuisinière électrique.
  b. C'est pourquoi il est viteexcité alors qu'elle est lentement excitée.
  c. Il s'éteint rapidement alors qu'elle prend du temps pour le faire.
  d. Le mari doit stimuler érotiquement la femme parce qu'elle en a besoin.
  e. Il doit être attentionné et affectif parce qu'elle a besoin de temps pour se préparer.

V **Satisfaire mon conjoint**
1. Notre premier texte dit ceci, « laissez son sein vous satisfaire à tout moment » **Pr. 5 :19.**
2. Souvent l'un est satisfait alors que l'autre ne l'est pas.
3. Alors que l'un attend encore, l'autre est en train de ronfler !
4. La satisfaction sexuelle augmente la fidélité conjugale.
5. Lisez ce texte. **Pr. 27 :7.**
6. Ainsi, chaque conjoint devrait faire de la satisfaction sexuelle une priorité.

| VI | Communiquer ouvertement avec mon conjoint.
1. **Question** : Comment savoir si mon conjoint est satisfait ?
Réponse : Parlez-en.
2. Généralement nous hésitons à parler de notre expérience sexuelle. Mais, de la même façon que nous discutons d'autres aspects de notre relation ; argent, emploi, etc., nous devrions discuter de nos besoins et expériences sexuels.
3. Parler avec grâce. **Col. 4 : 6.**

| VII | Accepter la présence d'une « Troisième Personne »
1. Alors que l'intimité exige que l'on soit seuls, la jouissance sexuelle nécessite la présence d'une troisième Personne !
2. Cette personne est Dieu !
3. Comprenez le texte, « Ils sont …une seule chair…Dieu les a joints ensemble. »
4. Tout comme Dieu était présent pour bénir le premier couple quand ils ont fait l'expérience de l'intimité sexuelle, ainsi il prend plaisir à être auprès de chaque couple marié pour bénir leur intimité.
5. L'intimité sexuelle ultime est multidimensionnelle ! Elle est :
    a. Physique : la rencontre de deux corps.
    b. Émotionnelle : l'unité de nos sentiments
    c. Mentale : l'union de nos esprits humains à l'esprit de Dieu dans une rencontre divino-humaine.
6. L'extase sexuelle est à son plus haut niveau quand la rencontre va plus loin que le physique, le mental et l'émotionnel et qu'elle devienne une expérience spirituelle.

DEUXIÈME PARTIE : UNION SPIRITUELLE : CINQ DÉFIS

(Note pour le présentateur : Si vous le désirez, vous pouvez ajouter une anecdote contemporaine à succès pour illustrer la victoire sur un ou tous ces cinq défis.)

1. Dieu a utilisé l'union sexuelle de l'homme et de la femme pour symboliser le lien entre le Christ et l'église.
2. Voici le texte   **Ép. 5 :31, 32.**

3. L'union sexuelle du mari et de la femme symbolise donc l'union entre le Christ et moi ! Quel mystère !
4. **Question** : Comment le chrétien – vous et moi- peut-il devenir un avec Jésus ?
   Réponse : La réponse se trouve dans **Gal. 3 : 27**.
5. Paul est un grand exemple. Quand il est devenu amoureux de Jésus, il s'est uni au Christ par le baptême. **Ac. 9 :18**.
6. Pour être « baptisé en Christ », Paul a dû surmonter des défis importants.
7. Pour que nous devenions un avec le Christ par le baptême, nous avons, souvent, à faire face à ces mêmes défis.
Examinons cinq d'entre eux.

I   **Ma famille**
1. Paul était issu d'une famille illustre, « hébreux né d'hébreux » **Ph. 3 : 5-7**.
2. Mais, il n'a pas permis à sa lignée de l'empêcher de joindre la famille spirituelle de Dieu.
3. Parfois, quand je décide de me joindre au Christ par le baptême, moi aussi, je fais face aux oppositions de ma famille.
4. Si un mari ou une femme, un parent ou enfant essaie d'empêcher mon baptême, que devrais-je faire ?
5. Réponse : Considérer Dieu d'abord.
6. Question : Si je suis dans une union de droit coutumier avec un partenaire, que devrais-je faire ?
7. Réponse : Me marier ou rompre !

II **Mes amis**
1. Paul était populaire, intelligent, et influent ; un disciple de Gamaliel (Ac. 22 :3).
2. Mais il n'a pas permis à ses amis de l'empêcher de suivre Jésus.
3. Quand mes amis s'opposent à mon baptême, que devrais-je faire ?
4. Réponse : Obéir à Dieu plutôt qu'aux hommes. **Ac. 5 :29**.
5. Plaire à mon « meilleur ami ». **Jn. 15 : 14**.

III **Mon travail**
1. Paul occupait une fonction élevée : il était l'envoyé spécial du grand prêtre d'Israël (Ac. 9 : 1, 22).

2. Mais il n'a pas permis à son poste de l'empêcher de suivre Jésus.
3. Quand mes collègues s'opposent à mon baptême, que devrais-je faire ?
4. Réponse : Obéir à Dieu plutôt qu'aux hommes. **Ac. 5 :29**.
5. Plaire à mon « meilleur ami ». **Jn. 15 : 14**.

IV   **Mon église**
1. Paul était un leader remarquable de son église (Ac. 26 :4, 5).
2. Mais il n'a pas permis à son église de l'empêcher de sortir et de suivre Jésus. **Ac 26 : 19**.
3. Quand ma religion interfère avec mon baptême, que devrais-je faire ?
4. Réponse : « Sortez du milieu d'elle, Mon peuple » **Ap. 18 : 4**.
5. Réponse : Regardez ce texte incomparable **Mc. 7 :7**.
6. La grande question est : Suis-je la brebis de Dieu ? **Jn 10 : 16**.

V   **Le temps**
1. Paul n'a pas attendu pour se faire baptiser, il l'a fait tout de suite (Ac. 9 :18).
2. Il aurait pu dire :
    a. « C'est arrivé si vite, j'ai besoin d'un peu de temps. » Mais, il ne l'a pas dit !
    b. « Laissez-moi attendre mon retour à Jérusalem. » Mais, il ne l'a pas dit !
    c. « J'ai besoin de consulter le grand prêtre d'abord. » Mais, il ne l'a pas dit !
3. Quand je suis tenté de reporter ce que Dieu veut que je fasse ?
4. Réponse : Agir « maintenant ! » **2 Co. 6 :2**.
5. Obéir « aujourd'hui » **Hé. 3 : 7, 8**.

VI   **Miracle !**
1. Quand Ananias visite Paul, il prononça des paroles pleines de puissance. Lisons-les dans **Ac. 9 : 17**.
2. Immédiatement, un miracle eut lieu ! Paul recouvrit la vue ! **Ac. 9 : 18a**.
3. Immédiatement, Paul fut baptisé !
4. Le baptême de Paul fut **son vote pour Jésus** !
5. Comme Paul, je veux suivre Jésus – immédiatement !
6. **Mon baptême est mon vote pour Jésus** !

DÉCISION
    1. Levons-nous et chantons, « Aujourd'hui, tu m'appelles… »
    2. Vous avez un bulletin de vote dénommé « Mon vote » (HF10). Il y est inscrit : « Ce soir, je vote pour Jésus. »
    3. Maintenant même, les pasteurs ont les urnes (indiquez là où ils se tiennent). Vous devez vous déplacer, prendre votre bulletin et le déposer dans l'urne.
    4. Votre vote signifie que vous avez décidé de suivre Jésus dans le baptême. Chantez et avancez !
    5. Si vous suivez Jésus déjà dans le baptême, Venez et votez !
    6. Si vous êtes en train de vous décider à suivre Jésus dans le baptême, venez et votez. Chantez et avancez !
    7. Peut-être que votre défi est votre famille. Venez ! Le Dieu qui a aidé Paul vous aidera. Venez !
    8. Peut-être que votre défi, c'est vos amis. Venez ! Le Dieu qui a aidé Paul vous aidera.
    9. Peut-être que votre défi est votre travail. Venez ! Le Dieu qui a aidé Paul vous aidera.
    10. Peut-être que votre défi est votre église. Venez ! Le Dieu qui a aidé Paul vous aidera.
    11. Peut-être que votre défi est votre temps. Venez maintenant ! « Maintenant est le temps favorable. »
    12. Prière.
    13. Annonce spéciale : À la fin du service, voyez votre pasteur ou instructeur, retirez une carte d'autorisation de baptême, remplissez-la et retournez-la.

Sermon 13

CHERI, OU EST L'ARGENT?
LES SIX CLÉS POUR LA RÉUSSITE FINANCIÈRE

ATTENTION
1. Savez-vous que 40% des histoires de Jésus qui ont été rapportées ont un rapport avec l'argent ?
2. Dans une des paraboles, les gestionnaires fidèles ont reçu ce compliment : « Bon travail », alors que les gestionnaires infidèles ont été désignés « mauvais serviteurs ». (Mat. 25 :15-26, Segond)
3. Étudions les six secrets de la réussite financière.

I   UTILISEZ LE BUDGET COMMUN

Il existe quatre types de budgets différents. Quel est celui que vous utilisez ?

BUDGET A : LE BUDGET À UNE TÊTE
a. Dans ce plan, il y un seul gagne-pain, généralement le mari, et il crie, « C'est mon argent et je l'utilise comme je veux ! Ne pose pas de questions ! »
b. L'épouse
   1. Reçoit une allocation pour s'occuper de la maison
   2. Ne sait pas combien gagne son conjoint
   3. N'est pas au courant des dépenses
   4. N'ose pas demander, « Chéri où est l'argent ? Sinon elle doit prendre la poudre d'escampette !
c. Ce n'est pas là le budget idéal pour « La Famille Heureuse de Dieu » parce que Jésus condamne cette attitude de contrôle de l'un des partenaires sur l'autre. **Mat. 20 :25, 26.**

BUDGET B : LE BUDGET À DEUX TETES
1. Dans ce budget, les deux conjoints ont une source de revenu et chacun d'eux déclare, « C'est mon argent ! Je le dépenserai comme bon me semble ! »
2. Dans le budget à deux têtes

a. Les salaires sont des secrets
b. Ils décident qui paient quoi
c. Si l'un d'entre eux demande, « Chéri, où est l'argent ?' Il s'ensuit une bagarre.
3. Ce n'est pas là le budget pour la « Famille Heureuse de Dieu » parce qu'il viole la philosophie du mariage.   **Mt. 19 : 6**.
4. Dans le plan de Dieu, les deux deviennent un. Cette unité sexuelle « d'une seule chair » est conçue pour être le symbole d'une unité spirituelle dans tous les aspects du mariage y compris les finances de la famille.
5. Être « un » au lit seulement détruit le symbolisme du sexe !

BUDGET C : LE BUDGET COMMUN
1. Dans ce budget, si les deux conjoints ont une source de revenu, ils mettent en commun leurs ressources et déclarent « Ce n'est pas mon argent ni le tien. C'est notre argent ! »
2. Si seulement l'un des conjoints travaille hors de la maison, il ou elle apporte son argent en déclarant « Je travaille hors de la maison ; tu travailles à la maison. Ce n'est pas mon argent ; c'est notre argent. »
3. Dans le budget commun
    a. Il s'agit de combiner nos revenus
    b. Les grandes dépenses sont décidées en commun
    c. Le budget est préparé ensemble
    d. Les prêts sont considérés ensemble
    e. Nous décidons collectivement comment économiser.
4. C'est un bon budget pour la « Famille Heureuse de Dieu » ! Il met en valeur la philosophie du mariage. (Mat. 19 :6)
5. Sauf les exceptions : En effet, si un des conjoints dilapide l'argent dans le jeu, l'alcool ou la drogue, ce budget idéal n'est pas pratique.
6. Le secret numéro un est « d'utiliser le budget commun », non pas mon argent, ni votre argent, mais le nôtre.

II   PRATIQUEZ LE BUDGET AVEC UNE TÊTE PRINCIPALE

A. **Le meilleur budget**
    1. Le budget commun est un bon budget, mais il en est un qui est meilleur.

2. Le budget D est le meilleur car mon partenaire principal, la tête est Dieu, et il est le propriétaire de toutes mes ressources. **Ag. 2 :8**.
3. Quel est mon rôle ? Je suis tout simplement le gestionnaire.
4. En tant que gestionnaire, je suis responsable et je devrai rendre compte au propriétaire. **1 Cor. 4 :2**.
5. Par ailleurs, Dieu désire que je respecte son droit de propriété.
6. En Éden, le symbole du droit de propriété de Dieu était un arbre. **Ge. 2 : 16, 17**.
7. Aujourd'hui, l'évidence de son droit de propriété réside dans la dîme. (Lev. 27 :30)
8. À combien s'élève la dîme » (Lev 27 :32)
    a. Ainsi, si j'ai gagné dix (10) dollars), un (1.00) constitue la dîme de Dieu.
    b. Si j'ai gagné $100.00, $10.00 reviennent à Dieu.
    c. Si j'ai gagné $1000.00, $100.00 constituent sa part.

B. La réponse

1. Certains couples se demandent toujours, « Chéri, où est l'argent ? »
2. Voici la réponse   **Ag. 1 :9**.
3. Ils ne peuvent pas rendre compte de leurs ressources parce que leur finance est maudite par Dieu. (Mal. 3 :8)
4. D'autres couples, cependant, n'ont pas besoin de demander « Chéri où est l'argent ? » parce que leur argent est béni.
    Mal. 3 :10.
5. Devrais-je retourner la portion de Dieu avant ou après ?
6. La réponse se trouve dans   **Mat. 6 :33**.
7. Il y a un merveilleux récit d'un parent célibataire qui a donné à Dieu sa part en premier et qui a reçu les bénédictions de Dieu et pour elle et pour son enfant. **1 R. 17 :10-16**.
8. Le secret numéro deux est donc le suivant : Dieu est le partenaire en chef et je lui rends sa dîme.

III METTRE EN APPLICATION UN PLAN DE LIQUIDATION DES DETTES

A. Soyez sans dettes !

1. Les compagnies publicitaires et financières ont ourdi une conspiration pour nous maintenir endettés.
2. Dieu désire que nous soyons sans dette. **Ro. 13 :8**.
3. Pourquoi devrais-je être sans dette ? **Pr. 22 :7**.
4. Comment puis-je liquider mes dettes ?

B. **Le Plan de Sept Étapes**
1. Prendre une décision ferme : Plus de dettes.
2. Détruire les cartes de crédit. Gardez-en une seule pour les urgences.
3. Continuer à payer les engagements courants.
4. Faire une liste des dettes en commençant par la plus petite et terminant par la plus grande.
5. Utilisez tous les revenus supplémentaires pour payer le numéro un aussi vite que possible.
6. Ensuite, utilisez tout l'argent que vous auriez utilisé pour payer la dette numéro un pour payer la dette numéro deux, la liquidant tôt.
7. Une fois arrivé aux échéances pour la maison, faire des versements supplémentaires, spécialement sur le capital.

IV **ÉCONOMISER AVEC CONSTANCE QUELLE QUE SOIT LA VALEUR DU REVENU**
1. Considérez les sages fourmis. **Prov. 6: 6-8**.
2. Les individus sensés devraient agir de même.
3. Si vous choisissez d'investir, faites des investissements à peu de risques.

V **PREPAREZ UN BUDGET ET APPLIQUEZ-LE**
1. Rappelez-vous de ce que Jésus a dit au sujet de la planification stratégique et de la budgétisation **Luc 14:28-30**.
2. Voici quelques indications sur les budgets
   a. Un budget doit être balancé: les dépenses ne dépassant pas le revenu.
   b. Les deux conjoints doivent participer dans la préparation du budget.
   c. La part qui revient à Dieu doit être enlevée d'abord.
   d. Des allocations personnelles pour le mari et pour la femme doivent être inclues dans le budget.
   e. Le meilleur gestionnaire doit administrer le budget.

VI AU-DELÀ DE L'ARGENT, LAISSEZ DIEU GÉRER VOTRE VIE

1. L'appel de Matthieu

1. Lévi Matthieu était un homme qui manipulait beaucoup d'argent
   a. Il percevait les taxes pour le gouvernement romain.
   b. Il prélevait aussi de l'argent supplémentaire pour lui et pour sa femme.
   c. Au fil de jours ils devenaient de plus en plus riches.
   d. Probablement Mme Matthieu a demandé à son mari, "Chéri, où est l'argent? Combien d'argent?"
   e. Puis ils déposèrent leur richesse dans la banque de la vieille Jérusalem.
2. Mais un jour, quelque chose de merveilleux arriva.
3. Jésus Christ pénétra dans le bureau de Matthieu, lui fit face et lui dit deux mots.
4. Voici les mots qu'il lui dit **Luc 5:27**.
5. Matthieu devait réfléchir et se décider sérieusement
6. Il se disait sûrement
   a. Si je suis ce pauvre galiléen, je deviendrai pauvre.
   b. Je perdrai l'amitié de mes amis publicains, et les juifs me compteront toujours parmi leurs ennemis.
   c. Cet appel est inopportun. J'ai besoin de plus de temps pour y réfléchir.
   d. Que dirai-je à ma femme quand elle me demande, "chéri, où est l'argent?"
7. La bonne nouvelle c'est que Lévi Matthieu prit la bonne décision
8. Le texte étonnant déclare   **Luc 5:28**.

A.   **Votre appel**

1. Tout comme Jésus a appelé Lévi Matthieu, ce soir il nous appelle vous et moi.
2. Écoutez cet appel dans   **Mat. 16:24**.
3. Répondez à son invitation   **Marc 16:16**.
4. Le baptême est le signe que je suis en train de suivre Jésus.
5. "Jésus, je te suivrai partout."

B. **Les récompenses!**
 1. La récompense de Matthieu **Ap. 21: 14**.
 2. Pensez-y, le nom de Matthieu sera écrit sur l'une des fondations de la nouvelle Jérusalem!
 3. Il avait l'habitude de mettre son or en dépôt dans la banque de la vieille Jérusalem. Maintenant il marchera dans les rues en or de la nouvelle Jérusalem!
 4. Quand je mettrai mes pieds dans l'eau pour suivre Jésus, Moi aussi, je recevrai cette récompense.
 5. Ma récompense terrestre est **Mat. 19:29**.
 6. Et ma récompense céleste sera **Ap. 2:10**.

LA DÉCISION

 1. Chant "Entre tes mains j'abandonne". Levez-vous et chantez la première strophe.
 2. **L'argent**. Combien veulent-ils dire: « Cher Seigneur, je veux retourner le dixième de mes revenus à Dieu fidèlement et utiliser les neuf dixièmes restant sagement » ? **Levez votre main.**
 3. **Le baptême**. Combien veulent-ils dire « Cher Seigneur, Je veux te donner, non seulement le dixième de mes revenus, mais les dix dixièmes de ma vie par le baptême » ? **Levez les deux mains**.
 4. **Prière spéciale**. Ce soir nous organiserons un **Cercle de prière spécial :** Deux prières pour tous ceux qui veulent la puissance de Dieu pour suivre Jésus dans le baptême.
 5. **Autel**. Que tous ceux qui veulent recevoir la puissance du Saint-esprit pour suivre Jésus dans le baptême **s'avancent vers l'autel maintenant. Chantons** et **avançons**.
 6. **Le sacrifice**. Peut-être, que comme Matthieu il y a des choses auxquelles vous devrez **renoncer** pour suivre Jésus. Mais quel que ce soit ce que vous perdez, le Christ vous le rendra au centuple!   (Mat. 19:29)
 7. La question **Importante**: Quels sont les noms des collègues qui travaillaient au bureau avec Matthieu? Ils sont inconnus et oubliés! Matthieu a suivi Jésus et a acquis une grande renommée pendant 2000 ans! Quand vous suivez Jésus dans le baptême vous deviendrez quelqu'un pour le reste de votre vie. (De 28:13)
 8. **L'argent**. Matthieu a dû renoncer à l'argent qu'il volait ! Mais il n'a plus jamais eu besoin d'argent ! Il ne fut pas famélique! Le Christ a pourvu à tous ses besoins! Il pourvoira à tous vos

besoins. (Ph 4:19)

Venez auprès de l'Autel pour le Baptême maintenant!

9. **Le travail.** Matthieu a dû changer de travail. Mais Jésus lui donna un meilleur poste. **Si** jamais vous devez changer de travail, Jésus a une meilleure offre.   (Mat 6:33)

Approchez-vous de l'Autel maintenant!

10. **Mari et femme.** Matthieu avait probablement des craintes à cause de sa femme. "Chéri, où est l'argent?" Ne vous préoccupez pas de ce que dira votre mari ou votre femme! N'ayez pas peur de vos parents ou enfants! **Avancez et votre famille vous suivra.** (Mat 5:14)

11. **Les amis.** Matthieu n'avait pas consulté ses amis publicains. Il perdit quelques vieux amis, mais il a gagné douze nouveaux amis! Et Jésus devint son Meilleur Ami! Acceptez Jésus comme votre Meilleur Ami.   (John 15:14)

Avancez et suivez Jésus maintenant!

12. **Maintenant!** Le Christ n'a pas dit à Matthieu "Suivez-moi demain" Il l'appela aujourd'hui! Et Matthieu le suivit immédiatement! "Il laissa tout tomber, se leva et le suivit." (Luc 5:28)

"Voici maintenant le temps favorable." (2 Cor. 6:2)

Approchez-vous de l'Autel maintenant!

13. **La Nouvelle Terre.** Matthieu renonça à un peu d'or dans la vieille Jérusalem. Mais il marchera sur des rues pavées d'or dans la nouvelle Jérusalem! Et vous aussi! Renoncez à votre or aujourd'hui. Vous foulerez des rues en or demain!

Approchez-vous de l'Autel maintenant!

14. **Écrivez la lettre B** – Avant la prière, veuillez prendre votre carte et y **inscrire** une **"B"** majuscule **Maintenant. "B"** signifie baptême.

15. **L'autorisation de baptême.** Avant la prière, **expérimentons notre foi** Prenez une « **Autorisation de Baptême** » du pasteur ou d'un lecteur biblique et remplissez-la **à l'instant.** Puis nous les ramasserons et prierons dessus. Le Dieu de Matthieu deviendra votre Dieu! (La congrégation chante pendant que les intéressés remplissent les cartes).

17. **Prière d'intercession.**
   a. Ramassez toutes les cartes d'autorisation de Baptême
   b. Prière d'intercession

18. **L'assurance.** Dieu a entendu et répondu à la prière.

19. **La carte de la soirée**. Ramassez tous les HF11 et clôturez le service.

Sermon numéro 14

HUIT ÉTAPES POUR UNE SANTÉ ET UN BONHEUR PARFAITS

ATTENTION

1. **L'histoire d'Hulda Crooks**
Née en 1896, la jeune Hulda était anémique, nerveuse et toujours fatiguée. À l'âge de 31 ans, elle était obèse et physiquement débile. Alors Samuel, son mari qui était médecin, l'encouragea à commencer un programme d'exercices physiques et elle découvrit la force de la combinaison d'un régime végétarien aux exercices physiques. Elle connut un nouveau départ dans sa vie. En 1962, à l'âge de 66 ans, Hulda Crooks grimpa les 14,495 pieds d'altitude du Mont Whitney. Durant les 25 années qui suivirent, elle monta cette montagne 23 fois ! En juillet 1987 elle fit les 12,388 pieds d'altitude du Mont Fuji au Japon, devenant ainsi la plus vieille femme à avoir jamais accompli cet exploit. Six semaines plus tard, à 91 ans, elle conquit le Mont Whitney une dernière fois. Entre son 81e et son 90e anniversaire elle a grimpa 97 sommets ! Et quand elle eut 94 ans, son médecin déclara qu'elle avait un cœur de 18 ans."
2. Le désir de Dieu c'est que chacun de nous connaisse la guérison, la santé et le bonheur. **3 Jean 2**.
3. De l'autre côté, Satan prend plaisir à causer la maladie et la souffrance. **Job 2:7 et Luc 13:16**.
4. Étudions ensemble huit clés pour la guérison, la santé et le bonheur. Ces huit clés forment le sigle CLÉ SANTÉ.

PREMIÈRE PARTIE : LES HUITS ÉTAPES

I C est pour la confiance
1. La santé physique ne suffit pas. Nous avons aussi besoin de la santé mentale et émotionnelle
2. La confiance en Dieu est le meilleur remède pour la santé mentale.
3. La confiance en Dieu donne un sens et un but à la vie. **Pr. 3 :5, 6**.
4. La confiance en Dieu procure la paix intérieure.
5. La confiance en Dieu procure la santé et le bonheur.   **Pr. 17 :22**.

II L est pour les liquides dont le meilleur est l'eau

1. Nous pouvons vivre des semaines sans nourriture mais seulement quelques jours sans eau.
2. Le corps humain contient 70% d'eau.
3. Nous en perdons 8 à 12 verres par jour. Puisque la nourriture remplace 2 à 4 verres, nous avons soin de boire 6 à 8 verres d'eau jour.

III E est pour l'exercice
1. Il y avait un programme d'exercice pour Adam et Ève dans le jardin d'Éden. (Ge 2:15)
2. Le temps minimal recommandé pour les exercices est de 30 minutes chaque deux jours.
3. Les exercices aérobics sont les plus utiles- la marche, la course, le cyclisme, la natation, etc.
4. La marche, la plus facile et la meilleure, comporte le moins de risques et est recommandée pour tous les groupes d'âge.

IV S est pour le soleil
1. Les rayons du soleil fournissent l'énergie nécessaire aux plantes pour qu'elles fabriquent les aliments que nous mangeons.
2. Ils permettent à la peau de produire de la vitamine D, connu pour sa capacité à détruire les cellules cancéreuses.
3. Les rayons du soleil tuent les germes et stimulent le système immunitaire.
4. Ils favorisent la santé de la peau quand ils sont utilisés modérément, mais peuvent causer le cancer de la peau lorsqu'ils sont utilisés excessivement.

V A est pour l'air
1. Le premier souffle. **Ge. 2 :7.**
2. L'air frais est indispensable à la vie.
   a. L'oxygène qui remplace le dioxyde de carbone, est transporté à travers les 60.000 miles que forment les vaisseaux sanguins dans mon corps.
   b. Cet oxygène est amené dans les 300 trillions cellules du corps !
   c. Par conséquent, j'ai besoin régulièrement de grandes bouffées de l'air frais de Dieu !

VI N est pour la Nutrition

A. Le meilleur Régime alimentaire
1. À la création, Dieu donna à Adam et Ève le meilleur régime qui existe: un régime végétarien. **Ge. 1:29**.
2. Le régime végétarien est encore le meilleur aujourd'hui.
3. Après le déluge, quand toute la végétation avait été détruite, Dieu permit d'utiliser la viande comme nourriture.
4. Cependant, avant le déluge, il avait placé les animaux dans deux catégories: purs et impurs. **Ge. 7: 1, 2**.
5. Comment faire la différence?
   a. Les créatures terrestres comestibles avaient la corne fendue, le pied fourchu et ruminaient. **Lé. 11: 2, 3**.
   b. Par conséquent, la vache et le mouton sont purs, mais le porc est impur. **Lé. 11: 4,7**.
   c. Les créatures aquatiques comestibles ont des nageoires et des écailles. **Lé. 11: 9**.
   d. Par conséquent, la carpe et la perche sont pures, mais le requin, le crabe et le homard sont impurs.

B. La vision de Pierre
1. Question: Mais Dieu n'a-t-il pas dit à Pierre, "Lève-toi Pierre, tue et mange?" (Ac. 10:13)
2. Réponse: Dieu ne parlait pas d'animaux, il faisait référence à des êtres humains. **Ac 10: 28**.

C. La pyramide alimentaire
1. Il y a trente cinq siècles, Dieu a conseillé de ne pas manger la graisse animale. (Lé. 11:23, 26)
2. Aujourd'hui, la science est d'accord et recommande une diète riche en fibres et pauvre en graisse.
3. Examinons la pyramide alimentaire. Remarquez que:
   a. La plus grande portion de notre nourriture devrait consister en hydrates de carbone: graines, pain, céréales
   b. La deuxième portion devrait comprendre des fruits et des légumes.
   c. La troisième devrait contenir de la protéine: poisson, oeufs et haricots.
   d. La plus petite portion devrait avoir de la graisse, des huiles et des aliments sucrés.

VII T est pour la tempérance

A. Définition
1. La tempérance est une obligation pour la « Famille Heureuse de Dieu. **1 Co. 9:25.**
2. La vraie tempérance signifie l'utilisation modérée de ce qui est bon pour la santé et l'abstinence de ce qui est dangereux.
3. Par conséquent, non à l'alcool, le tabac et les drogues!
4. La victoire.
Comment puis-je surmonter une habitude nuisible à la santé et m'approprier de la clé de la santé?
1. Identifier et éliminer la cause principale. La dépendance n'en est souvent qu'un symptôme.
2. Prendre une décision ferme: " Je choisis d'abandonner **maintenant.**"
3. Éviter les personnes et les situations qui peuvent m'amener à être tenté.
4. La marche, les mouvements respiratoires, et les exercices peuvent aider.
5. Boire une grande quantité d'eau pour irriguer le système.

B. L'ABC de Dieu
1. Puisque la dépendance est le travail de Satan, nous avons besoin de la puissance de Dieu pour la surmonter.
2. Lisez cette belle promesse. **Mc 11:24.**
3. Elle a pour nom, l'ABC de la victoire.
   a. Prier pour l'avoir.
   b. Croire que je l'ai reçue.
   c. Agir avec l'assurance du vainqueur.
4. **Le Cercle de prière, ce soir**
Approchez-vous de l'autel et arrachez la victoire sur toute dépendance ce soir! Expérimentez la santé physique et la guérison spirituelle.

VIII E est pour État de détente
1. Christ nous invite au repos. **Mc 6:31.**
2. Nous avons besoins de 6 à 8 heures de sommeil reposant chaque jour.
3. Nous avons aussi besoin d'un repos hebdomadaire.
4. Dieu a conçu le Sabbat hebdomadaire comme un jour de repos

physique, mental et spirituel.

DEUXIÈME PARTIE: TROIS MANIÈRES & TROIS RAISONS

I Trois manières par lesquelles Dieu apporte la guérison.
1. Des fois, la santé vient des médecins. **Lu. 5:31.**
2. D'autres fois, il guérit par des miracles. **Jc 5:14,16.**
Faîtes l'expérience d'un miracle à l'**Autel ce soir!**
3. À tout moment, Dieu guérit grâce au plan CLÉ SANTÉ.

II Trois raisons pour le plan CLÉ SANTÉ.
1. Ma guérison, ma santé et mon bonheur personnels. **3 Jean 2.**
Les 8 étapes de la clé santé facilitent l'acquisition de la santé physique, mentale, émotionnelle et spirituelle.
2. Mon corps ne m'appartient pas. Il appartient à Dieu.
    a. Il a été acheté à un prix. **1 Co. 6:20.**
    b. Quel en est le prix? Le sang précieux de Jésus. **1 Pi. 1:18, 19.**
    c. Voilà pourquoi je ne suis pas libre de traiter mon corps comme je le désire. Il est la propriété de Dieu.
3. Mon cerveau est le temple du Saint Esprit de Dieu.
    a. Le temple vivant de Dieu   **1 Co. 6:19.**
    b. Il veut vivre en moi et marcher en moi! **2 Cor. 6:16.**
4. Quelle merveilleuse idée!

III Un symbole
1. C'est là la signification du baptême
2. Le baptême signifie abandonner mon cerveau, mon corps, ma santé et ma vie à Jésus.
3. « Entre tes mains j'abandonne."

DÉCISION
1. **Asseyez-vous** et chantez la **première** strophe, « Entre tes mains j'abandonne **tout**. »
2. Combien parmi vous veulent-ils abandonner entièrement votre vie au Christ? **Levez les mains.**
3. Prenez votre carte de Cercle de la prière et lisons la prière du baptême. **Ensemble.**
4. Combien parmi vous veulent-ils prononcer cette prière ce soir? **Levez les mains.**
5. Si vous le voulez, écrivez-le! Écrivez "B"

6. Voici venu le moment du « Cercle de prière. Venez et présentez vos besoins à Dieu. Avancez en chantant.

7. J'invite maintenant tous ceux qui ont une carte "B" à former un **Cercle intérieur.**

Chantons et **avançons**!

8. Appel

   a. Le Christ a abandonné sa vie pour vous dans la Crucifixion. Avancez et abandonnez votre vie entre ses mains par le baptême.

   b. Les eaux du Baptême sont des eaux curatives! Entrez dans ce « Cercle Intérieur » et recevez la guérison spirituelle!

   c. Venez et obtenez la victoire sur le tabac et l'alcool, la toxicomanie et la dépendance du Sexe. Venez!

   d. Le Baptême est la porte d'entrée au plan **CLÉ SANTÉ**. Venez et faites l'expérience d'un nouveau commencement ce soir.

9. L'autorisation de Baptême.

   a. Tous ceux qui sont dans le cercle intérieur remplissent une carte d'autorisation de Baptême **Maintenant.**

   b. Chantez en remplissant la carte.

   c. Ramassez les cartes et déposez-les dans la corbeille de prières **spéciale**.

10. Deux prières d'intercession pour

   a. Les besoins ordinaires (corbeille de prières ordinaire)

   b. Guérison –physique, mentale, émotionnelle & spirituelle (corbeille de prières spéciale).

   c. Projet de Baptême (corbeille de prières spéciale)

11. L'assurance que les prières ont reçu des réponses.

12. "À Dieu soit la Gloire"

Sermon 15

" QUI EST LE CHEF CHEZ MOI ? »

ATTENTION
1. Le mari dit, « Je suis le chef parce que je suis la tête."
2. Et la femme répond « Je suis le cou qui fait tourner la tête! Ainsi donc, je suis le vrai chef!"
3. La grande question est, "Qui doit être le chef dans le foyer chrétien? Qui doit être le chef dans la « Famille Heureuse de Dieu" ?
4. Utilisons trois clés pour répondre à cette question.

PREMIÈRE PARTIE : LA SOUMISSION MUTUELLE

I Le mari est le chef du foyer
1. Texte : **Ép. 5: 23**.
2. Dans le corps humain, le cerveau régularise le système neurologique.
    a. Il reçoit des messages sensoriels de toutes les parties du corps.
    b. Il envoie des messages moteurs à toutes les parties du corps.
    c. Ces messages voyagent à une vitesse incroyable.
3. En tant que chef du foyer, le mari devrait être son protecteur. **Ge. 2: 23**.
4. Il devrait être son principal pourvoyeur. **1 Ti. 5:8**.
5. Il devrait aussi en être le leader spirituel. **1 Pi 2: 9**.
    a. Aujourd'hui, nous n'avons pas besoin de prêtres terrestres, car chaque croyant est un prêtre – un membre du sacerdoce royal de Dieu.
    b. Puisque la mère est une prêtresse et chaque enfant un prêtre, le père, en tant que chef du foyer, en est le Grand Prêtre.
    c. Chaque matin et chaque soir, il devrait conduire la famille de prêtres à offrir des sacrifices de louanges et de prières du matin et du soir en s'approchant de l'autel familial.

II La femme est le cœur du foyer

  A. Son Rôle
    1. Si le mari est la tête, la femme est le coeur!
    2. La femme n'est pas le cou. Elle en est le coeur.

3. Remarquez comment elle a été crée. **Ge 2:21, 22**.
    a. Elle n'a pas été formée d'un os de la tête d'Adam pour le dominer.
    b. Pas d'un os du pied d'Adam pour être écrasée par lui.
    c. Mais d'une côte d'Adam –pour se tenir à côté de lui en égale!
4. Gen 3:16 est la déclaration de sa dégradation, mais Jean 3:16 est la base de sa restauration.
5. Son statut restauré est présenté dans   **Ga. 3: 28.**
6. Le cœur bat 100,000 fois par jour, pompant 2,000 gallons de sang porteur de vie, maintenant tout le corps humain en équilibre.
7. Par conséquent, en tant que cœur du foyer, la femme est non seulement un partenaire mais aussi un partenaire égal, elle est une pacificatrice. Tout comme le cœur met en mouvement tout le corps, ainsi sa grâce devrait promouvoir la paix et l'unité de la famille.
8. C'est elle qui embellit la maison.

B. Sa beauté
1. Sa modestie et non ses bijoux constituent sa vraie beauté.   **1 Pi 3: 3, 4.**
2. Grâce à cet ornement intérieur, elle peut gagner son époux inconverti au Seigneur.   **1 Pi. 3:1.**
3. L'appel que Dieu fait à la femme chrétienne. **És. 3:16, 18-24.**
4. Ne soyez pas des mauvaises graines!   **2 R. 9:30.**
5. Soyons de bons exemples.   **Ge. 35:2-4.**

C. Le parent célibataire
1. Un parent célibataire doit faire face au défi sans égal d'être à la fois le cœur et la tête.
2. Mais Dieu lui donnera la force et la sagesse nécessaires. **Jc 1: 5.**

III Aimer! Ne pas Abuser!
1. Devant l'autel, dans le mariage les deux deviennent un: 1 + 1 = 1.
2. "C'est un grand mystère"   **Ép. 5:31, 32.**
3. Puisque le mari et la femme vivent le mystère de l'unité un conjoint ne doit pas prendre la liberté d'abuser l'autre.

4. Aucun homme sensé ne se fait du mal. Aucun homme en pleine possession de sa faculté ne frappe sa femme qui est son autre soi-même. **Ép. 5: 28, 29.**

5. Par conséquent, dans la « Famille heureuse de Dieu il n'y a pas d'abus!

    a. Pas d'abus physique pour causer des dommages au corps de mon conjoint.

    b. Pas d'abus verbal en utilisant des mots qui détruisent.

    c. Pas d'abus émotionnels qui mettent en danger l'estime de soi de mon partenaire.

    d. Pas d'abus sexuel qui dévalue ou dénature la sexualité de mon conjoint.

6. Si les abus persistent :

    a. Confronter celui qui commet les abus en disant "Je n'accepterai plus ce traitement."

    b. Si sa vie est en danger, il faut trouver un endroit où l'on est en sécurité.

    c. Chercher de l'aide professionnelle pour celui qui commet les abus et pour l'abuser.

IV La soumission mutuelle

1. Ép. 5:31-33 fait référence à la relation entre mari et femme. Quelle en est la déclaration principale?

2. La déclaration principale se trouve au verset 21. Lisons **Ép. 5:21**.

3. La femme doit se soumettre à son mari **Ép. 5:22**.

4. Le mari doit aussi se soumettre à sa femme comme le Christ s'est soumis.   **Ép. 5: 25**.

5. **Question**: Le Christ s'est-il soumis au besoin de l'église?

6. **Réponse**: Oui! La soumission jusqu'au point de mourir pour elle!

7. Question: Le mari devrait-il donc se soumettre aux besoins de sa femme?

8. Réponse: Oui! La soumission jusqu'au point de mourir pour elle!

9. C'est la soumission mutuelle: La femme se soumet au mari et le mari à la femme. Rappelez-vous que la déclaration clé est "Soumettez-vous l'un à l'autre dans la crainte de Dieu"

10. Quand les disciples étaient en train de se disputer au sujet duquel d'entre eux aurait la première place, Jésus fit une

déclaration surprenante.
11. Lisons-la dans **Mt. 20:25-27**.
12. Ainsi, il n'y a pas de chef! Le mari est la tête, la femme le coeur, et le cœur et la tête travaillent de concert.

V Le Triangle de l'amour

1. Dans la « Famille Heureuse de Dieu », il n'y a pas de chef. Mais, il y a un Maître!
2. Ce Maître est Jésus! **Ps. 127:1**.
3. Examinons le triangle de l'amour avec le Christ au sommet. C'est la soumission suprême quand et le mari et la femme se soumettent au Christ.
4. Remarquez ceci :
   a. Quand le mari et la femme sont loin du Christ, ils sont loin l'un de l'autre.
   b. Quand le mari et la femme se rapprochent du Christ, ils se rapprochent automatiquement l'un de l'autre.
   c. Quand le mari et la femme se soumettent au Christ, ils sont vraiment amoureux l'un de l'autre.

DEUXIÈME PARTIE: LE BAPTÊME

I L'histoire

1. Comment donc nous soumettre, moi et ma famille à Jésus Christ? Le geôlier de la prison de Philippes a la réponse.
2. Un jour, deux nouveaux prisonniers, Paul et Silas, arrivèrent à la prison. Il les enferma dans la cellule du fond et attachèrent leurs pieds au pilori.
3. Mais à minuit, Paul et Silas commencèrent à chanter des louanges à Dieu et, Miracle! Il y eut un tremblement de terre! Les portes de la prison s'ouvrirent! Les prisonniers furent libérés!
4. Le gardien se réveilla et était sur le point de se tuer quand Paul s'écria, "Ne faîtes pas ça! Nous sommes tous là!"
5. Notez la question du geôlier. **Ac. 16:31**.
6. La question la plus importante de la vie n'est pas: Comment puis-je gagner plus d'argent? Ou comment puis-je rester en santé? Ou même comment puis-je avoir une famille heureuse?
7. La question la plus importante est: Comment puis-je être sauvé et vivre éternellement avec Christ?
8. Lisons la réponse de Paul dans **Ac. 16:31**.

9. Alors le geôlier de la prison amena Paul et Silas chez lui et après avoir lavé leurs blessures, sa famille et lui écoutèrent l'histoire du salut.
10. Cette nuit-là, il prit sa décision! Jésus Christ allait devenir
   a. Le Maître de son foyer
   b. Le chef de sa maison
   c. Le Seigneur de sa vie
11. Question: Comment l'a-t-il accompli ?
12. La réponse se trouve dans **Ac. 16:33**.

II Immédiatement

1. Le baptême est un signe que Jésus Christ est devenu le Chef de ma maison et le Seigneur de ma vie.
2. Remarquez que cette famille fut baptisée immédiatement!
3. Et c'était toute la famille!
4. Ils n'attendirent même pas le lever du soleil!
5. À cette heure précise de la nuit –quelle qu'elle fut: 2 :00, 3 :00 ou 5 :00 –toute la famille fut baptisée immédiatement!
6. À travers l'Écriture, nous voyons que chaque fois que les gens acceptaient Jésus comme Seigneur, ils étaient baptisés immédiatement!
   a. À la Pentecôte, 3000 furent baptisés le même jour (Ac. 2:38)
   b. Paul, dénommé alors Saul, fut baptisé sans délai (Ac. 9:18)
   c. Le centurion romain fut baptisé sur le champ (Ac. 10:47)
   d. L'eunuque éthiopien fut baptisé le même jour!
7. Souvenez-vous du ministre éthiopien !
   a. Il n'a pas attendu qu'on lui demande de se faire baptiser
   b. Il n'avait pas besoin d'être poussé à se faire baptiser
   c. Il a réclamé le baptême!
8. Écoutez-le parler   **Ac 8: 36.**
9. Il aurait pu dire
   a. "Laissez-moi d'abord consulter ma reine." Mais, il ne l'a pas fait!
   b. "Laissez-moi consulter les autres membres du cabinet d'Éthiopie." Mais, il ne l'a pas fait!
10. Au contraire il déclara, "Candace est ma reine, mais Jésus est mon Roi." Mon chef est Jésus! J'obéirai à tout ce qu'il commande.
11. Ainsi, le trésorier éthiopien fut baptisé le même jour! Le gardien de la prison la même nuit! Et nous devrions prendre notre décision ce soir! Le temps favorable est maintenant! (2 Co. 6:2)

III Les réjouissances

1. Après le service du baptême, la famille retourna chez elle.
2. Comme le jour se levait, le premier jour de leur nouvelle vie en Christ, ils s'assemblèrent pour une grande célébration!
4. Lisons le récit de la célébration de la « Famille Heureuse » dans **Ac. 16: 34**.
5. Imaginez la scène:
   a. Mari et femme s'étreignant!
   b. Parents et enfants s'embrassant!
   c. Ils formaient maintenant une « Famille Heureuse » de Dieu!
6. Quand je suis Jésus dans le baptême, il y aura une grande célébration!
   a. Comme le responsable de la prison, je me réjouirai (Ac. 16:34)
   b. Les anges du ciel se réjouiront avec mon ange gardien (Lu. 15:10)
   c. Et par dessus tout, Dieu lui-même, mon Père, se réjouira (Mt. 3:17)

DÉCISION

A. Le Vote

1. La question à laquelle je dois répondre ce soir est:
   "Qui est le chef de ma maison?"
   "Qui est le Seigneur de ma vie?"
2. Le chef est-il Satan ou sera-t-il le Seigneur Jésus?
   a. Levons-nous et chantons la première strophe de "Entre tes mains j'abandonne."
   b. Ce soir vous avez seulement deux options. Et vous devez faire un choix.
   c. Le chef Satan vous offre la **Destruction**.
   Le Seigneur Jésus vous offre le **Salut**.
   Quel est votre choix?
3. Si vous acceptez Satan comme Chef, votez **Rejet**.
  Si vous acceptez le Seigneur Jésus, votez **Baptême**.
4. Sabbat prochain sera notre jour de grande cérémonie de baptêmes. Ce soir, nous allons **Voter**! (Anciens levez-vous avec les urnes **MAINTENANT**)
5. Si vous voulez voter pour le Chef **Satan Rejet, Restez là où vous êtes**!

6. Si vous votez pour le Seigneur **Jésus Baptême,**
   a. **Venez** au devant
   b. Remplissez votre carte (HF13) et déposez-la dans l'urne.
   c. Mettez-vous debout à l'autel pour prier
   d. Chantez et avancez.

B.   **Appel**
   1. **La famille**. Le chef de la prison fut baptisé avec toute sa famille.
     a. Mari: Venez avec votre femme
     b. Femme: Venez avec votre mari
     c. Parent: Venez avec votre enfant
     d. Enfant: Venez avec votre parent.
   2. **Les amis**. Paul et Silas aidèrent leur nouvel ami, le chef de la prison.
     a. Ami: Venez avec votre ami
     b. Instructeur: Venez avec votre élève
     c. Adventiste: Venez avec votre invité.
   3. **Maintenant**!
     a. Le chef de la prison fut baptisé avec sa famille le même soir! Venez maintenant!
     b. L'éthiopien fut baptisé seul le même jour! Venez maintenant!
     c. À la Pentecôte: 3000 furent baptisés avec leurs amis le même jour! Venez maintenant!
     d. Paul: Il fut baptisé seul tout de suite! Venez maintenant!
   4. **La prison**- Trouvez-vous que votre vie est comme une prison avec des chaînes et des piloris? Venez et soyez libéré ce soir! Les portes de la prison s'ouvriront! Les chaînes se briseront ! Les piloris disparaîtront tandis que vous vous approchez de l'autel!
   5. **Minuit**- Votre vie sonne-t-elle les coups de minuit paraissant vous envelopper de ténèbres impénétrables? Ce soir, Dieu changera votre minuit en matin. Les ténèbres disparaîtront! La lumière brillera! Venez à l'autel. Chantez à minuit! Chantez et avancez!
   6. **Le miracle** – Ce soir, Dieu veut accomplir un miracle pour vous! Il enverra un tremblement de terre spirituel. Avancez vers l'autel maintenant.

7. **L'autorisation de baptême**. Prenez une carte d'autorisation de baptême et remplissez-la, **Maintenant**.
8. **La « Famille Heureuse » de Dieu.** Ce matin-là, la famille du geôlier de la prison devint une nouvelle famille! La « Famille Heureuse » de Dieu! Approchez-vous de l'autel ce soir et devenez un membre de la « Famille Heureuse » de Dieu!
9. **Prière** pour toutes les décisions de baptême.
10. **Les réjouissances.** Le gardien de la prison et sa famille se réjouirent. Louons le Seigneur, ce soir. "À Dieu soit la gloire!"

Sermon 16

COMMENT AIDER MON ENFANT À OBÉIR- AVEC JOIE

ATTENTION

1. **L'histoire**
Indira était intriguée par les spectacles au « Monde Maritime ». Les phoques ont accompli des prouesses fantastiques et la « baleine qui tue » n'a pas dévoré son cavalier! Mais, elle a été fascinée surtout par les dauphins –sautant hors de l'eau, exécutant dans l'air des sauts périlleux pleins de grâce avant de replonger dans l'eau en faisant une grande gerbe. Et ils le faisaient au son de la musique! "Maman, comment arrive-t-on à leur enseigner à faire ça?" demanda-t-elle. "Regarde attentivement," répondit la mère. "As-tu remarqué qu'après chaque performance on donne un poisson au dauphin? Quand une action est récompensée, elle est répétée. Voilà leur secret." Puis comme un éclair, l'idée lui vint à l'esprit. "Pourquoi ne pas utiliser le même principe pour élever Indira?"
2. Les parents blasés utilisent les punitions, les parents heureux utilisent les récompenses.
3. Qu'il le sut ou non, Nebucadnetsar a énoncé ce principe dans (Da. 2:6)

PREMIÈRE PARTIE: PARENTS TERRESTRES

I   Deux principes

Voici deux concepts essentiels
1. Le renforcement : Tout comportement qui est récompensé est renforcé et sera répété.
2. L'extinction: Tout comportement qui n'est pas récompensé finit par mourir et devient extinct.

A. Le principe MD
1. Quand le comportement de l'enfant est **m**auvais, la récompense est **d**ifférée.
2. Le principe MD est le même que l'extinction.
3. Dieu a utilisé le principe MD avec son enfant désobéissant Moïse.

Nu. 20:11, 12.
4. Parfois nous faisons le contraire par inadvertance.
5. Illustration: Jojo
6. Au supermarché, Jojo demande un bonbon, mais sa mère lui dit "Non." Quand le garçon insiste, sa mère lui donne la même réponse. Piquant une colère, l'enfant commença à crier. Embarrassée, la mère s'empare du bonbon, le met dans la main de l'enfant, "Prend-le et tais-toi!"
7. Que'est-ce qui arrivera la semaine prochaine?
8. Puisque maman a récompensé un mauvais comportement, elle l'a renforcé.
9. Malgré les cris de Jojo, le bonbon aurait dû être différé.

B. Le principe BR
1. Quand le comportement de l'enfant est bon, il devrait avoir une récompense.
2. Le principe BR se dénomme renforcement.
3. Dieu affirme le principe BR dans **1 Cor. 3: 14**.
4. Parfois nous faisons le contraire par inadvertance.
5. Illustration: Maria
   a. Maria nettoie rarement sa chambre, mais aujourd'hui, à la grande surprise, elle le fait. Maman regarde et ne dit rien, alors que papa s'exclame, "Finalement, cette chambre est arrangée. J'espère qu'elle sera encore comme ça demain!"
   b. Qu'est-ce qui arrivera demain?
   c. Le comportement n'a pas été récompensé, il sera supprimé.
   d. S'il est récompensé, il est renforcé et sera répété.

II Quand faut-il donner les récompenses

A. Deux options
1. Regardez ce que Jésus dit du moment favorable pour donner les récompenses. **Ma. 19: 27, 29**.
2. Ainsi nous pouvons récompenser immédiatement ou à long terme.

B. Recommandations
1. Récompensez immédiatement certaines fois et par accumulation d'autres fois.
2. Récompensez les tout petits immédiatement (car leur mémoire est plus courte) et les plus grands d'une autre manière.

3. Récompensez régulièrement au début, puis par intermittence plus tard.

III Types de récompenses

A. Les renforcements verbaux
1. C'est ce que disent les parents.
2. Un exemple biblique: **Mt. 25:21**.
3. Quel serait un bon exemple pour notre temps?

B. Renforcement de l'activité
1. C'est une chose agréable qu'on permet à l'enfant de faire.
2. Un exemple biblique: **Ap. 3: 4**.
3. Quel serait un bon exemple pour notre temps?

C. Le renforcement total
1. C'est quelque chose d'une grande valeur que les parents donnent.
2. Un exemple biblique: **Ap. 2 :10**
3. Quel serait un bon exemple pour notre temps?

DEUXIÈME PARTIE: LE PARENT CÉLESTE

Tout comme nous aimerions que nos enfants nous obéissent, Dieu notre Père céleste, s'attend à ce que nous lui obéissions.

I Trois Ordonnances
Notre Père céleste nous a donné trois ordonnances difficiles
1. No. 1: "Repentez-vous et soyez convertis." (Ac. 3:19)
2. No. 2: "Souvenez-vous du Sabbat pour le consacrer." (Ex. 20:8)
3. No. 3: "Levez-vous et soyez baptisés." (Ac. 22:16)
4. En tant que parent modèle, Dieu:
   a. Nous ordonnons d'obéir.
   b. Il s'attend à ce que nous obéissions.
   c. Il nous récompense quand nous obéissons.
5. Dieu l'a démontré il y plus de 2600 années dans la ville de Babylone.

II Seulement deux choix
1. Le roi Nebucadnetsar érigea une grande statue d'or et ordonna à tous ses officiers assemblés d'adorer l'idole.

2. Quiconque désobéirait serait jeté dans la fournaise ardente.
3. Le roi de Babylone donna son ordre, "Vous vous inclinerez et adorerez la statue d'or." (Da. 3:6)
4. Mais le Roi du ciel avait passé un autre ordre: "Vous ne vous inclinerez pas devant elles, ni ne les adorerez." **Ex. 20:5**.
5. C'était là deux ordonnances contradictoires.
6. Les trois hébreux devraient décider à qui obéir.
7. Ainsi en est-il de vous et de moi aujourd'hui.

A. La conversion
1. Dieu dit, "Repentez-vous, donc, et soyezconvertis." Changez de vie. **Ac.3:19**.
2. Satan dit, "La conversion n'est pas nécessaire. Vivez comme bon vous semble.
3. À qui dois-je obéir: à Satan ou à Jésus?

B. Le Sabbat
1. Dieu dit, "Souvenez-vous du Sabbat pour le consacrer." (Ex. 20:8)
2. Satan dit, « Vous n'avez pas besoin de garder le Sabbat. Le dimanche est OK.
3. Il a utilisé l'empereur de Rome pour légaliser le dimanche comme jour d'adoration.
4. La loi de Constantin dit, "Au jour vénérable du soleil, que les magistrats et le peuple résidant dans les villes se reposent, et que les ateliers soient fermés. À la campagne, cependant, ceux qui s'engagent dans des activités agricoles peuvent vaquer librement et légalement à leurs occupations." Le 7 mars, an 321 ap J-C.
5. Puis l'église romaine a perpétué l'adoration du dimanche.
6. La déclaration de l'église dit :
   Q. *"Quel est le jour du Sabbat?"*
   A. "Le samedi est le jour du Sabbat."
   Q. *"Pourquoi observons-nous le dimanche plutôt que le samedi?"*
   A. "Nous observons le dimanche plutôt que le samedi parce que l'église Catholique a transféré la solennité du samedi au dimanche."
   Rev. Peter Geierman, *The Convert's Catechism of Catholic Doctrine –Le Catéchisme de la Doctrine Catholique pour le Converti-*, (1977, p. 50).
7. À qui obéirai-je donc: À Dieu ou à l'homme?

C. Le baptême
1. Dieu dit, "Lève-toi et sois baptisé" **Ac. 22: 16**.
2. Satan dit, "Tu as tout le temps."
3. Le Christ dit, "Maintenant est le temps favorable!" Jésus demande, "Qu'attends-tu? Lève-toi et sois baptisé." **Ac. 22:16**.
4. À qui obéirai-je donc: À Satan ou à Jésus?

III La délivrance!
1. Je suis content que les trois hébreux firent le bon choix!
2. Ils ont espéré que Dieu les délivrerait.   (Da. 3:17)
3. Mais si cela n'arrivait pas, ils étaient prêts à être brûlés. (Da. 3:18)
4. Plutôt que d'obéir au dirigeant terrestre, ils obéirent au Père céleste!
5. Nebucadnetsar était "plein de fureur!" Il ordonna: "Réchauffez e fourneau sept fois plus que d'habitude!" Puis on jeta les trois hébreux dans la fournaise.
6. Soudain, le roi s'exclama, « N'avions-nous pas jeté trois hommes les mains liés au milieu des flammes? » Regardez! Je vois quatre hommes les mains libres marchant au milieu des flammes; et le quatrième a l'air d'un fils de Dieu!"   (Da. 3:24, 25)
7. C'était Jésus! Le puissant Jésus!
Voyageant plus vite que la lumière! Plus loin que les galaxies, les systèmes, les étoiles et les soleils! Et avant que les jeunes fussent jetés dans la fournaise, Jésus s'était jeté dedans! Avec Jésus dans le feu, les flammes perdirent leur pouvoir! Quel Sauveur merveilleux!
8. Quand je m'avance pour suivre Jésus dans le baptême, Il répétera le même miracle pour moi!
9. Lisez la précieuse promesse.   **És. 43:2**.

IV Les récompenses
1. En tant que parent modèle, Dieu:
   a. Nous ordonne d'obéir.
   b. Il s'attend à ce que nous obéissions.
   c. Il nous récompense quand nous obéissons.
2. Il a délivré les hébreux- non du feu, mais dans le feu!
3. Et quand ils sortirent du feu, il les a promus à des postes élevés.
4. Lisez le récit dans   **Da. 3:30**.
5. Quand j'obéis à Jésus et me fait baptiser, Dieu me récompensera dans cette vie.
6. Voyez la promesse merveilleuse dans   **De. 28:13**.

7. Et quand Jésus reviendra, il m'accordera la plus grande récompense qu'est la vie éternelle. **Ap. 2:10**.

DÉCISION

A. **Action** (Musique douce: "Aujourd'hui, tu m'appelles")
1. La grande question, ce soir est: "À qui obéirai-je- à Satan ou à Jésus?"
2. " Aujourd'hui, tu m'appelles." Si c'est là ta décision, **Lève-toi résolument!**
3. J'ai décidé de dire:
   "Non" aux ordonnances des hommes.
   "Oui" aux ordonnances de Dieu.
   Si c'est là ta décision, **Lève tes mains!**
4. Demain est notre grand jour de baptême. J'ai décidé d'obéir à Dieu, mon père, et de suivre Jésus dans le baptême. Si c'est là ta décision, **Approche-toi de l'autel!** Avance et chante!

B.   **Appel: Individuel**
1. **Parents**. J'appelle les parents pères et mères. Vous souhaitez que vos enfants vous obéissent parce qu'ils vous aiment. Dieu aussi souhaite que vous lui obéissiez –parce que vous l'aimez **Venez** à l'autel **Maintenant!**
2. **Enfant**. Vous voulez obéir à vos mère et père terrestres. Dieu désire que vous lui obéissiez-lui, votre Père céleste. Venez maintenant!
3. **Hommes**. J'appelle les hommes! Les trois hébreux étaient des hommes! Des hommes ayant du coeur! Sois un homme! Prends la défense de la vérité! Approche-toi de l'autel maintenant!
4. **Les jeunes**. Les trois hébreux étaient jeunes. Dieu veut que les jeunes hommes et femmes lui donnent le meilleur de leur vie. Venez maintenant!
5. **Les individus détenant un pouvoir et exerçant une influence sur la société**. Nebucadnetsar était un homme puissant. Tout d'abord, il défia Dieu. Mais après, il s'inclina devant le Dieu du ciel, et proclama le nom de Dieu. Dieu appelle les membres du gouvernement, les dirigeants de la société, les hommes et les femmes d'affaires, les professionnels, les riches. Venez **maintenant** et proclamez le nom de Dieu!

6. **Ex adventiste.** Vous êtes parti vous incliner devant les idoles. Vous désirez maintenant prendre position pour Jésus. Marquez un nouveau départ. Faîtes-vous baptiser à nouveau - Venez!

C. Appel: Les questions
   1. **L'adoration.** Ce jour-là, chacun devait choisir l'objet de son adoration: L'image d'or du Dieu du ciel. Vous devez choisir: La loi du dimanche de l'homme ou le Sabbat de Dieu? Venez et choisissez l'adoration du Sabbat maintenant.   (1 R. 18:21)
   2. **La peur.** Plusieurs s'inclinèrent parce qu'ils avaient peur de Nebucadnetsar. Qui est votre Nebucadnetsar? À la maison? À l'école? Au travail? N'ayez pas peur de Nebucadnetsar. Dieu est plus puissant que l'homme. Venez!   (Es. 12:2)
   3. **Le feu.** Quelqu'un sera jeté dans les feux de la persécution s'il se baptise! Souvenez-vous: Christ sera avec vous dans le feu! Vous ne brûlerez pas! Rappelez-vous de sa promesse. (Esa. 43:2)
   4. **Les récompenses terrestres** Dieu est un parent merveilleux. Il nous ordonne d'obéir; s'attend à ce que nous obéissions; puis nous récompense quand nous obéissons. Il vous récompensera- dans cette vie-. Vous serez "la tête et non la queue." (De. 28:13) Venez et saisissez votre récompense!
   5. **La récompense céleste.** Et, quand le Christ reviendra, vous recevrez la récompense éternelle "Je vous donnerai une couronne de vie." (Ap. 2:10) Approchez-vous de l'autel maintenant!

D. La confirmation
   1. **Autorisation de baptême.** Donnez une carte d'autorisation de baptême à chacun de ceux qui n'en avaient pas encore rempli une.
   2. **Prière** pour ceux qui se sont décidés et ceux qui ne l'ont pas fait.
   3. **Avertissement.** Prenez garde! Satan sera au travail durant la nuit à travers quelqu'un ou quelque chose pour vous décourager.
   4. **Assurance.** Mais, Dieu est plus fort que Satan. Demeurez ferme et il vous délivrera. Venez tôt demain avec vos vêtements et une serviette pour le baptême et célébrez votre naissance dans la famille de Dieu.

Sermon 17

LES SECRETS D'UNE DISCIPLINE EFFICACE

ATTENTION

1.**L'histoire**. Il était une fois, un prêtre fidèle avait deux fils. Mais les garçons grandissaient faisant ce qui leur plaisait. Quand les gens rapportaient leurs mauvaises actions à leur père, ce dernier leur adressait une faible réprimande qui tombait dans des oreilles sourdes. Bien que Dieu adressât à ce parent indulgent un reproche ferme, le père n'apporta aucun changement significatif à ses agissements. Quelles furent les conséquences! En un seul jour et le père et les fils périrent!
2.Les deux grandes questions dans l'éducation des enfants sont :
   a.L'amour
   b.La discipline
3.La grande question: Comment balançons-nous ces deux concepts?
1.En analysant la réponse des parents à ces questions, on voit émerger quatre modèles dans l'art d'élever les enfants. Examinons-les.

PREMIÈRE PARTIE: PARENTS TERRESTRES

I   Quatre façons d'élever les enfants

   A. Le parent autoritaire
   1. C'est un parent versé dans les règles et la discipline, mais très peu versé en amour.
   2. Les parents autoritaires accordent plus d'importance aux règles qu'aux relations. Toute déviation de leurs standards rigides conduit à de terribles conséquences. Mais leur amour est invisible et demeure inexprimé. Au lieu de se sentir aimé, l'enfant éprouve un sentiment de peur et fait l'expérience de l'insécurité et d'une faible estime de soi.
   3. Exemple. Le roi Saül était un parent autoritaire. (1 Sa. 14)
      a. Il fit le serment de ne laisser manger personne tant que la guerre ne n'était pas gagnée.
      b. Son fils Jonathan, victorieux, non au courant du serment, goûta du miel. Le père déclara, "Tu devrais assurément

mourir."
4. Qu'est-ce que Dieu recommande aux parents autoritaires ? **Col 3: 21**.

B. Le parent tolérant
1. Ce parent est l'opposé Tout en amour, mais faible en discipline.
2. Les parents tolérants sont soucieux de voir leur enfant développer un concept de soi sain. Ils "gavent d'amour" leur enfant et sont trop protecteurs et indulgents. Cependant, ils n'établissent aucune loi. Par conséquent, l'enfant devient une loi en lui-même et fait ce qui lui plaît! Cet enfant ne développe aucun contrôle de soi et apprend à ne rien se refuser.
3. Le prêtre Elie était un parent tolérant. "Ses fils étaient des hommes pervers, et il les laissait faire. » (1 Sa. 2:12, 13)
4. La recommandation de Dieu au parent tolérant se trouve dans **Prov. 13: 24**.

C. Le Parent négligent
1. Ce parent aime peu et a peu de règles. L'enfant est un orphelin virtuel.
2. Souvent, c'est un enfant non désiré, vu comme un obstacle au gain ou au plaisir, et il n'est pas aimé. Il n'y a pas de règles et quand l'enfant déplaît au parent, ce dernier devient cruel et abusif. Les enfants qui grandissent dans de tels environnements, sont des candidats probants pour les activités criminelles. Achaz était un parent abusif. "Il fit passer ses fils par le feu." (2 R.16:3)
3. Quelle est la recommandation de Dieu au parent négligent ? **Ma. 18:10**.

D. Le parent ascendant
1. C'est la méthode idéale. Ce parent est versé dans l'amour et versé dans la discipline.
2. Les parents ascendants nourrissent une relation ouverte, plein d'amour avec l'enfant leur permettant d'être des amis. Il y a de la communication, de la sensibilité, et du support. Il y a des règles clairement définies et la soumission est requise. Les parents sont fermes, mais aimants. Et quand la discipline est nécessaire, elle est administrée avec amour.
3. Dieu est ce genre de parent, il maintient des lois, mais exprime

toujours son amour.
4. "Le Seigneur châtie ceux qu'il aime." **He. 12:6**.

E. Évaluation
1. Ainsi, la clé de voûte de la discipline efficace est de l'administrer avec amour.
2. Question: Quelle méthode j'utilise pour élever mon enfant?
3. Que puis-je faire pour l'améliorer?

II Quatre Méthodes pour Discipliner

A. La communication
1. Certains enfants changeront les comportements répréhensibles s'ils sont engagés dans une communication effective.
2. Une telle communication
   a. Donnera les raisons pour la conduite désirée
   b. Utilisera les déclarations avec « je » d'une manière appropriée.
   c. Encouragera les échanges de vues
3. Notre Père céleste a utilisé la communication pour corriger Balaam. (No. 22:28)

B. Les conséquences
1. Cela permet aux enfants de faire l'expérience des conséquences de leur comportement sans intervention du parent.
2. De telles manières d'agir doivent être choisies avec soin pour éviter des dommages sérieux.
3. Exemple. Quand l'indolent Tommy rate le bus de l'école, ses parents n'acquiescent pas à sa demande de l'amener à l'école.
4. Dieu a utilisé les conséquences pour discipliner David. (2 Sa. 12:9, 10)

C. La perte des privilèges
1. Cette méthode retire un ou plusieurs privilèges de l'enfant pour une période de temps.
2. Le privilège retiré devrait correspondre à la sévérité du comportement de l'enfant.
3. Dieu a enlevé des privilèges à Moïse. (No. 20:12)

D. La correction corporelle
1. Elle ne devrait pas être le premier, mais le tout dernier recourt.
2. Elle ne devrait pas être administrée publiquement, mais en privé afin de préserver l'estime de soi de l'enfant.
3. Elle devrait être administrée avec un instrument approprié dans un lieu approprié.
4. Elle ne devrait jamais être administrée avec colère mais avec un esprit d'acceptation, de prière et d'amour.
5. Notre Père céleste a utilisé la correction corporelle dans ses relations avec son enfant Paul.   (2 Co. 12:7-9)

DEUXIÈME PARTIE: LE PARENT CÉLESTE
1. Dans la famille humaine, différentes réponses à la discipline conduisent à des conséquences différentes.
    a. Les enfants qui rejettent la discipline parentale deviennent une malédiction pour eux-mêmes et pour la société.
    b. Ceux qui acceptent la discipline deviennent une bénédiction pour leurs familles et pour le monde.
2. Dans la famille spirituelle, il y a aussi différentes réponses avec des conséquences différentes.
    a. Ceux qui rejettent la discipline de Dieu reçoivent le caractère de Satan et seront détruits avec lui dans la géhenne!
    b. Ceux qui acceptent la discipline de Dieu reçoivent le caractère du Christ et vivront avec lui au ciel!

I   Second retour

A. Qu'adviendra-t-il de la Famille de Dieu au retour du Christ?
1. Les disciples du christ qui sont morts ressusciteront. (1 Th. 4:16)
2. Les disciples du christ qui sont vivants seront transmués. (1Th. 4:17)
3. Nous séjournerons au ciel pour des vacances de 1000 ans. (Ap. 20:4)

B. Qu'adviendra-t-il de la Famille de Satan au retour du Christ?
1. Les disciples de Satan qui sont vivants tomberont morts, détruits par la gloire du Christ!   (2 Th. 1:7-9)
2. Les disciples de Satan qui sont morts resteront dans la tombe

pour 1000 ans! (Ap. 20:5)
3. N'ayant plus personne à tenter, Satan est en prison sur cette planète durant ce millénium spécial. (Ap. 20:1-3)

II À la fin du millénium
1. Les méchants sont ressuscités. (Ap. 20:5)
2. Ayant des personnes à tenter, Satan est "relâché." (Ap. 20:7)
3. Il commande la dernière bataille pour la terre. (Ap. 20:7-9)
4. Son but est de capturer la Nouvelle Jérusalem qui descend du ciel! (Ap.. 20:9)
5. Du feu tombe du ciel détruisant Satan, le péché et les pécheurs. (Ap.20:9, 15)

III Du feu pour toujours

A. Du vrai feu!
1. Puis, le monde s'embrasera! La planète entière deviendra un enfer!
2. Il n'y a pas de géhenne brûlant aujourd'hui. L'enfer existera seulement à ce moment-là
3. Ce sera du vrai feu! Brûlant! Du vrai feu d'enfer!
4. Le feu brûlera « pour toujours. » **Ap. 14:11**.

B. Pour toujours!
1. Que signifie « pour toujours? »
2. « Pour toujours veut dire "aussi longtemps que possible."
   a. Daniel a dit à Darius, "Oh Roi, vis pour toujours!" (Da. 6:21)
   b. Jonas resta dans le ventre du poisson durant trois jours. Mais, il fut désigné « pour toujours." (Non. 2:6)
   c. Anna a expliqué le mot « pour toujours » dans **1 S. 1: 22, 28**.
3. Par conséquent, le feu brûlera jusqu'à ce que tout soit « consumé ». (2 Pi. 3:10)
4. Quand le carburant est épuisé, le feu s'éteindra!
5. « Dieu est amour." Il ne peut pas rôtir et ne rôtira pas les pécheurs éternellement!

IV Dieu est amour

A. Préparé pour Satan!

1. Question: Si Dieu est amour, pourquoi brûlerait-il les pécheurs?
Réponse: Le feu de l'enfer n'était pas préparé pour les hommes!
2. Question: Pour qui était-il préparé?
Jésus donna la réponse dans **Mt. 25:41**.
3. Dieu veut seulement détruire Satan et le péché.
Mais si je choisis d'embrasser Satan et de m'accrocher au péché, Dieu n'a pas d'autre choix que de me détruire avec le diable!
4. Mais pendant que les pécheurs non repentants brûlent, le Dieu d'amour pleure!
5. Son cœur crie, "Comment puis-je vous abandonner?" (Os. 11:8)
6. » Dieu est amour." Pourquoi ne pas abandonner votre vie à ce Dieu d'amour ce soir?
7. À la fin de ce service, venez à l'autel. Prenez une décision pour le baptême ce soir.

B. La séparation d'avec Dieu.
1. Mais le pire dans la géhenne ne sont pas les flammes. La pire des expériences c'est la séparation d'avec Dieu.
2. Quand un homme se souvient de cet appel ce soir et décide de venir, en disant « O Dieu, je suis prêt maintenant à accepter le sang de Jésus! » et que Dieu ne soit pas là! C'est là la pire expérience de l'enfer!
3. Monsieur, pourquoi ne pas vous livrer à lui ce soir?
4. Quand un jeune se souvient de cet appel ce soir et crie "O Dieu, je suis prêt à accepter le Sabbat de Jésus!" Mais qu'il il n'y ait pas de Dieu qui réponde! C'est là la pire expérience de l'enfer!
5. Jeune homme, jeune fille, pourquoi ne pas dire oui ce soir?
6. Quand une femme se souvient de cet appel ce soir et crie, "O Dieu, je suis prête maintenant à être baptisée!" Mais que Dieu ne soit pas là! C'est là la pire expérience de l'enfer!
7. Madame, pourquoi ne pas venir à l'autel ce soir?
8. La bonne nouvelle c'est que vous et moi n'avons pas besoin d'aller en enfer parce que, sur la croix du Calvaire, le Christ a subi l'expérience de l'horreur de l'enfer pour vous et pour moi.
9. Écoutez son cri: "Mon Dieu, mon Dieu, pourquoi m'as-tu abandonné?"
10. Jésus faisait l'expérience de la séparation d'avec Dieu ; la même que le pécheur fera dans le feu de l'enfer!

11. Christ "a été en enfer" pour vous, pour vous permettre d'aller au ciel avec lui!
12. Quel Sauveur merveilleux!
13. Ami, pourquoi ne pas prendre votre décision pour le Christ ce soir?

V Le ciel!

A. Préparé pour vous!
1. Après la purification de la planète par ce feu, la cité achève sa descente.
2. Le Révélateur le décrit dans **Ap. 21: 1, 2.**
3. La bonne nouvelle est que alors que
    L'enfer est « préparé pour le démon et ses anges »,
    Le ciel est « préparé pour vous et moi! »
4. Lisons ces mots de Jésus lui-même dans **Mt. 25: 34.**
5. Quelle merveilleuse pensée!

B. Gloire!
1. La cité, la Nouvelle Jérusalem sera majestueuse et glorieuse! Des murs de jaspe! Des portails de perles! Des rues en or! Des châteaux de gloire! (Ap. 21:18, 21)
2. Il y a un château préparé pour vous- « préparé pour vous! » Quand vous vous approcherez de l'autel ce soir, vous recevrez votre clé pour votre château de gloire!
3. Le monde entier sera merveilleux! Plus de maladies ni de souffrances, de douleur, de mort! La vie à jamais- à jamais!
4. Quand vous vous approcherez de l'autel ce soir, vous recevrez votre passeport pour la gloire!
5. Mais, la plus grande des joies sera de regarder le visage souriant de Jésus!
6. « Ils verront sa face. »   (Ap. 22:4)
7. « Voir mon Sauveur face à face. Voir Jésus dans sa beauté!"

DÉCISION

A. Deux Choix
1. Ce soir, notre chant de consécration est: « Tel que je suis. » Levons-nous et chantons la première strophe.
2. Ce soir, nous avons seulement deux choix: Satan et l'enfer ou

Jésus et le ciel. Quel est votre choix?
3. J'ai fait mon choix, c'est le Ciel! Combien veulent-ils dire « Jésus et le Ciel" ? **Levez vos mains.**
4. Si vous marcherez au ciel avec Jésus à ce moment-là, vous devez marcher avec Jésus dans le baptême maintenant.
5. Que tous ceux qui ont choisi le Ciel avec Jésus alors et le Baptême avec Jésus Maintenant, s'approchent de l'autel.

A. **Appel: L'enfer.**

   1. **Pour toujours.**
      a. Ce soir, nous avons découvert que notre Dieu qui nous aime ne brûlera pas les pécheurs dans la géhenne durant l'éternité.
      b. Quand tout aura brûlé, le feu s'éteindra!
      c. « Dieu est amour. » Acceptez son amour ce soir. **Approchez-vous** de l'autel maintenant.

   2. **Le Diable.**
      a. Le feu de l'enfer n'est pas préparé pour vous et pour moi. Il est « préparé pour le diable et ses anges. »
      b. Mais, si j'embrasse Satan et le péché, Dieu n'a pas d'autre choix que de me détruire avec Satan.
      c. Rompez avec Satan ce soir! Approchez-vous de l'autel maintenant!

   3. **Le Calvaire.**
      a. Le pire dans l'enfer ne sont pas les flammes. C'est la séparation d'avec Dieu!
      b. Sur la croix, le Christ a fait l'expérience de cette séparation infernale d'avec le père quand il cria, « Mon Dieu, Mon Dieu, pourquoi m'as-tu abandonné? »
      c. Le Christ « a été en enfer » pour vous, pour vous permettre d'aller au ciel avec lui! Quel amour sans pareil!
      d. Venez et abandonnez-vous à ce Sauveur plein d'amour maintenant!
      e. « Me voici, devant ta face. » Chantez et avancez.

C. **Appel: le Ciel.**
   1. Bientôt le Christ reviendra dans les nuées du ciel.

2. I dira à sa « Famille », « Venez, vous, bien-aimés de Mon Père, entrez dans le royaume que j'ai **préparé pour vous**."
3. L'enfer est « préparé pour le diable et ses anges." Le ciel est « préparé pour vous » et moi! Amen !
4. Alors, vous marcherez dans les rues pavées d'or!
Et vous franchirez des grilles de perles!
Et vous entrerez dans votre château de gloire!
Venez immédiatement et acceptez la clé!
La Croyance et le Baptême, la clé de votre maison de gloire!
"Me voici." Chantez et avancez!
5. Plus de maladie! Plus de souffrance! Plus de douleur! Plus de mort! Seulement la vie- la vie éternelle! Choisissez la vie, ce soir! Approchez-vous!

D. Appel: Jésus.
1. Mais, la plus grande joie sera de **voir** Jésus!
2. « Voir mon Sauveur face à face. » Chantez-le! Chantons-le maintenant!
3. Je veux voir son visage souriant! Et vous? Je veux toucher la marque des clous dans sa main! Et vous? Je veux jeter ma couronne à ses pieds! Et vous?
4. Avancez et prennes votre billet pour la vie éternelle ce soir!

D. Engagement
1. Les cartes d'autorisation de baptême. Les distribuer, remplir et ramasser.
2. Prière d'engagement.
3. Information: Prochain baptême-En milieu de semaine.
4. Actions de grâce: « À Dieu soit la gloire. »

Sermon 18

DEUX MÈRES ET UN BÉBÉ

ATTENTION

1. Lisons l'histoire **1 R. : 16-22**.
2. Ces deux mère représentent deux types de parents : le parent soucieux et le parent négligent.
3. Aujourd'hui encore, il y a des parents qui détruisent leurs enfants innocents.
4. Je peux détruire mon enfant par :
   a. L'avortement
   b. Une séropositivité au HIV à la conception
   c. L'usage de la cigarette durant la grossesse
   d. Les abus physiques
   e. Les abus émotionnels
   f. Les abus sexuels.
5. Examinons quatre secrets pour protéger, prendre soin de, et préparer nos enfants pour le succès.

PREMIÈRE PARTIE : LA RESPONSABILITÉ DU PARENT

I   DONNER DE LA VALEUR AU CARACTÈRE UNIQUE DE MON ENFANT

1. Dieu voit chaque enfant dès ses débuts dans la matrice de sa mère.
2. Voici un texte merveilleux **Ps 139 :13, 14**.
3. Ainsi, mon enfant est unique !
   a. De tous les milliards d'enfants existant sur la terre, personne n'est exactement comme mon enfant !
   b. Personne n'a son visage, sa voix, ses yeux, son empreinte digitale ou sa personnalité.
   Par conséquent, mon enfant est spécial ! Il est unique !
4. Certains enfants héritent ou acquièrent des limitations physiques, mentales ou émotionnelles. Comment devrais-je répondre à de tels défis ?
5. On trouve une réponse pertinente dans **2 S. 9 :3-7**.
6. Remarquez que

a. Méphibosheth, quoique handicapé, fut le petit-fils d'un roi.
   b. Malgré les limitations il (elle) est un fils (une fille) de roi !
   c. Le rejet d'un parent est dévastateur et peut conduire à des comportements criminels.
   d. Les enfants défavorisés doivent être aimés car ils sont spéciaux.

II CONSTRUIRE L'ESTIME DE SOI DE MON ENFANT

1. Si on dit souvent à un enfant qu'il est un « bon à rien », il croira bientôt que c'est vrai ! Mais, s'il entend souvent des commentaires positifs, il finira par atteindre ces aspirations.
2. Je peux détruire l'estime de soi de mon enfant en disant :
   a. « Tu as eu tout simplement la moyenne ? Tu es un idiot ! »
   b. « Ta sœur a eu une bonne note. Quand en auras-tu ? »
3. Je peux développer l'estime de soi de mon enfant en disant :
   a. « Tu as fait des efforts pour avoir la moyenne cette fois-ci ! »
   b. « Compliments ! Nous sommes fiers de toi ! »
4. Reconnaître la valeur que Dieu accorde à un individu est la clé la plus importante pour une estime de soi positive !
5. Un texte important à ce sujet est **Es. 43 :4**.
6. Quand les enfants sont amenés au pied de la croix, et qu'ils réalisent que Jésus les considère tant qu'il est mort pour chacun d'eux, ils prennent conscience de leur valeur inestimable.

III METTEZ L'ACCENT SUR LES POINTS FORTS DE L'ENFANT

C'est un processus à triple volet.

1. Premièrement, il faut identifier.
   a. Dieu dit à Moïse : « Qu'y a-t-il dans ta main ? » Identifiez ce que vous avez. **Ex. 4 : 2**.
   b. Jacques peut être un piètre intellectuel, mais un excellent mécanicien !
2. Deuxièmement, faîtes des compliments.
   a. Dîtes comme le Maître, « Très bien ! » **Mt. 25 : 22, 23**.
   b. Jacques devrait être complimenté pour ses habiletés mécaniques.
3. Troisièmement, faîtes provision.

a. « Instruisez l'enfant dans la voie qu'il doit suivre. » **Pr. 25 : 22, 23**.
   b. Aidez Jacques à avoir la meilleure éducation possible afin qu'il atteigne le sommet dans le domaine de son expertise.

IV EXPRIMER MON AMOUR

1. Notre Père céleste exprime son amour pour nous, ses enfants. Et nous devrions faire de même pour nos enfants.
2. Écoutons ce qu'il dit dans **Jé. 31 : 3**.
3. Pour l'enfant, la personne la plus importante est le parent. Et le besoin le plus urgent est de se sentir aimé par ses parents. Chaque parent devrait souvent répéter à tout enfant ces mots de diamant, « Je t'aime », lui permettent de développer une relation d'amour avec Dieu. C'est là un culte familial éternel. D'autres expressions d'amour à utiliser sont les suivantes :
   a. Des caresses appropriées : des étreintes, des baisers.
   b. Des notes, des cartes, des lettres affectives.
   c. Des célébrations pour les jours et activités spéciaux dans la vie de l'enfant.

V PASSER DU TEMPS DE QUALITÉ AVEC MON ENFANT

1. Voici un texte intéressant **Ec. 3 :1, 2**.
2. Le temps que je passe avec mon enfant a une valeur inestimable.
3. C'est parce que le temps fait l'étoffe de la vie ; et donner de mon temps est en fait un don de ma vie.
4. Quand l'enfant épelle le mot « amour », il dit « t-e-m-p-s » !
5. Cela est très difficile pour le parent célibataire, mais il est absolument nécessaire.
6. Passer du bon temps ensemble facilite la formation de liens solides.

VI LE MATERNAGE SPIRITUEL DE MON ENFANT

1. Voici deux illustrations du maternage spirituel **Ps 144 : 12**.
2. Prendre soin des plantes ou construire des palais demande du temps, de l'attention et de l'effort.
3. C'est pourquoi élever un enfant ne devrait pas être une activité secondaire, ce devrait être la première responsabilité du parent !

4. C'est un travail continu ! Lisons ce qui est dit à ce sujet dans **De. 6 : 6, 7**.
5. Par conséquent, en tant que parents, nous avons une grande responsabilité ! Chaque matin et chaque soir nous devons lire l'histoire biblique à nos enfants et leur enseigner à prier, leur permettant de développer une relation d'amour avec Dieu. Cela s'appelle culte familial.

VII INSTILLER LA FOI CHEZ MES ENFANTS

1. Leur enseigner à répéter ces mots remplis de pouvoir que l'on trouve dans **Ph. 4 : 13**.
2. Fanny J. Crosby était aveugle depuis son enfance, mais elle avait une mère qui avait de la foi et qui a enseigné à sa fille à avoir foi en elle-même et en Dieu. Cela permit à cette dame aveugle d'écrire plus de 6,000 hymnes que vous et moi qui voyons pouvons chanter !
3. Suivons l'exemple de cette noble mère.

DEUXIÈME PARTIE : RESPONSABILITÉ SPIRITUELLE

I TOUT LE MONDE

1. Tout comme ces deux parents comparurent au tribunal devant le roi d'Israël, ainsi un jour chaque parent comparaîtra au tribunal devant le Roi du Ciel !
2. Voici un texte important : **2 Co. 5 : 10**.
3. Par conséquent, ce n'est pas uniquement les parents qui seront jugés. Tout le monde est responsable devant Dieu !
4. Que je sois marié ou célibataire, que je sois un parent ou un enfant, chacun devra faire face au jugement de Dieu.
5. Il y a deux étapes dans le jugement de Dieu.
   a. La phase de l'instruction qui précède la seconde venue du Christ.
   b. La phase du jugement qui arrive au Second Avènement du Christ.
6. La phase de l'instruction du jugement de Dieu.
   a. C'est la phase investigatrice : nos cas sont examinés avant le retour du Christ.

    b. À ce moment là, la sentence est prononcée : mort éternelle ou vie éternelle.
    c. La période qui couvre le jugement investigatif de Dieu a été révélée dans les Écritures.
 7. La phase du jugement proprement dit.
    a. C'est la phase de l'exécution qui se tient au second avènement du christ.
    b. À ce stade, la sentence est exécutée : L'enfer ou le ciel.
    c. La date de l'avènement du Christ n'est pas révélée.
 8. Il y a une prophétie biblique qui nous donne une date pour le jugement investigateur de Dieu.   **Da. 8 :14.**
 9. Selon Daniel chapitre 9, ce temps prophétique a commencé en l'an 457 Av J.-C. et s'est terminé en 1844 ap J.-C.

II LE SANCTUAIRE : PURIFICATION - JUGEMENT

 1. Quel sanctuaire devait être purifié en 1844 ?
    a. Pas le tabernacle de Moïse. Ce dernier avait été remplacé par le temple.
    b. Pas le temple de Salomon. Ce dernier avait été détruit par Nebucadnetzar en 586 av J.-C.
    c. Pas le temple d'Hérode. Il fut démoli par Titus en 70 ap J.C.
 2. Ce n'était pas un sanctuaire terrestre ; c'était le sanctuaire céleste du Christ.
 3. Lisons le texte de **Hé. 8 : 1, 2**.
 4. Un examen du sanctuaire terrestre, qui n'était qu'un type, nous permettra de comprendre le sanctuaire céleste du Christ.
 5. Le service journalier est décrit dans **Lé. 4 : 23, 24**.
    a. Le pécheur repentant achetait un agneau et le tuait dans a cour.
    b. Le prêtre amenait le sang de l'animal dans le lieu saint.
    c. Avec le type, les péchés étaient transférés du pécheur, à l'agneau, puis au sanctuaire.
 6. Le service annuel.
    a. Le Jour de l'Expiation avait lieu une fois par an.
    b. Alors, le Grand Prêtre accomplissait son ministère dans le lieu très saint.
    c. Il faisait l'expiation de tous les péchés de tout le monde pour toute l'année.
 7. Le jour de l'expiation était :

a. Un jour solennel : de Jeûne et de confession. (Le. 23 : 27).
b. Un jour de purification : les pécheurs repentants étaient pardonnés pour toujours. (Le. 16 : 30)
c. Un jour de jugement : le pécheurs non repentants étaient retranchés.
8. En 1844, un processus similaire commença dans le sanctuaire céleste. En 1844, a commencé le jugement investigatif de Dieu.
9. Ainsi, il y a trois aspects du sanctuaire israélite qui illustrent les trois phases du ministère salvateur du Christ.

Trois Éléments du Sanctuaire Israélite qui Représentent Trois Éléments du Ministère Salvateur du Christ					
Symbole	Lieu	Date	Le Christ	Jésus est	Christ
La Cour	Le Calvaire	L'an 31 ap. J.-C.	Sa mort	Mon Agneau	Est mort pour moi
Le Lieu Saint	Le Ciel	31 à 1844	Son Intercession	Mon Prêtre	Plaide pour moi
Le Lieu Très Saint	Le Ciel	1844- La Fin	Intercession et Jugement	Mon Grand Prêtre	Me représente au jugement

III LE TRIBUNAL DU CIEL

1. Daniel décrit la scène impressionnante au tribunal du ciel. Lisons-la dans **Da. 7 : 9, 10**.
2. Dieu, « l'Ancien des Jours » siège comme juge
3. Les anges sont les témoins.
4. Les gens ne viennent pas en personne. Les registres divins contiennent les évidences.
5. Tous les tribunaux sont régis par des lois. Les Dix Commandements de Dieu sont les règles du tribunal divin. **Ja. 2 : 11, 12**.
6. Le Procureur.
   a. Il a pour nom accusateur des frères. **Ap. 12 : 9, 10**.
   b. Si je le sers, mon cas est perdu !
   c. Le verdict est « coupable ».
   d. Ma sentence est la mort éternelle.
   e. « Le salaire du péché, c'est la mort »
7. Mon avocat est Jésus.
   a. Quand j'abandonne ma vie entre ses mains, il devient mon Défenseur, mon Médiateur, et mon Avocat.
   b. Levant ses mains percées de clous, il crie « Ce pécheur est coupable, mais j'ai payé le prix ! Mon sang ! Mon sang ! »
   c. Le christ ne plaide pas avec un Dieu en colère ; il réfute un démon en colère.
8. Avec Jésus comme avocat, mon cas est gagné !
   a. Le verdict est « non coupable » ! Ma sentence est la vie éternelle. Gloire ! Gloire !
   b. « Le don de Dieu est la vie éternelle en Jésus-Christ, notre Seigneur. » (Ro. 6 : 23b)
9. Si le Christ plaide mon cas, je dois lui soumettre ma vie par le baptême maintenant.
10. « Le tribunal siège, les livres sont ouverts, comment apparaîtrons-nous en ce grand jour ? Serons-nous trouvés manquant ou avec nos péchés complètement lavés ? » F. E. Belden.
11. Je veux que le Christ soit mon avocat. Et vous ? Si c'est là votre désir, **écrivez C**.

12. Si le Christ devra être mon avocat à ce moment là, je dois lui soumettre ma vie dans le baptême maintenant.
13. Si vous désirez donner votre vie à Jésus dans le baptême, **écrivez B**.

IV LES RÉCOMPENSES

1. Revisitons l'histoire du roi Salomon.
2. La question : Comment a-t-il pu discerner le parent attentionné du parent négligent ?
   La réponse : Il proposa de couper l'enfant vivant en deux et de donner une moitié à chacune des deux femmes. Puis, observant la réponse de chaque mère, il découvrit celle qui était le vrai parent.
3. C'était un jour de récompenses !
   a. Chaque parent reçut une récompense différente.
   b. La femme négligente, triste, conduisit son enfant mort au cimetière.
   c. La mère attentionnée, heureuse, amena son enfant vivant à la maison !
4. Bientôt le roi Jésus viendra pour distribuer ses récompenses !
5. Lisons ses promesses dans **Ap. 22 :12**.
6. À la famille de Satan, le Christ dira les mots trouvés dans **Mt. 25 :41**.
7. Mais, à la famille de Dieu, Jésus dira les mots merveilleux de **Mt. 25 : 34**.
8. Dieu notre Père céleste ses bras d'amour grand ouverts dira à vous et à moi, « Bienvenue, mes enfants ! »

DÉCISION

1. Chant : « Aujourd'hui, tu m'appelles » Levez-vous et chantez.
2. « Seigneur, je te donne ma vie dans les eaux du baptême. S'il te plaît, plaide ma cause au tribunal du ciel. » **Levez les mains**.
3. Si vous le désirez vraiment, venez et démontrez-le. **Approchez-vous de l'autel**.
4. **Satan**. Satan est un mauvais payeur. Il nous tente puis il nous accuse. Rompez avec le diable ce soir ! Approchez-vous de l'autel !
5. **L'avocat**. Alors que Satan vous accuse devant le père, le Christ est prêt à se constituer votre avocat. Prenez position pour lui ce

soir. Laissez votre cause entre ses mains. Approchez-vous de l'autel !
6. « **Mon Sang** ». Alors que Satan dépose des charges contre vous, Jésus lève ses mains et crie. « Mon Sang ! Mon Sang ! » Il ne plaide pas avec un père en colère. Il réfute un accusateur en colère ! Donnez-lui votre vie ce soir. Approchez-vous de l'autel !
7. **Des récompenses**. Il n'y a que deux récompenses : La mort éternelle et la vie éternelle. Saisissez la vie éternelle maintenant. Approchez-vous de l'autel !
8. **Les cartes d'autorisation de baptême**. Distribuez-les, remplissez-les, et ramassez-les.
9. Prière d'engagement.

Sermon 19

QUATRE MANIERES DE PARLER AVEC LES LANGUES AVEC SUCCÈS DANS MON ÉGLISE ET DANS MA FAMILLE

ATTENTION

1. Croyez-le ou non : Tout chrétien né de nouveau devrait parler avec les langues – à l'église et à la maison.
2. Ce soir, nous explorerons quatre façons de parlers avec les langues à l'église et quatre façons de le faire à la maison.

PREMIÈRE PARTIE : LES LANGUES À LA MAISON

I Contrôler ma langue

1. La langue est un petit membre qui peut causer un grand incendie. **Ja. 3 : 5.**
2. Comment puis-je contrôler ma langue ?
   a. Éviter le commérage. (Pr. 26 : 20)
      Une bonne règle est : Ne parlez pas de la personne, parlez à la personne.
   b. Faîtes attention à la colère. (Pr. 16 :32)
   c. Surveillez vos réponses. (Pr. 15 :1)
   d. Anecdote : Le remède du pasteur
      Un membre d'église vint auprès de son pasteur chercher de l'aide pour contrôler ses accès violents de colère contre le comportement de son mari. Lui donnant une fiole, le pasteur lui fit les recommandations suivantes : Quand vous sentez venir la dispute, allez dans votre placard, prenez une gorgée de ce médicament, gargarisez-le pendant 60 secondes, et puis, crachez-le. Le médicament était miraculeux ! Quand la dame revint auprès du pasteur pour renouveler sa commande, ce dernier lui dit : Ouvrez le robinet de votre cuisine et remplissez la fiole !

II Confesser avec ma langue

1. La confession du péché doit être adressée à Dieu seulement. **1 Jn. 1 : 9**.

2. Nous n'avons pas besoin de prêtre terrestre car Christ est notre Grand Prêtre dans le sanctuaire céleste. (Hé. 4 : 15, 16)
3. Mais si quelqu'un a été offensé, on doit confesser la mauvaise action à cette personne.
4. Voici un texte important : **Ja. 5 : 16**.
5. Dîtes, je suis navré à votre conjoint ou à votre enfant.
6. Les paroles de Jésus sont : **Ma. 5 : 22, 23**.

III Encourager avec ma langue

1. Chaque personne a ses forces et ses faiblesses.
2. Nous parlons souvent des fautes – Encore et encore !
3. Au lieu de cela, nous devrions faire une liste des points forts et en parler encore et encore !
4. Pourquoi ? Parce que la louange est comme les engrais – Elle permet à l'amour de grandir.
5. Voyez ce que dit l'Écriture : **Pr. 16 : 24**.
6. Alors, encouragez votre conjoint.
7. Encouragez votre enfant.

IV Exprimer mon amour avec ma langue

1. L'amour est le plus grand. (1 Co. 13 :13)
2. Ces mots d'or, « je vous aime ». Le mari doit le dire chaque jour. La femme doit le dire chaque jour.
3. Tout chrétien né de nouveau **doit** parler avec la **langue de l'amour** !
4. Jésus l'a dit dans Jn. 13 : 35.

DEUXIÈME PARTIE : LES LANGUES DANS L'ÉGLISE

Quand nous étudions les livres des Actes et 1 Corinthiens nous découvrons quatre façons de parler en langues dans l'église.

I La langue de la Pentecôte

1. L'ordre du Christ était : L'EVANGILE au monde entier. (Ma. 28 :19, 20)
2. La promesse du Christ était : la puissance du Saint Esprit.

(Lu. 24 : 49)
3. Un jour de Pentecôte, cette promesse a été accomplie !
4. Lisons le récit dans **Ac. 2 : 1,2**.
5. Le miracle de la Pentecôte est que chacun les entendait parler dans **sa propre langue**. **Ac. 2 :6**.
6. Le verset huit répète le point que chacun entendit l'évangile prêchée dansa sa propre langue ou dans sa langue maternelle ! **Ac. 2 : 8**.
7. Par conséquent, les langues à la Pentecôte étaient des langues connues ! Connues de l'auditoire !
8. Si cela devait arriver ce soir, Pierre aurait pu prêcher en anglais alors que Jacques parlerait français ; Jean parlerait espagnol alors que Matthieu prêcherait en allemand- - bien qu'ils n'aient jamais étudié ces langues auparavant !
9. Qu'en est-il donc de l'église aujourd'hui ? Est-ce que chaque chrétien né de nouveau doit parler une langue étrangère ? Absolument pas.
10. La Question : Alors, la langue de la Pentecôte ou les langues connues sont-elles une obligation ou une possibilité ? Contrainte ou option ?
11. La réponse : C'est une possibilité. C'est une option.

II La Langue à Corinthe.

1. Alors que les langues parlées à la Pentecôte étaient des langues ou langages connus, les langues qui apparurent dans l'église à Corinthe étaient des langues non connues – des langages non connus.
2. Le phénomène rencontré dans ses églises chrétiennes de nos jours, n'est pas vraiment pentecôtiste ! Il est corinthien !
3. L'un ne pouvait comprendre ce que l'autre disait !
4. Il y avait de la confusion dan l'église !
5. L'apôtre Paul a adressé ce problème dans 3 chapitres du livre des Corinthiens: 12, 13, et 14.
6. Remarquons trois faits:
   a. Dieu donne des dons différents à chacun. (1 Co. 12 : 10, 11)
   b. Les langues sont les dernières dans la liste de Dieu. (1 Co. 12 : 28)
   c. Ce n'est pas tout le monde qui devrait parler une langue non connue. (1 Co. 12 : 29, 30)

7. Enfin, l'apôtre donna quatre règles pour résoudre le problème. Elles se trouvent dans **1 Co. 14 : 27, 28.**
8. Voici les quatre règles :
   a. Seulement deux ou trois personnes à parler dans un service.
   b. Parler un à la fois à tour de rôle ou naturellement.
   c. Quelqu'un doit interpréter pour l'assemblée.
   d. S'il n'y a pas d'interprète, « que l'on se taise ! »
9. Qu'en est-il de l'église aujourd'hui ? Chaque chrétien « né de nouveau » doit-il parler une langue non connue ? Bien sûr que non !

10. **La question** : La Langue non connue est-elle une possibilité ou une obligation ? Contrainte ou obligation ?
    La réponse : C'est une possibilité. C'est une option.

III La langue de l'amour

1. I Corinthiens 13 est un chant d'amour chrétien.
2. Quelle est la relation entre ce poème d'amour du chapitre 13 au problème des langues des chapitres 12 et 14 ?
3. La relation est spécifiée dans **1 Co. 12 : 31 ; 1 Co. 13 :1.**
4. L'apôtre disait : les langues et tous les autres dons spirituels sont de bons dons. Mais, je veux vous parler du plus « excellent » des dons. Le plus grand don est l'amour.
5. Il déclara : « Quand je parlerais les langues des hommes et des anges, si je n'ai pas l'amour... je ne suis rein ! »
6. Par conséquent, la langue pentecôtiste est une possibilité ; une option. La langue corinthienne est une possibilité ; une option. Mais, la langue de l'amour est une obligation ; une contrainte !
7. L'amour est le plus grand parce que « Dieu est amour ». (1 Jn. 4 :8)
8. Au calvaire, le Christ était le langage de l'amour personnifié ! « Car Dieu a tant aimé... » (Jn. 3 : 16)
9. **La question** : Comment puis-je recevoir ce langage de l'amour ?
    La réponse ; Visitons Corneille. **Ac. 10 : 30, 34**
10. Pierre prêchait la bonne nouvelle de l'Évangile. (Ac. 10 : 38, 43)
11. Et cela arriva de nouveau ! L'esprit de Dieu descendit ! Et ils parlèrent en langues ! (Ac. 10 : 44-46)

11. Remarquez ce qui arriva après ! **Ac. 10 : 47, 48**

IV Le langage du baptême

1. Tout de suite
   a. Corneille et toute sa famille fut baptisée immédiatement !
   b. L'officier de la prison à Philippe fut baptisé sur le champ !
   c. Le trésorier éthiopien fut baptisé le même jour !
   d. L'apôtre Paul fut baptisé tout de suite !
   e. Les gens à la Pentecôte furent baptisés le même jour !
   f. Vous devriez suivre Jésus dans le baptême aujourd'hui !
2. Le deuxième baptême
   a. Dans le livres des Actes, tous les croyants furent baptisés et quelques croyants rebaptisés.
   b. Quand les croyants d'Éphèse qui avaient une partie de la vérité de Dieu acceptèrent toute la vérité, ils furent rebaptisés.
   c. Lisons le récit de l'événement dans **Ac. 19 : 1-5**.
3. Important
   a. Le baptême de Corneille et de sa famille est l'un des baptêmes les plus importants de l'histoire !
   b. Car jusqu'à ce moment là, les juifs chrétiens ne se mêlaient pas aux païens.
   c. C'est pourquoi Dieu a donné à Pierre la vision des animaux impurs.
   d. L'Esprit dit à Pierre d'aller auprès du païen.
   e. Pierre déclara, « Dieu m'a montré que je ne devrais appeler aucun homme banal ou impur. » (Ac. 10 :28)
4. La langue du baptême a crée la langue de l'amour ! Pour la première fois dans l'histoire, les juifs et les païens louaient dieu ensemble – sous un même toit- avec leurs langues de l'amour !
5. La question : Pourquoi parlons-nous de « langue du baptême » ? La réponse : Parce que quand nous sommes baptisés, nos langues aussi sont baptisées ! **Rm. 12 :1**.
6. « Entre tes mains j'abandonne…Oui prends tout. »
7. Tous les organes de mon corps sont baptisés – Tous !
8. Tout chrétien né de nouveau doit faire l'expérience du baptême de la langue. ! Expérimentez-le ce soir !

Point central

A. Ainsi donc, tout chrétien né de nouveau doit parler des langues.
B. Dans la famille heureuse de Dieu, il y a 4 manières de parler des langues. Les 4 sont « obligatoires ».
   1. Le contrôle de ma langue   Obligation.
   2. Confesser avec ma langue   Obligation.
   3. Encourager avec ma langue   Obligation.
   4. Exprimer l'amour avec ma langue. Obligation.
C. Dans l'église de Dieu il y a aussi 4 façons de parler en langues. Deux d'entre elles sont des possibilités et deux sont des obligations.
   1. La langue de la Pentecôte   Possibilité.
   2. La langue corinthienne   Possibilité.
   3. La langue de l'amour   Obligation !
   4. La langue du baptême   Obligation !

DÉCISION

A. **Les langues**
   1. « Entre tes mains j'abandonne » Levons-nous et chantons.
   2. Combien veulent-ils dire « Cher Seigneur, s'il te plaît accorde-moi ta langue d'amour » ? **Levez vos mains**.
   3. Combien veulent-ils dire « Mon Dieu, s'il te plaît donne-moi ta langue du baptême » ? **Approchez-vous de l'autel maintenant**.

B. **Appel**
   1. **Obligation**. Le baptême n'est pas une option. C'est une obligation. Jésus a dit, « Si un homme ne naît d'eau et d'esprit, il **ne peut** entrer dans le royaume de Dieu. » Obligation. (Jn 3 :5)
   Si vous voulez entrer dans le royaume de Dieu – **Approchez de l'autel maintenant**.
   2. **La langue de l'amour**. Peut-être avez-vous besoin de la langue de l'amour. Peut-être, vous avez un problème avec votre conjoint, votre enfant, votre voisin, votre collègue. Venez et recevez la victoire à l'autel maintenant.
   3. **La langue du baptême**. Quand vous êtes baptisé, votre langue aussi est baptisée. Tout votre être est baptisé. Vous

vous sentirez pur ! Vous vous sentirez comme une nouvelle personne. Venez et recevez cette nouveauté de vie ce soir !
4. **Le deuxième baptême**. Peut-être que vous vous étiez baptisé avec la connaissance d'une partie de la vérité.
   a. Une partie de la vérité sur les langues.
   b. Une partie de la vérité sur le Sabbat.
   c. Une partie de la vérité sur ce qu'il faut manger et boire.
   d. Une partie de la vérité sur les relations sexuelles.
   Maintenant, vous avez toute la vérité – Venez et soyez rebaptisé.
5. **Le baptême II**. Peut-être, étiez-vous autrefois dans l'église de Dieu, et aviez-vous erré loin dans le monde. Ce soir vous voulez retourner. Soyez rebaptisé ! Venez !
6. « Grand notable. » Corneille était un centurion – « un notable », quelqu'un d'important, ayant de l'autorité. Mais il fut assez humble pour écouter la voix de Jésus. Êtes-vous un notable ? Quelqu'un d'important ? Une autorité ? Dieu voudrait que tu t'abandonnes au Sauveur Tout Puissant ! Venez ! Utilisez vote influence pour bénir les autres ! Venez maintenant !
7. « Aujourd'hui tu m'appelles » C'est le chant que nous allons chanter maintenant. Chantez et avancez !
8. **La famille**. Corneille fut baptisé avec toute sa famille. Monsieur : Amenez votre femme ! Madame : Amenez votre mari. Parent : amenez votre enfant ! Enfant : Amenez votre parent. Ami : Amenez votre ami ! Éducateur : Amenez votre élève. « Aujourd'hui tu m'appelles » Venez !
9. **Personne honnête**. Corneille était un honnête homme – vraiment- recherchant la vérité. Aussi Dieu arrangea-t-il une rencontre entre le chercheur de la vérité et celui qui enseigne la vérité. Votre présence ici n'est pas fortuite. Dieu a arrangé cette rencontre pour le chercheur de vérité et celui qui enseigne la vérité. Si vous êtes une personne honnête, vous devez venir maintenant !
10. **Tout de suite !**
    a. Corneille n'a pas attendu ! Il fut baptisé immédiatement !
    b. L'officier de la prison n'a pas attendu ! Il fut baptisé la même nuit !

- c. L'éthiopien n'a pas attendu ! Il fut baptisé le jour même ! **Avancez maintenant** ! « Maintenant est le temps favorable. » (2 Co. 6 :2)
- d. Paul n'a pas attendu ! Il fut baptisé sur le champ !
- e. Les gens à la Pentecôte n'attendirent pas ! Ils étaient baptisés immédiatement ! Avancez maintenant ! « Si vous entendez aujourd'hui sa voix, n'endurcissez pas vos cœurs. » (Hé. 3 :7, 8)

C. La confirmation
1. Les cartes d'autorisation de baptême. Distribuez-les, remplissez-les, ramassez-les.
2. La prière d'engagement.
3. Le service du baptême.

Sermon 20

DIX CHOSES QUE TOUT HOMME DEVRAIT SAVOIR AU SUJET DES FEMMES

ATTENTION

1. Les femmes et les hommes sont différents biologiquement, émotionnellement, et dans leurs comportements.
2. Pour que le couple puisse vivre heureux ensemble, l'homme doit comprendre le fonctionnement de la femme.
3. Examinons dix choses que tout homme devrait savoir au sujet de la femme.

PREMIÈRE PARTIE : L'ÉPOUSE

I   Une femme apprécie la reconnaissance et l'encouragement.

1. Dans les sociétés dominées par les hommes, la femme est souvent dépréciée.
    a. Si elle travaille à la maison, elle est seulement « la maîtresse de maison ».
    b. Si elle travaille en dehors de la maison, elle doit souvent entrer en compétition avec l'homme et des fois faire le même travail pour moins.
2. De telles conditions la porte à questionner sa propre valeur des fois.
3. Un mari sage supportera sa femme améliorant son estime d'elle-même.
4. Voici un texte important : **Pr. 16 : 24**.
5. Un mari attentionné reconnaîtra les mérites de sa femme et exprimera de l'appréciation pour ce qu'elle fait. Des mets délicieux, une maison bien tenue, la fidélité conjugale, tout mérite d'être loué.
6. On peut aussi faire montre d'appréciation en
    a. Se rappelant des anniversaires de naissance, de mariage et d'autres dates importantes.
1. Lui donner des cadeaux et lui faire des surprises.

II Elle apprécie l'aide dans les travaux ménagers.

1. Analysez ce texte : **Ga. 6 :2**.
2. Les bras du mari devraient s'ouvrir non seulement pour l'embrasser, mais aussi pour l'aider.
3. Les maîtresses de maison s'ennuient et apprécient les aides.
4. Les femmes de carrière se fatiguent et ont besoin d'aide.
    a. Les couples à deux revenus devraient partager les travaux ménagers.
    b. Si les deux travaillent en dehors de la maison, les deux doivent aussi travailler à la maison.

III Elle exprime ses sentiments et a besoin d'une oreille attentive.

1. Les hommes présentent les faits. Les femmes expriment leurs sentiments.
2. Un mari sage prendra le temps d'écouter patiemment.
3. « Il est toujours prêt à écouter. » (Ja. 1: 19)

IV Une femme change facilement d'humeur et de sentiments

1. Ceci est le résultat de la chimie corporelle. Son flot sanguin contient moins de globules rouges porteurs d'oxygène que celui de l'homme.
2. Il y a aussi le cycle menstruel. Le cycle menstruel de son système reproductif cause des changements qui créent des tensions, influençant ses émotions et son comportement.

V La femme est plus faible, mais plus endurante. Elle a :

1. Une ouïe plus fine, une vision nocturne plus claire, et un odorat plus sensible.
2. Un système immunitaire plus fort.
3. Une plus grande résistance aux problèmes cardiaques durant ses années reproductives.
4. Un corpus callosum plus fort lui permettant une plus grande récupération d'une crise cardiaque.
5. Une plus grande longévité. La femme vit en moyenne huit ans de plus que l'homme.

VI Elle a le don de l'intuition- arrivant aux conclusions plus spontanément.

1. Les deux hémisphères du cerveau fonctionnent différemment.
    a. Le cerveau gauche traite les informations en ligne alors que le cerveau droit les traite dans un cercle.
    b. Le cerveau gauche utilise les parties pour former un tout alors que le cerveau droit voit le tout avant d'en reconnaître les parties.
    c. Le cerveau gauche résout les problèmes logiquement alors que le cerveau droit les résout expérimentalement.
    d. Le cerveau gauche utilise l'analyse alors que le cerveau droit utilise la synthèse.
2. Les femmes utilisent plus leur cerveau droit que les hommes. Par conséquent, elles sont plus intuitives.
3. Reconnaissant l'existence de ce don, un homme sage écoutera sa femme.
4. Le conseil du Christ est : Ma. **4 : 23**.

VII Une femme est stimulée par ce qu'elle ressent.

1. Alors que l'homme est stimulé par ce qu'il voit, une femme est stimulée par ce qu'elle ressent.
2. Regardez ce texte : Ca. **2 : 6**.
3. Un homme sage prendra le temps et le soin nécessaire pour caresser sa femme en préparation à l'intimité, reconnaissant que c'est seulement quand les deux partenaires sont prêts qu'ils font l'expérience de la satisfaction totale.

VIII Elle prend plaisir à différentes formes d'expression de l'amour.

1. Il y a trois modes d'expression de l'amour.
    a. Léger – se tenir la main
    b. Intime – les étreintes et les baisers
    c. Ultime ou sexuelle
2. L'homme progresse de 1 à 2 à 3.
3. La femme :
    a. S'arrête des fois à 1.

      b. Parfois à 2.
      c. D'autres fois à 3.
4. Quelle est donc la recommandation de Dieu ? **Ro. 12 :10**.

IX Elle a besoin de nouveaux œufs dans son nid vide.

1. Chaque chose en son temps. **Ec. 3 :1**.
2. À divers moments de leurs vies, les femmes ajustent leur centre d'intérêt.
   a. Au début de son mariage, son centre d'intérêt est son mari et son besoin ressenti est l'intimité.
   b. Durant sa période de reproduction, son centre d'intérêt est ses enfants et son besoin ressenti est la famille.
   c. Quand les enfants sont partis, c'est l'époque du « nid vide ». Son centre d'intérêt est elle-même et son besoin ressenti est sa condition personnelle, son accomplissement personnel.
3. Ainsi quand les enfants ont grandi et sont partis, elle a besoin de nouveaux œufs, de nouvelles activités pour la plénitude de soi.
4. Un mari sage est sensible aux besoins changeants de sa femme et facilite son progrès.
   Arrêtons-nous ici, et tournons-nous vers la femme spirituelle. Nous reviendrons plus tard sur la dixième caractéristique de l'épouse terrestre.

DEUXIÈME PARTIE : L'ÉGLISE

1. Dans les Écritures, la femme est utilisée comme le symbole de l'église du christ. **Ep. 5 : 25, 32**.
2. Tout comme nous sommes en train d'étudier 10 caractéristiques de la femme terrestre, l'épouse, examinons 10 faits au sujet de la femme spirituelle, l'église.
3. Apocalypse 14 nous parle des enseignements de l'église du Christ alors que Apocalypse 12 parle des luttes de cette dernière.

A. Les enseignements

1. L'église du Christ prêche l'évangile éternel. **Ap. 14 :6a**.
   a. L'évangile est la bonne nouvelle du salut
   b. Elle dure à jamais ou ne change pas.
2. Elle est internationale -va à chaque nation. **Ap. 14 : 6b**.

        a. Elle prêche dans tout pays, à toute nation, et dans toute langue.
    3. Elle annonce que l'heure du jugement est arrivée. **Ap. 14 : 7a**.
        a. L'heure du jugement a commencé en 1844.
    4. L'église de Dieu prône l'adoration du vrai Sabbat. **Ap. 14 : 7b**.
        a. C'est une invitation à adorer le Dieu de la création.
        b. C'est une citation directe du quatrième commandement.
        c. Par conséquent, l'église du Christ proclame l'adoration du Sabbat.
    5. Elle élève sa voix contre Babylone. **Ap. 14 :8**.
        a. Babylone signifie confusion (Vous vous rappelez de la Tour de Babel !).
        b. Babylone symbolise la confusion qui résulte du mélange de la vérité à l'erreur.
    6. Elle met en garde contre la bête, son image et sa marque.
        a. Lisez ce texte terrible ! **Ap. 14 : 9-11**.
        b. Cette bête, c'est la puissance de Rome.
        c. L'image de la bête est un satellite de Rome.
        d. La marque de la bête, c'est l'adoration du dimanche commandée par Rome.
        e. La marque sur le front et sur la main signifie : la pensée et l'action.
        f. La colère de Dieu, c'est les sept plaies et les feux ultimes de l'enfer.
    7. Elle garde tous les dix commandements de Dieu. **Ap 14 : 12a**.
        a. Elle garde les commandements de Dieu—non pour être sauvée, mais parce qu'elle est déjà sauvée.
    8. Elle est sauvée par grâce—par la foi en Jésus. **Ap. 14 :12b**.
        a. Nous sommes sauvés par grâce. (Ép. 2 :8)
    9. L'église du Christ subit la persécution.
        a. Apocalypse 12 décrit les luttes de l'église révélant que à travers l'histoire, l'église du Christ a enduré la persécution.

B. Les luttes
    1. La bataille à Bethléem. **Ap. 2 : 1-5**.
        a. Cette femme glorieuse est la vraie église du Christ.
        b. La femme en travail illustre la naissance de Jésus.
        c. Le grand dragon rouge représente la puissance de Rome.
        d. L tentative du dragon pour détruire le bébé symbolise la tentative de Rome pour tuer le bébé Jésus.

e. L'homme - enfant rattrapé par Dieu représente l'ascension victorieuse du Christ.
2. L'exil dans le désert.
   a. Puis l'église se réfugia dans le désert. **Ap. 12 : 1-5.**
   b. Puisqu'un jour en prophétie biblique représente une année (Éz. 4 :6), l'église devait être exilée pour 1260 ans.
   c. Cette période de 1260 ans s'étend de 538 à 1798 ap J-C.
   d. La plus grande partie de cette époque porte le nom « d'âge des ténèbres ».
   e. Il y avait des ténèbres spirituelles puisque la Bible était emprisonnée dans le monastère—loin de la portée du commun des mortels.
   f. La vérité était dans le désert ! L'erreur était assise sur le trône !
   g. Ainsi les fausses doctrines se multiplièrent. En voici quelques unes :
      1) L'adoration du dimanche
      2) Le baptême des enfants
      3) La vénération des saints
      4) Le purgatoire
      5) La confession au prêtre
      6) Les pénitences
      7) Les prières pour les morts.
3. La bataille de la Réforme
   a. La bonne nouvelle est que bien que la vérité ait été bannie, elle a survécu !
   b. En réalité, elle continua à être prêchée à partir du désert et bientôt la lumière de la vérité commença à percer les ténèbres de l'erreur !
   c. Dieu suscita des hommes et différents groupes pour proclamer différentes vérités.
   d. Au 16e siècle il suscita les luthériens qui répandirent la vérité de la grâce de Jésus.
   Merci Seigneur pour les luthériens !
   e. Au 17e siècle, il suscita les baptistes pour enseigner la vérité sur le baptême de Jésus.
   Merci Seigneur pour les baptistes !
   f. Au 18e siècle, il suscita Wesley et les méthodistes pour déclarer la vérité sur les œuvres de Jésus.
   Merci Seigneur pour les méthodistes.

g. Au 19e siècle, il suscita les adventistes du 7e jour pour proclamer le Sabbat de Jésus et la seconde venue de Jésus. Ils réunirent toutes les vérités découvertes et proclamèrent l'évangile éternel au monde.
Merci Seigneur pour les adventistes du 7e jour !
4. L'appel de Jésus.
   a. Aujourd'hui, Dieu a des personnes honnêtes dans toutes les religions du monde. Il a des gens honnêtes dans les religions chrétiennes et les religions non chrétiennes.
   b. Voici un texte intéressant : **Jn 10 : 16**.
   Êtes-vous la brebis du Christ ? Entendez-vous sa voix ?
   c. Ce soir, le Christ appelle son peuple de partout pour entrer dans son Église du Reste.
   d. Examinez ce passage impressionnant : Ap. **18 : 4**.
   e. « Mon peuple ». Êtes-vous toujours son peuple ? Entendez-vous sa voix ? Quelle sera votre réponse ?
   f. **La question** : Comment puis-je devenir une part du Reste du Christ ?
   La réponse : Par le baptême. (1 Co. 12 :13)
5. La persécution du Reste
   a. Examinons la dernière phase de la bataille comme la présente **Ap. 12 :17**.
   b. Dans les derniers jours, le reste du temps, l'église du Christ est dénommée Église du Reste.
   c. Ce soir, Satan est en colère ! Quand vous servez le diable, Satan est heureux. Mais, quand vous décidez de suivre Jésus dans le baptême, Satan devient irrité !
   d. Cependant, quand Satan est en colère, nous devrions être heureux ! Pourquoi ? Parce que nous sommes en train devenir membres de la « Famille Heureuse de Dieu » !

TROISIÈME PARTIE : « JE VOUS AIME »

I   L'église

1. Jusqu'à présent, nous avons signalés 9 aspects de la femme spirituelle- l'église.
2. L'aspect numéro 10 est le suivant : Elle aime entendre la voix de Jésus dire, « Je t'aime. »
3. L'église du reste du Christ a le « Témoignage de Jésus. »

      Ap. 17 : 12.
4. Le témoignage de Jésus est « l'Esprit de prophétie ». **Ap. 19 : 10**.
5. « Témoignage » signifie « message ». « Prophétie » signifie « tout ce que dit le prophète » « Esprit signifie » le Saint Esprit.
6. Ainsi le message de Jésus à vous et à moi nous parvient par son Saint Esprit à travers ses prophètes.
7. Ainsi, l'église du reste du Christ doit avoir un prophète ! Ce messager est Ellen G. White.
8. Ellen White :
    a. 70 ans de ministère prophétique : 1844-1915.
    b. Son ministère s'étend sur trois continents : l'Amérique, l'Europe, et l'Australie.
    c. Elle a écrit 100.000 pages manuscrites de conseils sur la religion, la santé, l'éducation et la vie familiale.
9. Tous les prophètes de Dieu - d'Enoch à Ellen- ont témoigné de Jésus ! Ils sont les facteurs de Dieu apportant des lettres d'amour à vous et à moi.
10. Quel est le message de Dieu pour vous et pour moi ? Son message est : « Je vous aime. » (Jé. 31 : 3)

II La femme

1. Maintenant, retournons à la femme terrestre- l'épouse.
   Vous rappelez-vous que nous nous étions arrêtés au point numéro 9 ? Quel est le dixième ?
2. Le point 10 est le même pour les deux femmes !
3. La femme aime écouter son mari lui dire : « Je vous aime. »
4. Lisons les mots de Salomon à sa femme dans **Ca. 4 : 1**.
5. Ce sont trois mots d'or : « Je vous aime. » Les femmes aiment les entendre ! Les maris doivent les dire !
6. Dites-les, chantez-les, écrivez-les !

III Le Christ

1. Ce sont des mots en or : « Je vous aime ! » Le mari devrait les dire à sa femme. Et Christ les dit toujours à son église.
2. « Je t'aime d'un amour éternel. » (Jé. 31 : 3)
3. Et si jamais vous lui demandiez « Jusqu'à quel point m'aimez-vous ? Il répondra, « Viens au Calvaire ! Je vous aime tellement que j'ai donné ma vie pour vous ! »

4. L'aimez-vous vraiment ? L'aimez-vous assez pour lui donner votre vie ? Ce soir ?

DÉCISION

A. « **JE VOUS AIME** »
1. Levons-nous et chantons notre chant d'amour à Jésus (1ère strophe) « Je suis à toi »
2. Ce soir, le message du Christ pour vous est : « Je vous aime ! » Combien veulent-ils répondre, « Je suis à toi » ? **Levez vos mains.**
3. Combien veulent-ils dire, « Mon Jésus, puisque je t'aime, j'ai décidé de me faire baptiser comme toi, » ? **Approchez-vous de l'autel maintenant** !

B. **APPEL**

1. **Abandon**. Parce que le Christ vous aime, il a donné sa vie pour vous. Si vous l'aimez vraiment, venez et donnez lui votre vie. Chantez et avancez ! (Pr. 23 : 26)
2. **Obéissance**. Vous lui dîtes, « Je vous aime. » Il vous dit, « Si vous m'aimez, gardez mes commandements. » Approchez-vous de l'autel maintenant ! (Jn 14 : 15)
3. **Persécution**. Vous lui dîtes, « Je vous aime, mais j'ai peur de la persécution. » Il vous dit, « Heureux serez-vous lorsqu'on vous outragera et vous persécutera… Réjouissez-vous ! Avancez ! » (Ma. 5 : 11, 12)
4. **Église**. Vous dîtes, « Je vous aime, mais il est difficile de quitter mon église. » Le Christ répond, « Sortez du milieu d'elle, mon peuple ! Joignez-vous à mon église du reste ! » (Ap. 18 : 4)
5. **Sacrifice**. Vous dîtes, Je vous aime, mais je dois trop sacrifier pour vous suivre. » Le Christ répond, « Regardez au Calvaire ! Voyez ce que j'ai sacrifié parce que je vous aime. » (Jn. 3 : 16) « Quel que soit ce qui vous retient, abandonnez-le pour moi – si vous m'aimez vraiment. Avancez ! Avancez maintenant ! » Avancez et chantez, « Oui ton amour… » Avancez !
6. **Urgence**. Vous dîtes, « Je vous aime, mais j'ai besoin de plus de temps. » Jésus répond, « Maintenant est le temps favorable. » (2Co. 6 : 2)

7. **Mariage**. Bientôt Jésus va revenir ! Il revient pour sa mariée, son église ! Soyez prêt pour le mariage !
Satan dit, « Sois mon serviteur. Embrasse la destruction ! »
Le Seigneur dit, « Sois ma mariée. Embrasse le salut ! »
Venez au mariage ! Venez au « souper du mariage de l'agneau ! »
Venez ! Venez maintenant !

C. ENGAGEMENT
1. Les cartes d'autorisation de baptême : Les distribuer, remplir et ramasser.
2. Prière de consécration
3. Instructions pour la prochaine cérémonie de baptêmes- Demain soir.
   Affirmation : « À Dieu soit la gloire. »

Sermon 21

DIX CHOSES QUE LA FEMME DEVRAIT SAVOIR AU SUJET DE L'HOMME

ATTENTION

1. Quelque chose que l'homme le plus sage du monde ne pouvait comprendre. **Pr. 30 : 18, 19.**
2. Bien qu'elle soit captivante, nous avons besoin de comprendre la dynamique du comportement homme - femme parce que cela est indispensable au succès conjugal.
3. Examinons dix faits au sujet de l'homme.

PREMIÈRE PARTIE : L'HOMME TERRESTRE.

I   Il est fier d'être un homme

1. Malheureusement, certaines sociétés déprécient la femme et exaltent l'homme.
2. La société le porte au sommet, la femme sage ne saurait l'abaisser.
3. Si vous lui donnez de l'admiration, il vous donnera de l'affection.
4. Chaque homme a des attributs positifs. Une épouse sage identifierait ces derniers et exprimerait son admiration comme il le faut.

II   Il est obsédé par son travail

1. Alors que l'obsession principale de femme est sa maison, l'homme est obsédé par son travail car c'est grâce à ce dernier qu'il pourvoit aux besoins de sa famille.
2. C'est surtout au début de sa carrière qu'il ressent le besoin de faire sa marque dans le monde.
3. Une épouse sage lui procurerait le soutien adéquat le poussant à atteindre le succès.
4. Voici un très beau texte. **Pr. 31 : 11, 12**.

III   Un homme communique avec les faits, et pas avec ses sentiments.

1. En général, les femmes parlent plus, et les hommes écoutent.

2. Alors que les femmes parlent des faits et des sentiments, l'homme s'arrêtent aux faits.
3. Les femmes épanchent leurs cœurs alors que les hommes cachent leurs vrais sentiments.

IV Il base ses décisions sur un raisonnement logique

1. Vous rappelez-vous du mode de fonctionnement des deux hémisphères du cerveau ?
   Révisons-le :
   a. La femme pense plus globalement, l'homme utilise la logique linéaire.
   b. La femme voit le tout avant de voir les parties ; l'homme voit les parties avant le tout.
   c. La femme utilise l'intuition, alors que l'homme utilise le raisonnement logique.
2. Puisque les deux méthodes sont valables, que devrait faire chaque conjoint ?
3. La réponse se trouve dans **Romains 12 :10**.

V Un homme veut que sa femme reste attrayante

1. Il veut pouvoir lui dire des mots tels que : **Ca. 4 :7**.
2. Avant le mariage, elle prenait du temps pour rester attrayante.
3. Après le mariage elle devrait continuer à faire attention à rester attrayante.
4. Elle devrait toujours l'exciter par ses éclats et son parfum.

VI Il est stimulé par ce qu'il voit
1. Alors qu'elle est stimulée par ce qu'elle sent, il est stimulé par ce qu'il voit.
2. Même après une querelle, si un mari voit sa femme dans un attirail de nuit de goût sûr, il est prêt pour l'intimité sexuelle !

VII Un homme a besoin d'expressions sexuelles de l'amour
1. Vous vous rappelez des trois modes d'expression de l'amour ? Le numéro 1 était léger, le numéro 2 intime, et le numéro 3 sexuel.
2. Alors que la femme s'arrête à 1, ou 2, ou 3, l'homme va de 1 à 2, à 3
3. En voici les causes

    a. L'homme produit du sperme qu'il garde dans ses vésicules séminales.
    b. Dans le printemps de sa vie, cette accumulation se fait chaque deux ou trois jours.
    c. Une surabondance de sperme conduit au besoin de se décharger.

VIII Alors qu'elle fait l'expérience de la ménopause, il passe par la crise de la quarantaine
1. La quarantaine est un âge où on compte ses accomplissements. Il compare ses premiers objectifs pour la vie à ses réalisations présentes.
2. S'il y a eu beaucoup d'échecs, la dépression et une sous-estimation de soi apparaissent.
3. Des problèmes de santé surgissent à cause du vieillissement.
4. Une femme positive aiderait son mari à gérer la situation efficacement.

IX Il n'aime pas dire « J'ai besoin d'aide »
1. Une femme sage remarquerait quand il a besoin d'aide et lui en offrirait sagement.
2. Voici un texte important : **Pr. 31 : 26**.
3. Conseils sages :
    a. Ne l'inondez pas de réponses toutes faites.
    b. Quand il est prêt à parler, écoutez.
    c. Entourez-le d'amour.

X Il ne peut pas résister à toujours les attentions tendres de sa femme
1. Cela peut prendre des années d'attente, de prière, et d'amour.
2. Mais, ne vous découragez pas. **Ga. 6 :9**.

DEUXIÈME PARTIE : L'HOMME CÉLESTE

1. Bien qu'il soit intéressant de comprendre l'homme terrestre, il est encore plus intriguant d'expérimenter l'homme céleste.
2. Et qui est-il ? Le Christ-Jésus.
3. Examinons dix faits au sujet de Lui.

I Le Christ est Dieu

1. Il est appelé la Parole – Il rend audible les pensées de Dieu. **Jn 1 : 1-3**.
2. Il était avec le père dès le début et il est co-créateur.
3. Il était et il est Dieu. Il n'est pas inférieur au Père, mais il est égal au Père.
4. Le Père l'appelle Dieu **Hé. 1 : 8**.

II Il est devenu un homme
1. La Parole s'est faite chair. **Jn 1 : 4**.
2. C'est un mystère incompréhensible ! Comment un Dieu si puissant peut-il être implanté dans la matrice d'une femme et naître d'une vierge ?
3. Il est Emmanuel, « Dieu avec nous ».
4. À son incarnation, il a gardé son caractère divin et y a ajouté la nature humaine.
5. Ainsi Christ était totalement Dieu et totalement homme.
6. On l'appelle le Fils de Dieu et le Fils de l'homme.

III Il a vécu sans péché
1. Il était un artisan industrieux- Le Charpentier de Nazareth.
2. Il était un entrepreneur honnête. Il devait vendre ses produits pour subsister.
3. Il était tenté en tout point comme nous. **Hé. 4 :15**.
4. Il a vaincu Satan. Grâce à son pouvoir, nous le pouvons nous aussi.

IV Jésus a gardé le Sabbat
1. Lui qui l'a créé en Eden, il l'a gardé en Palestine.
2. Étudions ses coutumes, ses habitudes. **Lu. 4 : 16**.
3. Il se dénomma le « Maître du Sabbat ». **Mc. 2 : 28**.
4. Un chrétien est un disciple du Christ. Puisque je suis un vrai chrétien, je dois garder le Sabbat de Jésus.

V Jésus s'était baptisé
1. Il alla au Jourdain et demanda à être baptisé. **Mt. 3 : 13-16**.
2. Quand Jean Baptiste objecta, Christ le Sauveur insista. **Mc. 2 : 28**.
3. Il n'avait aucun péché à effacer, mais il a quand même été baptisé.

4. Un chrétien est un disciple du Christ, puisqu'il était baptisé, je devrais être baptisé aussi.

VI Il a souffert l'agonie à Gethsémani
1. Écoutez sa prière alors qu'il agonisait. **Mt. 26 : 39**.
2. Et Satan se tenait à ses côtés lui disant, « Laisse tomber le Calvaire, retourne dans ta gloire ! »
3. Dans l'angoisse de la décision finale, sa sueur devint comme des gouttes de sang tombant sur le sol.
4. Mais regardant à travers les siècles, il nous vit, vous et moi et dit, « J'irai au Calvaire ! »
5. Quel amour incomparable.

VII Christ mourut sur la croix pour moi
1. Le texte fascinant. **Lu. 23 : 33**.
2. Regardez son dos saignant de 39 coups de fouet, deux fois !
3. Sentez les clous déchirer la chair de ses mains et de ses pieds !
4. Mais plus grande encore que sa douleur physique, était sa douleur mentale et spirituelle ! Christ était en train d'expérimenter la terreur du péché : Tous les péchés de tous les hommes, femmes et enfants, de tous les pays du monde, à travers les siècles du temps ! Une telle angoisse est indescriptible !
5. Écoutez son cri agonisant, « Mon Dieu, Mon Dieu, pourquoi m'as-tu abandonné ? » (Mt. 26 : 46)
6. Les gains, les honneurs de la terre sont à mes yeux perte, chimère. Dès que je contemple la croix où fut cloué le Roi des rois. »
7. Ami, aimes-tu vraiment Jésus ? Certains l'aiment seulement avec leurs lèvres, mai pas avec leurs cœurs !
    a. Si je dis « Oui ! J'aime Jésus » ; mais « Non ! Je rejette la conversion de Jésus, » je n'aime pas vraiment Jésus !
    b. Si je dis « Oui ! J'aime Jésus » ; mais « Non ! Je rejette le Sabbat de Jésus, » je n'aime pas vraiment Jésus !
    c. Si je dis « Oui ! J'aime Jésus » ; mais « Non ! Je rejette le baptême de Jésus, » je n'aime pas vraiment Jésus !
    d. Si j'aime vraiment Jésus, j'accepterai la conversion de Jésus car la conversion appartient à Jésus.
    e. Si j'aime vraiment Jésus, j'accepterai le Sabbat de Jésus car le Sabbat appartient à Jésus.
    f. Si j'aime vraiment Jésus, j'accepterai le baptême de Jésus car le baptême appartient à Jésus.

g. Approchez-vous de l'autel ce soir, et donnez votre vie à Jésus.

VIII Il est ressuscité des morts
1. La Rome a crucifié Jésus. La Rome a scellé la tombe de Jésus. La Rome a mis des soldats en faction auprès de la tombe de Jésus.
2. Mais, au matin de la résurrection, aux ordres de Dieu le Père, Gabriel toucha la terre, et il y eut un grand tremblement de terre.
3. Le sceau romain se brisa en pièces ! Les soldats romains tombent comme des cadavres ! Les anges de Satan s'enfuient, effrayés !
4. Et Christ sortit du tombeau en déclarant, « Je suis la résurrection et la vie, et j'ai les clés de l'enfer et de la mort. »
5. Christ est toujours victorieux !

IX Christ est notre Grand Prêtre au ciel
1. Aujourd'hui, nous n'avons besoin d'aucun prêtre terrestre, car Christ est notre Grand Prêtre.
2. Le texte déclare : **Hé. 4 : 14-16**.

X Jésus revient bientôt !
1. Sa précieuse promesse **Jn 14 : 1-3**.
2. La scène, la scène glorieuse ! **1 Th. 4 : 16**.
3. Il reviendra avec des millions d'anges illuminant le ciel.
4. Il y aura résurrection, réunion et ascension.
5. Dieu recréera cette terre pour qu'elle devienne un paradis de paix.
6. Nous serons la « Famille Heureuse de Dieu » pour l'éternité.

XI La décision
1. « Entre tes mains, j'abandonne ». Levez-vous et chantez.
2. **Avancez.** Durant le Sabbat, nous aurons notre dernière grande cérémonie de baptêmes, et Dieu appelle des hommes et des femmes à l'autel pour donner leurs vies à christ dans le baptême. Approchez-vous de l'autel maintenant.
3. **Voyez**. Christ a donné sa vie pour vous. Venez et donnez-lui votre vie. Voyez sa tête, percée par la couronne d'épines cruelle. Voyez ses côtés saignant de l'épée cruelle. Voyez son dos lacéré de 39 sillons deux fois. **Venez.** Quel amour incomparable, venez et abandonnez-vous à cet amour, ce soir.

4. **Ressentez**. Ressentez la peine des clous cruels déchirant la chair vivante de ses mains et de ses tendres pieds. Il donna cette vie pour vous. Venez, et donnez-lui votre vie.
5. **Écoutez**. Écoutez son cri d'agonie, « Mon Dieu, Mon Dieu, pourquoi m'as-tu abandonné ? » Christ faisait l'expérience de l'agonie de l'enfer pour vous afin de vous faire partager l'expérience de la joie au ciel avec lui. Venez, et donnez votre vie à Jésus maintenant.
6. **Amour**. Aimez-vous vraiment Jésus ? Si vous aimez vraiment Jésus, vous accepterez le baptême de Jésus. **Venez**, et montrez votre amour pour Jésus.
7. **Deuxième baptême**. Peut-être aviez-vous donné votre vie à Jésus dans le passé, mais la lui reprit pour servir Satan. Ce coir, vous avez besoin de venir et de rendre cette vie à Jésus.
8. **Chant d'amour**. Venez, et chantez votre chant d'amour pour Jésus. Chantons un autre chant d'amour. « Je suis à toi » Chantez et avancez.

Prière

Sermon 22

EMBRASSE-MOI ET DONNE-MOI UN BAISER, J'AI SEIZE ANS !

ATTENTION

1. **Illustration.** « Je ne suis plus une enfant ! » cria Tania. « Je suis une adulte et devrait être traitée comme telle ! »
2. « Tu es encore une enfant. » répliqua le parent, « et tant que tu vis sous mon toit, tu devrais faire ce que je dis sans poser de questions! »
3. Alors, qui a raison ?
4. Les années de l'adolescence sont très difficiles car l'adolescent n'est plus un enfant, mai n'est pas encore un adulte.

PREMIÈRE PARTIE : LA FAMILLE HUMAINE

A. Trois questions d'importance pour les adolescents

I Indépendance
1. Bien qu'il soit dépendant pour ses besoins matériels, l'adolescent veut être indépendant du contrôle des parents.
2. Il veut être libre.

II Identité
L'adolescent est en train de confronter les grandes questions de la vie.
1. Qui suis-je ?
2. Où vais-je ?
3. Que vais-je devenir ?

III Idéologie
1. Alors que l'enfant était guidé par les valeurs des parents, l'adolescent questionne ces valeurs et défie les normes.
2. C'est assez traumatisant pour les parents de voir des années passées à développer des normes s'écrouler sous leurs yeux.
3. Quoique traumatisant, ce processus de découverte de la vérité pour soi-même est nécessaire pour la maturation. Bien que les parents luttent avec cette idée, ils devraient l'accueillir avec joie.

B. Trois suggestions pour les adolescents

   I   Présenter son désaccord respectueusement
   1. On se rappelle du 5ᵉ commandement ? Que dit-il ? **Ex. 20 :12**.
   2. On peut ne pas être d'accord. En réalité, s'il ne survient pas de désaccord, il y a quelque chose d'anormal avec le parent ou l'adolescent.
   3. Mais les désaccords doivent toujours être présentés avec respect.

   II Apprendre à écouter
   1. Qu'a dit Jésus ? **Mt. 13 : 9**.
   2. Je devrais écouter même si je ne suis pas d'accord.
   3. Le Seigneur m'a créé avec deux oreilles et une langue, pourquoi ?
   4. Ma bouche peut s'ouvrir et se fermer, mais mes oreilles sont toujours ouvertes.
   5. Mon corps a été fabriqué plus pour écouter que pour parler.

   III Bénéficier de l'expérience de mes parents
   1. Un texte intéressant. Pr. 2 :2
   2. Dans certains domaines, moi un adolescent, je puis être mieux informé que mes parents.
   3. Mais, mes parents en savent plus que moi sur les expériences de la vie.
   4. En tant qu'adolescent intelligent, je peux profiter de l'expérience de mes parents.

C. Trois conseils pour les parents

   I   **Donnez le bon exemple**
   1. Nous enseignons par ce que nous disons aussi bien que par ce que nous faisons. Lequel a le plus d'influence ?
   2. Nous devrons instruire par ce que nous disons. **De. 6 : 7**.
   3. Nous devrions aussi enseigner par ce que nous faisons. **1 Co. 11 :1**.

4. Des façons de donner le bon exemple.
   a. Je ne voudrais pas que mon enfant fume la marijuana, alors, je ne fume pas de tabac.
   b. Je ne voudrais pas que ma fille ait des relations illicites, alors je devrais être fidèle à mon conjoint.
   c. Je désire que mon fils résiste aux pressions de groupe à l'école, alors je dois résister aux pressions pour consommer de l'alcool au travail.

II Faciliter l'indépendance

1. Accorder de la liberté et des privilèges progressivement.
2. S'il y a une violation des règles, limiter les privilèges pour un temps déterminé.
3. Créer des occasions pour une prise de décision
4. Au delà des règles, discuter des problèmes.

III Communiquer intelligemment

1. Vous rappelez-vous des deux points essentiels d'une communication effective ? Il s'agit *d'écouter attentivement et de parler sagement.*
2. La clé d'une écoute attentive est **Ja. 1 :19.**
3. Soyez sûr d'avoir la bonne attitude qui fait comprendre que :
   a. Bien que tu sois mon enfant, je t'écouterai.
   b. Je peux ne pas être d'accord avec toi, mais je te respecterai.
   c. Bien que je sois plus âgé que toi, je puis toujours apprendre quelque chose de toi.
4. Voici un point important du dialogue intelligent.
   Au lieu de faire une déclaration, posez une question.
   En d'autres termes. Il vaut mieux le demander que le dire.
5. Jésus, le Communicateur par excellence a fait exactement cela. Voyons comment il l'a fait dans **Lu. 10 :30, 36.**

IV Aimer sans conditions

1. C'est le plus important des principes. **1 Co 13 :13.**
2. Le plus grand besoin d'un enfant de l'enfance à l'adolescence est de se savoir aimé.

3. Une leçon importante peut être tirée du « Notre Père ». **Ma. 6 :9**.
   a. Je dis à Dieu, « Mon Père. »
   b. Mon enfant me dit, « Mon Père.»
   c. Alors comment mon enfant appelle-t-il Dieu ? « Mon Grand-père » ?
   d. Absolument pas ! Mon enfant dit aussi, « Mon Père. »
   e. Par conséquent, mon enfant et moi nous sommes frères et sœurs !
4. Certains parents posent des conditions pour aimer
   a. Si le comportement de l'enfant est bon, ils disent, « je t'aime. »
   b. Si l'enfant agit mal, il n'y a pas de « je t'aime. »
   c. Un tel amour est conditionnel – basé sur la conduite de l'enfant.
5. L'amour de Dieu pour moi, son enfant rebelle, ne dépend pas de mon comportement. Il est inconditionnel !
6. Remarquez la qualité de Son amour. **Je. 31 :3**.
7. Des exemples :
   a. Si vous dîtes, « Je t'aimerai quand tu te conduiras bien », votre amour est conditionnel.
   b. Si vous dîtes, « Je t'aimerai que ta conduite soit bonne ou mauvaise, » votre amour est inconditionnel !
   c. Si vous dîtes, « Je n'aime pas ce que tu fais, mais je t'aime quand même. » Votre amour est inconditionnel.
8. Le cœur de l'adolescent crie « Embrasse-moi et donne-moi un baiser! Aime-moi sans condition ! Aime-moi comme Dieu t'aime. »

DEUXIÈME PARTIE : LA FAMILLE SPIRITUELLE

1. Jésus a raconté l'histoire d'un enfant rebelle et de son parent patient.
2. Il a raconté cette histoire pour deux raisons :
   a. Pour montrer comment Dieu, mon Père, m'aime inconditionnellement.
   b. Pour m'enseigner comment, en tant que parent, je devrais aimer mon enfant inconditionnellement.
3. L'histoire commence dans **Lu. 15 : 11, 12**.
2. Le jeune homme avait des problèmes

    a. Le foyer était une prison et son père le geôlier !
    b. Trop de règles ! Trop de restrictions !
    c. Il soupirait après la liberté. Il voulait en faire à sa tête.
  3. Nous disons la même chose à Dieu.
    a. Trop de règles ! Trop de restrictions !
    b. Je veux être libre ! Libre d'agir comme je veux, de manger et boire ce qui me plaît, de m'habiller comme je le désire et de vivre comme je l'entends.

A. Cinq pas vers l'abîme

I   La rébellion   Lu. 15 :12.
  1. Le jeune homme était présomptueux. Il s'écria, « Donnez-moi » l'argent !
  2. Il était aussi rebelle, défiant son père bienveillant et blessant sa mère en larmes.

II   Le pays lointain   Lu. 15 : 13a.
  1. Il acheta un billet aller pour l'endroit le plus loin possible.
  2. Bien loin des attentions de sa mère, bien loin de l'amour de son père.
  3. Un enfant de Dieu est en train d'errer ce soir dans le pays lointain. Est-ce vous, cet enfant ?

III Une vie de débauche   Lu. 15 :13b.
  1. Il était maintenant « libre » ! Il pouvait faire comme bon lui semblait !
    a. Il buvait des liqueurs de marque.
    b. Il fumait des cigares de grand prix.
    c. Il dansait dans les salons de l'élite sociale.
    d. Il regardait les films interdits.
    e. Il changeait souvent de compagne de couche.
    f. Il déshonorait le Sabbat de Dieu.
    g. Il perdait son argent au jeu.
  2. Un enfant de Dieu, ce soir, est pris dans l'engrenage d'une vie de débauche. Est-ce vous ?
  3. Le conseil de Dieu est **1 Jn. 1 : 15.**

IV. La banqueroute   Lu. 15 :14.
  1. La corde la plus longue a un bout !

2. Un maudit jour, il ne pouvait plus payer ! Il avait fumé le dernier cigare, bu le dernier verre, dansé à la dernière fête, dormi avec la dernière fille.
3. Et quand l'argent était parti, les filles étaient parties ! L'argent était parti, les amis aussi !
4. Mon ami, un de ces jours votre force pourrait s'en aller, votre beauté flétrir, votre argent perdu, et votre renommée oubliée. Qu'adviendra-t-il de vous après ?

V. **Les pourceaux**   **Lu. 15 :15**.
1. Jour après jour il partait rechercher du travail.
2. Finalement, il en trouva un – Gardien de cochons !
3. Cette créature impure : Il devait maintenant le garder, le nourrir et en prendre soin !
4. En plus de cela, il avait faim ! Son estomac était vide ! Et regardant le souper des cochons, il était prêt à en faire son repas ! Quelle tragédie !
5. Le cochon avait une bien meilleure situation que le garçon, car il avait de la nourriture, alors que le jeune homme n'en avait pas !
6. Pourquoi ? Parce que le cochon était resté près de son maître, mais le fils avait erré loin de son père !
7. Quelqu'un, ce soir, est assis dans la porcherie du péché, vide et affamé, blessé et seul, loin de l'amour du père. Est-ce vous cet enfant-là ?

B. **Cinq pas vers le relèvement**
Je suis content que cela ne soit pas la fin de l'histoire ! Après avoir glissé 5 pas vers l'abîme, il monta 5 pas vers le relèvement.

I. **La prise de conscience**   **Lu. 15 : 17a**
1. « Quand il reprit ses sens. »
2. Ainsi, durant tout ce temps là, il n'avait pas son bon sens !
3. Quiconque continue d'errer loin de l'amour du père est un fou spirituel !
2. Ce soir une voix venant du ciel crie « Arrêtez ! Reprenez vos sens ! »

II. **La vision**   **Lu. 15 :17b**
1. Maintenant, il répète les mots « Mon père ! »

2. Soudain. Il eut une vision !
   3. Il vit alors une image de son parent.
   4. Son père n'était plus un commandeur, mais un bienfaiteur plein de grâce et un père aimant.
   5. C'est là l'un de nos plus grands besoins ce soir – accepter une nouvelle image de Dieu !
   6. Il n'est pas un juge acariâtre et en colère. Il est un père aimant, - « Mon Père »
   7. Tous ses commandements sont des lois d'amour !

III. La décision   Lu. 15 : 18
   1. Alors, il prit une décision, « Je me lèverai »
   2. Ce soir, vous avez besoin de prendre une décision – de retourner vers vote père aimant.

IV. Une confession de repentance
   1. Il est maintenant prêt à confesser son péché, « Père, j'ai péché. S'il te plaît, pardonne-moi. »
   2. Il ne dit plus « Donne-moi. » Maintenant, il est en train de dire « Fais de moi. »

V. L'action   Lu. 15 : 20
   1. Il cessa de parler, il cessa de souhaiter, il cessa de décider, et il commença à agir !
   2. Il savait ce qu'il devait faire. Aussi se leva-t-il pour le faire !
   3. Ce soir, qu'est-ce que Dieu attend de vous ? Lisons la réponse dans   **Ac. 22 :16**.
   4. Alors, levez-vous et faîtes-le ! Approchez-vous de l'autel ce soir !

C. Un père aimant

   I. Veillant
   1. Quelque chose d'émouvant arriva ! Lisons-en le récit dans **Lu. 15 : 20**.
   2. Question : Comment le père a-t-il pu le voir ?
      Réponse : Parce qu'il était en train de guetter son retour !
   3. Veillant !
      a. Jour après jour, il se tenait à la porte se demandant « mon fils reviendra-t-il aujourd'hui? »

  b. Nuit après nuit, il s'asseyait à la fenêtre, se demandant, « Mon fils reviendra-t-il ce soir ? »
  c. Jour après jour, son père citait son nom dans ses prières.
  d. Soir après soir, il versait des larmes amères.
  e. Mon ami, c'est ce que notre père céleste et aimant est en train de faire pour vous et pour moi en ce moment même.
II. Embrassant
 1. Non seulement le vieux se mit à courir, il embrassait et baisait.
 2. Il « se jeta à son cou et le baisa. » **Lu. 15 : 20**.
 3. « Embrasse-moi et baise-moi ! »
  a. C'était le souhait du fils et le père fit exactement cela.
  b. Il était sale, mais son papa l'embrassa malgré tout.
  c. Il était sale et en guenilles, mais son père le baisa encore et encore.
  d. Il n'était pas beau, mais son père lui donna son amour inconditionnel.
  e. Quel amour sans pareil ! Quel amour merveilleux !
 4. Le fils commença sa prière, « Père, j'ai péché » (Lu. 15 :21)
 5. Mais, le père cria, « Arrête ! Tu es toujours mon fils ! » « Mon fils que voici était mort, et il est revenu à la vie. » (Lu. 15 :24
 6. Quel amour, quel amour merveilleux

III La célébration
 1. Puis le père passa des ordres. Lesquels ? **Lu. 15 : 23**.
 2. Notez bien les mots, « le veau gras »
  a. Il n'a pas dit « un veau gras », mais « le veau gras ». C'était un veau spécial.
  b. Jour après jour, semaine après semaine, mois après mois, le veau était engraissé pour cette célébration.
  c. C'était un veau innocent, mais sa vie a été donnée pour le garçon coupable.
 3. Le calvaire
  a. Il y a 2000 ans, il y eut un autre abattage!
  b. L'abattoir, c'était le Calvaire !
  c. Christ, le veau innocent était tué pour vous et pour moi.
  d. Son sang a coulé. Sa chair fut meurtrie. Sa mort était ma porte d'entrée à la vie éternelle.
  e. Quel amour sans pareil.

4. Et puis, la grande célébration ! **Lu. 15 : 24.**
   a. Au retour du fils il y eut une grande fête familiale !
   b. C'était la « Famille Heureuse de Dieu ».
   c. À mon baptême, il y aura une autre grande célébration.
   e. Le Père dira de nouveau, « Mon fils que voici, ma fille que voici était perdu (e), et il (elle) est retrouvé (e). »
   f. Tout le ciel se réjouira, le chœur des anges chantera, et le Père aimant dira, des larmes de joie aux yeux, « Bienvenu (e) à la maison »

D. Décision

I Écoutez
1. Écoutez ! Entendez-vous mon appel ?
2. « C'est moi, c'est moi, ton Sauveur ! Je veux entrer dans ton cœur. Pourquoi me laisser attendre ! »
3. Quelle sera votre réponse ?
4. Direz-vous, « Vraiment ! Vraiment ! C'est sa voix ; c'est lui ! C'est lui ! Je le vois… Mon Sauveur, je te reçois !»
5. Levez-vous et chantez la première strophe.
6. Nous aurons notre dernière cérémonie de baptêmes Sabbat prochain, et ce soir le Christ vous invite à venir à l'autel et à prendre la décision de suivre Jésus dans le baptême. Chantez et avancez.

II Appel !
1. **Le pays lointain.** Quelqu'un est en train d'errer dans le pays lointain, bien loin de Dieu, venez.
2. **La vie de débauche.** Nous devons laisser la fête, et la salle de bals, et l'alcool ! Abandonnez le tabac, la cocaïne, et la marijuana. Abandonnez le concubinage et l'adultère. Abandonnez l'inceste et l'homosexualité. Abandonnez la non observance du Sabbat et le dimanche comme jour d'adoration. Abandonnez l'abus du conjoint et de l'enfant. Cessez de vivre dans la débauche, approchez-vous de l'autel et donnez votre vie au Christ ce soir.
3. **La banqueroute.** Un jour, votre force vous abandonnera et votre beauté sera un souvenir. L'argent sera dissipé, et vous n'aurez plus de fonction, et la renommée et le pouvoir seront finis. Venez et donnez votre vie au Christ ce soir.

4. **La faim**. Quelqu'un est assis dans la porcherie ce soir. Venez ! Il y a de la nourriture dans la maison de votre Père. Le banquet a lieu ce Sabbat, venez.
5. **La vision**. Quelqu'un est en train d'avoir une nouvelle image de Dieu ce soir. Il n'est pas ce juge en colère. Il est un père aimant. Venez, et jetez-vous dans ses bras d'amour ce soir.
6. **La décision**. Le jeune homme était assis dans la porcherie, mais ce jour-là, il se décida ! Qu'attendez-vous ? Quelqu'un attend depuis 5 ans, 10 ans, 20 ans. Décidez-vous et venez à Jésus maintenant.
7. **L'action**. Il se leva et prit le chemin de la maison. Il savait ce qu'il devait faire. Aussi, il se leva et le fit. Vous savez ce que vous devriez faire. Levez-vous et faîtes-le ! Approchez-vous de l'autel maintenant.
8. **Attendant et guettant**. Jour après jour le père se tint à la fenêtre attendant. Nuit après nuit, il se tint à la porte veillant et ce soir votre père céleste se tient aux portes du ciel attendant et guettant. Venez, venez et acceptez son amour ce soir.
9. **Étreinte et baiser**. N'attendez pas de changer vos vêtements, venez tel que vous êtes. N'attendez pas de nettoyer votre vie, venez tel que vous êtes. Ne vous inquiétez pas de ce que penseront les voisins, venez tel que vous êtes. Alors que vous avancez, votre père céleste et aimant vous étreindra et vous baisera et vous prendra dans ses bras d'amour ! Venez tel que vous êtes.
1. **Deuxième baptême** Quelqu'un était à la maison, mais, il s'en alla ; vous avez besoin de revenir à la maison ce soir. Soyez rebaptisé. Venez à Jésus maintenant.
2. **La célébration**. Ils commencèrent à se réjouir. Ce prochain Sabbat, il y aura une grande célébration familiale, un grand baptême. Venez et joignez-vous à la célébration.
3. **La Famille heureuse**. Le jeune homme revint à la maison. Il faisait de nouveau partie de la famille heureuse de Dieu. Venez et joignez-vous à la « Famille Heureuse de Dieu », maintenant et pour toujours. Venez !
4. **Prière**.

Sermon 23

UNE FAMILLE HEUREUSE POUR TOUJOURS !

ATTENTION

1. Nous venons de suivre ensemble la série de « Séminaires Bibliques, La Famille Heureuse ».
2. Chaque soir, nous avons appris des principes pour gérer la famille terrestre. J'espère que nous avons mis ces principes en application.
3. Chaque soir, nous avons aussi parlé de la famille céleste. Dieu soit loué, certains d'entre vous ont déjà joint cette famille !
4. Ce soir, je vous inviterai pour la dernière fois à devenir membre de la « Famille Heureuse de Dieu – Une famille heureuse pour toujours ! J'espère que chacun d'entre vous acceptera cet appel ce soir.

PREMIÈRE PARTIE : UNE FAMILLE À BÉTHANIE

1. Au début de son ministère terrestre, le foyer favori de Jésus était à Béthanie – la famille de Lazare et de Marie.
2. Un jour, la tristesse frappa ! Lazare était malade. Et jour après jour, son état empira.
3. Ses sœurs envoyèrent alors un message à Jésus. Quel fut leur message ? **Ja. 11 :3**.
4. Mais, chose étrange, Jésus ne se dépêcha pas de se rendre à Béthanie. Et pendant qu'il tardait à venir, Lazare mourut !
5. Imaginez la peine de Marie et de Marthe.
6. Beaucoup de questions assombrissaient leurs esprits.
   a. Pourquoi Jésus tarda-t-il et laissa-t-il son ami mourir ?
   b. Jésus nous aime-t-il vraiment comme nous le croyons ?
   c. Jésus se soucie-t-il de nous ?

I   Récupérer du chagrin

Si jamais je perds un être cher à cause de la mort, je peux suivre cinq principes pour m'aider à récupérer du chagrin.

1. Exprimer mon chagrin.
   Remarquez comment David a exprimé son chagrin lors de la perte de son fils, Absalon.   **2 Sa. 18 :33**.

2. Se libérer de tout sentiment de culpabilité qui persiste.
   a. Des fois, il y a des regrets qui causent le sentiment de culpabilité.
   b. Comment David a-t-il géré sa conscience coupable après la mort d'Uri ? **Ps. 51 : 1, 12.**
3. Trouvez un nouveau point de mire
   Le général Joab invita David à le faire après la mort d'Absalon. **2Sa. 19 :7.**
4. Faire confiance à Dieu pour ce qui concerne l'avenir.
   a. Il est notre appui dans les moments de trouble. **Ps. 46 : 1, 2.**
   b. Voici deux affirmations complémentaires.
   « Je serai plein de confiance, et je ne craindrai rien. » (És. 12 : 2)
   « Quand je suis dans la crainte, en toi je me confie. » (Ps. 56 : 4)
5. Regardez à la résurrection. La mort n'est pas la fin !

II La mort

1. Qu'arrive-t-il vraiment à la mort ?
2. Afin de comprendre la mort, nous devons d'abord examiner la vie
   – Le commencement de la vie humaine.
   Comment Dieu a-t-il créé le premier être humain ? **Ge. 2 : 17.**
3. Il y avait deux parties
   a. Il forma le corps humain de la poussière de la terre.
   b. Il souffla dans ce corps le souffle de vie.
4. Alors l'équation est : Corps de poussière + Souffle de vie = âme vivante.
   L'être humain n'a pas une âme. Il est une âme !
5. À la mort le contraire arrive ! Lisons **Ps. 146 :4.**
6. La même idée est exprimée dans **Ec. 12 : 7.**
7. À la mort
   a. Nous n'allons pas au ciel !
   b. Nous n'allons pas en enfer !
   c. Nous n'allons pas au purgatoire !
8. La Bible nous dit qu'à la mort
   a. Le souffle retourne à Dieu.
   b. Le corps retourne à la terre.
   c. Nous attendons la résurrection.
9. Un autre texte puissant est **Ec. 9 : 5, 6.**

11. Ainsi nous ne pouvons pas parler aux membres de notre famille qui sont morts !

III Le spiritisme

1. Mais, il y a un problème.
   a. Il est facile de voir ce qui paraît être un « esprit d'un mort »
   b. Des gens ont vu des individus qui ressemblaient à des membres de leurs familles qui sont morts.
2. Question : Que voient-ils ?
   Réponse : La réponse se trouve dans **Ap. 16 : 14.**
3. Question : Comment Satan peut-il avoir un tel pouvoir ?
   Réponse : La réponse à cette question se trouve dans
   Es. 14 : 12-14.
4. Lucifer
   a. L'être que l'on appelle Satan maintenant a autrefois vécu dans le ciel !
   b. Son nom était Lucifer qui signifie « Fils du matin »
   c. Il convoita l'autorité de Dieu « Je serai comme le Plus Grand »
5. Quand Lucifer se rebella contre Dieu il y eut une guerre dans le ciel. Lisons ce que dit la Bible à ce sujet. **Ap. 12 : 7.**
   a. Le Christ dénommé Michael combattra avec ses anges contre Lucifer et les anges de ce dernier.
   b. Satan fut vaincu. Lui et ses anges furent précipités sur la terre.
6. Ceci est important !
   a. Lucifer et ses anges n'ont pas été dépouillés de leur pouvoir !
   b. Aujourd'hui nombres de mauvais anges sont en train de parcourir la courir la planète.
   c. Ils ont le pouvoir de personnifier les morts.
7. Aujourd'hui, il y a de nombreuses personnes qui essaient de communiquer avec les morts, en consultant les spirites !
8. De quoi Dieu qualifie-t-il de telles activités ? **De. 18 : 10-12.**
9. Le conseil de Dieu est « n'y allez pas ! » **És. 8 : 19.**
10. Quand je deviens membre de la « Famille Heureuse de Dieu », je ne devrais avoir aucune peur de l'occulte ! Si quelqu'un s'engage dans des activités sataniques contre moi, je suis protégé !
11. Voici la merveilleuse promesse de Dieu. **Ps. 91 : 1, 2, 10.**

12. Cependant, si je ne soumets pas ma vie à Jésus, le diable peut me détruire !
13. Pourquoi ne pas m'abandonner à Jésus ce soir ?

IV La résurrection

1. Retournons à l'histoire de Lazare. Finalement, le Seigneur arriva !
2. Alors une conversation intéressante commença.
   a. Et Marie et Marthe déclarèrent, « Seigneur, si tu avais été là, mon frère ne serait pas mort. » (Jn. 11 : 21, 32)
   b. Jésus répondit, « Votre frère ressuscitera. » (Jn. 11 : 23)
   c. Marthe affirma, « Je sais qu'il ressuscitera au dernier jour. » (Ja. 11 : 24)
   d. Jésus déclara, « Je suis la Résurrection et la Vie. » (Jn. 11 :25)
3. Lazare était mort depuis déjà quatre jours. Mais, se tenant devant sa tombe, Christ le « Donateur de la Vie » donna un ordre épouvantable !
4. Écoutez-le dans **Jn. 11 : 43.**
5. Quel miracle extraordinaire.
6. Marie, Marthe et Lazare s'embrassèrent dans une grande réunion de famille.
7. Une fois de plus, ils formaient la « Famille Heureuse de Dieu ».

DEUXIÈME PARTIE : LA FAMILLE ÉTERNELLE

I Un second retour

1. La résurrection et la réunion familiale ce jour-là était un symbole de la grande réunion familiale qui aura lieu quand Jésus revient.
2. Imaginez la scène extraordinaire décrite dans **1Th. 4 : 16, 17.**
3. Quelle rencontre ce sera ! Les maris réunis à leurs femmes ! Les parents avec leurs enfants ! Les amis avec les amis ! Se retrouver pour ne jamais plus se séparer ! Quelle rencontre ce sera !
4. Quand Jésus vient
   a. Les disciples du Christ qui sont morts ressusciteront. (1 Th. 4 :16)
   b. Les disciples du Christ qui sont morts seront enlevés. (1 Th. 4 :17)
   c. Les disciples de Satan qui sont vivants mourront. (2 Th. 1 : 7-9)

    d. Les disciples de Satan qui sont morts le resteront. (Ap. 20 :5)
5. Pour mille ans – le millénium
   a. Les disciples de Satan resteront morts. (Ap. 20 : 5)
   b. Satan sera enchaîné – sans personne à tenter. (Ap. 20 : 1-3)
   b. Les disciples du Christ seront au ciel. (Ap. 20 : 4)
6. À la fin du millénium
   a. Les disciples de Satan ressusciteront. (Ap. 20 : 5)
   b. Satan sera libéré – Il a des gens à tenter. (Ap. 20 : 7)
   c. La dernière guerre terrestre a lieu. La famille de Satan contre la famille de Dieu (Ap. 20 : 7-9)
   d. Satan essaie de capturer la Nouvelle Jérusalem. (Ap 20 : 9)
   e. Un feu descend du ciel ! Satan, les péchés et les pécheurs sont détruits par ce feu. (Ap. 20 : 10, 15)

II   Enfin à la maison !

1. Quand le feu est consumé et que la planète est purifiée, la Nouvelle Jérusalem achèvera sa descente.
2. Oh, quelle belle cité.   **Ap. 21 : 2.**
   Enfin la maison ! Je m'en vais à la maison.
3. Cette cité est glorieuse !
   a. Ses rues sont pavées d'or transparent !
   b. Ses murs sont faits de jaspe !
   c. Ses portes sont faites de perles solides !
   Enfin la maison ! Je m'en vais à la maison.
4. Et dans les campagnes
   a. Le désert se réjouira et fleurira comme une rose. (És. 35 :1)
   b. Le lion et l'agneau mangeront ensemble. (És. 65 : 25
      Enfin la maison ! Je m'en vais à la maison.
5. Dans ce nouveau monde, il n'y aura plus de maladie, ni de souffrance, ni de douleur, ni de mort. Seulement la santé et la vie pour toujours ! (Ap. 21 :4)
   Enfin la maison ! Je m'en vais à la maison.

III Le billet pour la gloire

1. Pour voyager, j'ai besoin d'un billet ! Et j'ai besoin de confirmation pour toutes les étapes du voyage !

2. Pour me rendre à cette maison éternelle, j'ai besoin d'un billet ! Un billet qui est confirmé pour tous les arrêts durant ce long voyage !
3. Sur ce billet doit être écrit
   a. Le sang de Jésus : O.K. (Ap. 7 : 14)
   b. Le Sabbat de Jésus : O.K. (Ap. 14 : 12)
   c. Le baptême de Jésus : O.K. (Mc. 16 :16)
4. Votre billet est-il confirmé ?
5. Ce soir vous avez votre dernière chance pour prendre votre billet pour la gloire.
   Ce soir, je fais mon dernier appel.

IV Une famille heureuse pour toujours !

1. Finalement, tout la Famille de Dieu sera réunie pour toujours !
   a. Ce sera une famille innombrable, multiculturelle, multinationale, multi linguale !
   b. Notez ce beau texte.   **Ap. 7 : 9.**
   c. La maison ! Je vais à la maison !
2. Dieu, notre Père céleste sera là !
   a. Consultez ce texte fantastique !   **Ap. 21 :3.**
   b. Le trône de Dieu sera relogé du Ciel sur la terre ! Notre planète deviendra le centre de contrôle de l'univers !
   Enfin à la maison ! Je m'en vais à la maison.
3. Jésus, notre bien-aimé Sauveur sera là.
   a. Un beau texte   **Ap. 7 :17.**
   b. « Voir mon Sauveur face à face. Voir Jésus dans sa beauté. »
   c. Et le plus grand souvenir de l'amour de Jésus sera là pour toujours – la marque des clous dans ses mains !
   d. « Des rayons partent de sa main, là réside sa force. » **Ha. 3 :4.**
   e. Enfin à la maison ! Je m'en vais à la maison.
4. Ainsi, le Père sera là, le Fils sera là, la Famille de Dieu sera là, et par la grâce de Dieu je serai là !
5. Poème – Une Famille Heureuse pour toujours

   « Quel ravissement ce sera, à travers l'éternité !
   De voir son sourire plein de grâce en contemplant sa face !
   Quand j'aurai vu mon roi de gloire, et le calvaire revisité,
   À son côté, je me tiendrai,
   L'empreinte des clous dans ses mains, je toucherai !

Ma couronne éclatante, je jetterai à ses pieds,
Criant des alléluias, en adoration prosterné !
Ensemble, par les rues pavées d'or, nous irons !
Et nos joies secrètes, nous nous raconterons !
Et nous rirons, nous nous aimerons pour toujours,
Au sein d'une Famille Heureuse pour toujours !

La décision

A. Le dernier appel
1. Chant, « Me voici devant ta face ». Levez-vous et chantez.
2. C'est notre dernier soir ! C'est mon dernier appel !
3. Enfin à la maison ! Je m'en vais à la maison. Vous venez avec moi ?
4. Pour entreprendre ce voyage vers la gloire vous avez besoin d'un billet – d'un billet confirmé- d'un billet sur lequel est écrit : Le Sang de Jésus, O.K ! Le Sabbat de Jésus, O.K ! Le Baptême de Jésus, O.K !
5. Tout homme, toute femme qui veut suivre Jésus dans le baptême afin de recevoir un billet pour la gloire, approchez-vous de l'autel maintenant.

B. Appel !
1. **La maison.** Dans les derniers jours, il n'y aura que deux foyers, le foyer de l'enfer avec Satan et le foyer du ciel avec Jésus. Si le ciel sera ta maison, approche-toi de l'autel maintenant.
2. **Le billet.** Tout voyage nécessite un billet. Si tu désires un billet pour la gloire ce soir : Le Sang de Jésus, O.K ! Le Sabbat de Jésus, O.K ! Le Baptême de Jésus, O.K ! Approche-toi de l'autel.
3. **Le calvaire.** Le Christ a subi l'agonie de l'enfer pour toi, pour que tu puisses faire l'expérience de la joie du ciel avec lui. Donne ta vie dans le baptême, ce soir. Viens.
4. **La face de Jésus.** Oh oui, je veux regarder Adam, Moïse, Esther et Marie dans les yeux, mais avant tout, je veux voir Jésus face à face. Et toi ? Approche-toi de l'autel maintenant.
5. **Les marques des clous.** Je veux toucher, voir les cicatrices du Calvaire et toucher les empreintes des clous dans les mains de mon Sauveur. Ne le voudrais-tu pas, toi aussi ? Approche-toi de l'autel maintenant.

6. **La famille heureuse**. Dans ce dernier jour, il y aura seulement deux familles : La triste famille de Satan et la Famille Heureuse de Dieu. Je t'invite à te joindre à la Famille Heureuse de Dieu. Viens maintenant !
7. **Le deuxième baptême**. Tu étais peut-être à la maison, mais l'avais laissée. Tu dois revenir à la maison afin d'entrer dans la maison céleste. Approche-toi de l'autel maintenant.
8. **Dernier appel**. C'est notre dernière soirée. C'est mon dernier appel. Il y a ici quelqu'un qui n'aura pas la chance d'écouter un autre appel. Quelqu'un qui ne vivra pas pour entendre cet appel. Quelqu'un qui s'en ira d'ici, mais qui n'écoutera pas ce soir. Aujourd'hui, si tu entends sa voix, n'endurcis pas ton cœur. Viens à l'autel maintenant.
9. **Prière**.

Sermon 24

COMMENT RESTER TOUJOURS AMOUREUX
(Ce sermon est spécifiquement destiné aux non-croyants)

PREMIÈRE PARTIE : AMOUREUX DE MON CONJOINT POUR TOUJOURS

1. Les vœux de mariage sont permanents. (Ma 19 :6)
2. Révisons les trois clés principales pour un mariage durable.

CLÉ # 1 : LA COMMUNICATION

1. Ce que le sang est au corps, la communication est à la famille.
2. Tout comme le sang coule selon deux voies, du cœur au cœur, la communication effective est une expérience à deux voies : Parler et écouter.
3. Une voie – du cœur est le langage sage **Ép. 4 : 15**.
4. L'autre voie – vers le cœur est l'écoute attentive **Ja. 1 : 19**.

CLÉ # 2 : ALTRUISME
1. La racine de tout conflit conjugal est « Le moi d'abord ». **Ja. 4 : 12**.
2. La solution de tout conflit conjugal est le « conjoint d'abord ». **Ro. 15 : 12**.
3. Notre premier exemple de « l'autre d'abord » est Jésus. **Ro. 15 : 3**.
4. Toutes les fois que je déçois mon conjoint, je dois lui présenter des excuses. **Ja. 5 : 16**.

CLÉ # 3 : LE TRIANGLE DE L'AMOUR
1. Le mariage réussi nécessite « une troisième personne ». Qui est-elle ? **Ps. 127 : 1**.
2. Il est le sommet du triangle de l'amour !
   a. Quand le mari et la femme sont loin du Christ, ils sont loin l'un de l'autre.
   b. Toutes les fois que le mari et la femme sont près de Jésus, ils se sentent plus près l'un de l'autre.
   c. Quand le mari et la femme sont dans les bras de Jésus, ils tombent dans les bras l'un de l'autre.
3. Ainsi, pour être la Famille Heureuse de Dieu, nous avons besoin de l'Autel de la famille.
   a. Chaque jour, matin et soir nous avons besoin de nous rassembler.

b. Nous offrons à Dieu notre sacrifice de louange, d'étude et de prière.
4. Dans un tel foyer, les anges célestes séjourneront toujours parfumant la famille du parfum du ciel !
5. Un tel mariage durera toujours !

DEUXIÈME PARTIE : AMOUREUX DU CHRIST POUR TOUJOURS

1. Quand je me suis baptisé, j'ai commencé une vie d'amour avec Jésus !
2. voici cinq clés pour rester amoureux du Christ pour toujours.

CLÉ # 1 : DÉVOTIONS QUOTIDIENNES JOURNALIÈRES
1. Tout comme la vie conjugale a besoin intimité, ma vie spirituelle avec mon Sauveur a aussi besoin d'intimité.
2. Je devrais avoir un « coin spécial », un « temps spécial » et une « expérience spéciale »- CHAQUE JOUR !
3. Parler à Jésus dans la prière. **Ma. 6 : 6**.
4. L'écouter me parler à travers l'étude de la Bible, des anciens prophètes.
5. Écouter Jésus me parler à travers son prophète moderne : Les écrits de Ellen G. White.
   a. Le ministère d'Ellen White a duré 70 ans : 1844-1915.
   b. Elle a servi dans trois continents : L'Amérique, l'Europe, et l'Australie.
   c. Elle a écrit plus de 100.000 pages manuscrites de conseil de Dieu sur la religion, la santé, l'éducation et la vie familiale.
   d. Ses écrits éclairent la Bible, ils sont des « petites lumières » qui pointent vers la « plus grande lumière » des Écritures.
6. Après avoir écouté et parlé à Jésus, je devrais passer quelques minutes de méditations sur Jésus. C'est ça la méditation spirituelle. **Ps. 104 :34**.

CLÉ #2 : PAIX ET ASSURANCE

1. Quand je suis pardonné de mes péchés, je suis né de nouveau et je fais l'expérience de la justification. **Ro. 6 : 1**.
2. Jour après jour, Dieu désire que je croisse spirituellement et jouisse de la victoire sur le péché. Cela s'appelle sanctification, être rendu saint. **1Th. 4 : 3**.

3. Des fois, je glisse et je tombe. Je commets des erreurs. Je pèche contre Dieu et je me décourage. Alors, Satan dit, « Vous êtes un grand pécheur ! »
4. **Rappelez-vous toujours de ceci** : alors que le Christ me rend juste, il me considère déjà comme juste !
5. Voici un beau texte à mémoriser. **És. 61 :10**.
6. Ainsi, aussi longtemps que je maintiens ma relation d'amour avec Jésus (Clé # 1), je suis couvert par la justice de Jésus.
7. Quand Dieu me regarde, il ne voit pas mon état de péché ! Au contraire, il voit le manteau de la justice de Christ ! N'oubliez jamais cela !

CLÉ #3 : ADAORATION ET FRATERNITÉ

1. Il m'est nécessaire de rencontrer régulièrement les autres membres de la Famille Heureuse de Dieu pour une adoration collective. **Hé. 10 :5**.
2. Cette famille est comme notre race humaine à laquelle je fais partie. Nous avons besoin de nous réunir ensemble pour fraterniser chrétiennement. **1 Co. 12 :13**.
3. La famille de Dieu – l'Église- a divers ministères, et je devrais participer dans autant de ministères que possible.
4. Quelques uns de ces ministères sont énumérés ci-après par ordre alphabétique :
    a. Les Ministères de la *Bienfaisance* : De l'aide aux nécessiteux.
    b. Les Clubs des *Éclaireurs* : Des activités pour les adolescents.
    c. Les Ministères de l'*École du Sabbat* : Réunions hebdomadaires du Sabbat matin pour l'étude de la Bible.
    d. Les Ministères de l'*Économat* : Don de son argent, son temps et ses talents à Dieu.
    e. Institutions *Éducatives* : Écoles, collèges et universités pour notre jeunesse.
    f. Les Ministères des *Enfants* : Des activités pour nos enfants.
    g. Les Ministères de la *Famille* : Enrichissement de la Vie Familiale.
    h. Les Ministères des *Femmes* : Organisation des femmes pour leur enrichissement et le service.
    i. Les Ministères de la *Jeunesse* : Organisation des jeunes adultes pour servir l'église et la communauté.
    j. Les Ministères *Personnels* : Formation des autres et témoignage de Jésus.

k. Les Ministères de la *Publication* : Lecture et vente d'ouvrages sur la religion, la santé, et la famille.
l. Les Ministères de la *Santé* : Institutions préparant des spécialistes en, et prodiguant des soins de santé.

CLÉ #4 : LE MODÈLE À IMITER

1. Au cours de mes rapports avec d'autres membres de la Famille de Dieu, je rencontrerai des problèmes de relations interpersonnelles.
2. Faîtes attention au mauvais modèle! Cet avertissement se trouve dans **2Co. 10 :12.**
3. Se modeler sur les autres membres ou même sur les dirigeants n'est pas « sage » !
4. Qui devons-nous imiter ! **He. 12 :3.**
5. Regardez à Jésus ! Il est mon unique exemple !
6. Et chaque fois que je blesse quelqu'un ou que je suis blessé, je devrais réparer les torts. **Ma. 5 : 23, 24.**

CLÉ #5 : LE TÉMOIGNAGE CHRÉTIEN

1. Dès que j'accepte Jésus, je devrais partager Jésus ! **Mc. 5 : 19, 20.**
2. Je devrais commencer à la maison, puis avec les amis et les voisins, et les autres personnes qui se retrouvent sur mon chemin.
3. La Commission de l'Évangile est : Allez, enseignez, baptisez. **Ma. 28 :18, 19.**
4. Ainsi, je devrais commencer à prier et travailler pour le salut de quelqu'un immédiatement !
5. Quand je verrai cette personne recevoir le baptême, il y aura de la joie !
   a. Ma joie (Ps. 126 : 5, 6)
   b. La joie des anges (Lu. 15 :10)
   c. La joie de Dieu (Ma. 3 :17)

POUR TOUJOURS !

1. Bientôt Jésus reviendra et nous serons ensemble pour toujours !
2. Pensez aux merveilles de la Nouvelle Jérusalem : Des murs de jaspes !
3. Lisez comment la Nouvelle Terre sera belle dans **És. 35.**
4. Le Père sera là ! (Ap. 21 :3)
5. Le Sauveur sera là ! (Ap. 7 :17)

6. La famille multinationale, multiculturelle de Dieu sera là (Ap. 7 :9)
7. Par la grâce de Dieu, je serai là !
8. Ma plus grande joie est exprimée dans **Ap. 21 :4**.
9. « Voir mon Sauveur face à face ! »
10. Ma plus grande sensation sera de toucher l'empreinte des clous dans ses mains, et jeter ma couronne à ses pieds !
11. Nous vivrons avec lui et resterons amoureux de lui pour toujours ! La « Famille Heureuse » pour toujours !

DÉCISION
1. « Voir mon Sauveur face à face ». Levons-nous et chantons.
2. Si je suis marié, par la grâce de Dieu, je resterai toujours amoureux de mon conjoint. Levez les mains.
3. Par la grâce de Dieu, je resterai toujours amoureux de Jésus. Approchez-vous de l'autel.

MODULE CINQ

SIX SERVICES DE SABBAT

I **PREMIER SABBAT: JOUR DE PRIERE ET DE VISITE**
NB : C'est la fin de semaine qui marque le début de la campagne.

9 :30 - 9 :45	Session de prières I
9 :45 - 10 :15	Etude de la leçon
	Leçon régulière de l'Ecole du Sabbat
10 :15 - 10 :30	Session de prières II
11 :00 – 12 :00	Culte d'adoration
	Sermon : « Qui appelle ? »
12 :00 - 12 :15	Session de prières III
3 :00 - 5 :00	Visite : Distribution d'invitation
7 :00 - 9 :00	Grande réunion d'Evangélisation

Sermon Sabbat 1

QUI APPELLE ?

ATTENTION

1. Quand le téléphone sonne, la première question vient à l'esprit est : qui appelle ?
2. L'identificateur d'appel est très à la mode ces jours-ci.
3. En l'an 50 ap JC, le téléphone a sonné ! Qui appelait ?
4. Aujourd'hui le téléphone sonne encore ! La question est : Qui appelle ?

I QUI APPELAIT ?

1. La vision de Paul : un homme qui appelle. **Actes 16 :9**
2. Qui était cet homme qui appelait ?
3. Cet homme était un symbole de tous les hommes et femmes de Macédoine qui appelaient.
4. Cet homme est un symbole de tous les hommes et femmes de Philippe, la principale ville de Macédoine (Actes 16 :12)
5. Considérons trois personnes de trois différents niveaux de la société dans la ville de Philippe qui appelaient.

II LES GENS RICHES APPELENT

1. C'était un jour de Sabbat. Paul était près pour adorer, mais il n'avait pas trouvé de synagogue juive.
Une synagogue juive requiert la présence de 10 hommes.
2. Comme il n'arrivait pas à trouver une synagogue, il se rendit à l'église qui se trouvait près de la rivière et qui avait son culte avec les femmes. **Actes 16 :13**
3. Une femme attirait l'attention. Quel était son nom ?
Actes 16 :14a
4. Lydie était une femme influente. Elle était une commerçante. Quel était son commerce ? **Actes 16 :14b**
5. Lydie, une femme riche, était parmi ceux qui appelaient.
6. Souvent nous ignorons les riches ; mais ils ont besoin eux aussi de l'évangile de Jésus Christ.

7. Ellen White déclare : « Nous parlons et écrivons beaucoup aux pauvres négligés ; Ne devrions-nous pas donner un peu d'attention aux riches négligés ?
8. Donc, qui appelait ? Lydie, la femme riche, appelait.
9. Paul répondit à cet appel en lui prêchant la Parole de Dieu.
Actes 16 :14c
10. En réponse, Lydie fut baptisée.   **Actes 16 :15a**
11. Elle devint la première convertie au christianisme dans tout le continent européen.
12. Aujourd'hui, qui appelle ? Les gens riches de notre ville appellent.
13. Allez-vous répondre à l'appel ? Allez-vous les inviter à cette campagne et les aider à accepter Jésus ?

III LES PAUVRES APPELENT

1. Ce ne sont pas les pauvres seulement qui appellent. Les pauvres aussi appellent.
2. Regardez la photo de la pauvre femme.   **Actes 16 :16**
3. Elle était une femme ! Mais elle ne dirigeait pas ses propres affaires. Elle travaillait comme une esclave pour « ses maîtres ». (Actes 16 :16b)
4. Elle était utilisée ! Elle était abusée !
5. La volonté de Dieu est : Point d'abus !
   a. Point d'abus économique (Ephésiens 6 :9)
   b. Point d'abus physique (Ephésiens 5 :28,29)
   c. Point d'abus verbal ou émotionnel (Colossiens 3 :19,21)
   d. Point d'abus spirituel (1 Corinthiens 3 :16,17)
6. Le chrétien de devrait jamais abuser quelqu'un ! Au contraire, le chrétien devrait aider à libérer ceux qui sont victimes d'abus.
7. Donc, qui d'autre appelait ? Le pauvre sans défense appelait.
Actes 16 :17
8. Paul répondit à l'appel et l'aida à faire l'expérience de la délivrance.   **Actes 16 :18**
9. Aujourd'hui, les pauvres, les victimes d'abus, les nécessiteux appellent encore.
10. Quelle sera ta réponse ? Diras-tu « Me voici, envoie moi ? » Vas-tu les inviter à cette campagne d'évangélisation, là où ils peuvent trouver la liberté en Jésus ?

IV LES PERSONNES D'INFLUENCE APPELLENT

1. Non seulement les riches et les pauvres, mais aussi les hommes et femmes d'influence appellent également.
2. Ce ne sont pas seulement les femmes, mais également les hommes qui appelaient !
3. L'officier de la prison romaine était un homme d'autorité, de pouvoir et d'influence. **Actes 16 :23,24**.
4. Dieu désire que nous gagnons des gens d'influence et de pouvoir dans cette campagne d'évangélisation.
5. Conduisons des hommes puissants au Dieu Tout puissant.
6. Parce qu'il était un homme puissant, Dieu fit une puissante chose pour le secouer.
7. Il envoya un tremblement de terre ! **Actes 16 :25,26**
8. Aujourd'hui, Dieu est prêt à envoyer un autre tremblement de terre pour secouer cette ville. Sommes nous prêts ?
9. Ce fier homme était allait mettre une fin à sa vie. (Actes 16 :27)
10. Soudain ce fier homme devint un homme humble, qui se jeta à genoux devant Paul et Silas. **Actes 16 :29**
11. Il posa la plus grande question de la vie. **Actes 16 :30**
12. Paul donna la plus simple mais la plus profonde réponse. **Actes 16 :31**
13. Alors Paul tourna son attention sur la famille entière. **Actes 16 :32**
14. Le résultat : le geôlier et toute sa famille furent baptisés. **Actes 16 :33**
15. Aujourd'hui, qui appelle ? Les hommes influents de cette ville appellent.
16. Allez-vous répondre à l'appel et les sauver, eux et leurs familles, pour Jésus ?

V L'EGLISE APPELLE

1. Quand ces personnes furent baptisées, ils furent introduits dans l'Eglise de Philippe.
2. Mais les croyants n'avaient pas de temple ! Où se sont-ils réunis ? **Actes 16 :15b**
3. C'était une église de maison. Une cellule de maison. Une cellule de prière.
4. Dans cette église à Philippe

a. Les riches comme Lydie étaient bienvenus !
   b. Les pauvres comme la fille esclave étaient bienvenus !
   c. Les gens d'influence comme le gardien de prison étaient bienvenus !
   d. Tous étaient bienvenus !
5. C'était une église qui démontrait amour, attention. **Actes 16 :40**
6. Question : Mon église est-elle une église qui démontre amour, attention ? Les nouveaux croyants, riches et pauvres, se sentiront-ils bienvenus ici ?
7. Le plan de Dieu est que son église soit une maison d'adoration, « une maison de prière pour tous les peuples ».
   a. Des gens vêtus avec élégance dans leurs nouveaux habits et des gens vêtus de vieux haillons devraient se sentir bienvenus !
   b. Ceux qui portent des habits d'église et d'autres en jeans devraient se sentir bienvenus !
   c. Les gens vêtus modestement et des gens qui portent des bijoux devraient se sentir bienvenus !
   d. Les personnes qui ont bonne haleine et d'autres qui sentent l'alcool devraient se sentir bienvenus !
   e. Hétérosexuels et homosexuels devraient se sentir bienvenus !
   f. Les gens souriants ou désapprobateurs ou encore renfrognés devraient se sentir bienvenus !
   g. La maison de Dieu, c'est une « maison de prière pour tous les peuples ».
8. Donc, quels changements pouvons-nous faire pour que notre église devienne une église aimable ? Ecrivez un changement maintenant.
9. Quels changements puis-je faire pour que mon église devienne une église aimable, accueillante ?
10. Ecris une suggestion maintenant. Une église accueillante est la clé pour la conservation.

VI CHRIST APPELLE

1. Considérons à nouveau notre texte de méditation. **Actes 16 :9**
2. Qui en réalité appelle ?
3. Ce n'était pas seulement Lydie qui appelait. Ce n'était pas seulement la pauvre petite esclave qui appelait.

Ce n'était pas l'influent officier de prison qui appelait.
4. La vraie personne qui appelait était Jésus ! Lisons ensemble.
Actes 16 :10
5. C'était le Seigneur qui appelait Paul, pour atteindre les riches, les pauvres et les gens influents de cette ville.
6. Aujourd'hui, c'est le même Seigneur Jésus qui appelle toi et moi pour utiliser cette campagne d'évangélisation pour gagner les riches et les pauvres, les gens ordinaires et les gens influents de notre cité.
7. « Entends tu Jésus t'appelle ?»

DECISION
1. Chant : « Entends tu la voix de Jésus ». Levons-nous et chantons.
2. Combien voudraient dire : « Seigneur j'entends ta voix. Je suis prêt à répondre ton appel ». Levez la main.
3. Soyons plus spécifique. Combien voudraient dire, « Je conduirai des familles à cette campagne, des riches ou des pauvres, des ordinaires ou influents ; j'inviterai mon peuple à écouter parler de l'amour de Jésus ». Si c'est ta décision, je t'invite à t'approcher de l'autel.
4. Combien veulent dire, « Seigneur, je ferai ma part pour transformer mon église en une église accueillante, aimable, comme l'église de Philippe. Ainsi, tous ceux qui viennent ici se sentent bienvenus. » Levez les mains.
5. Prière.

II. DEUXIEME SABBAT : JOUR DE PRIERE ET DE VISITE II
NB : C'est le sabbat à la fin de la première semaine de la campagne.

9 :30 - 9 :45	Session de prières I
9 :45 - 10 :15	Etude de la leçon
	Leçon régulière de l'Ecole du Sabbat
10 :15 - 10 :30	Session de prières II
11 :00 – 12 :00	Culte d'adoration
	Sermon : « Le secret de la victoire évangélique »
12 :00 - 12 :15	Session de prières III
3 :00 - 5 :00	Visite : Distribution d'invitation
7 :00 - 9 :00	Grande réunion d'Evangélisation

LE SECRET DE LA VICTOIRE EVANGELIQUE

I. JERICHO

A. TEXTE
1. Texte : **Josué 6 :1**
2. Pourquoi ? **Josué 6 :1**
3. E. G. White « Course puissante »
   « des chevaux et des chariots de combats de fer » (PP 487)
4. Moïse, « … » (Deutéronome 9 :1)
5. Forteresse puissante !
6. Mais si Canaan doit être conquis, Jéricho doit être capturé !
7. Point clé pour entrer à Canaan.
8. Question : Comment Josué a-t-il conquis Jéricho ?
   Réponse : Six étapes vers la victoire

B. PERSONNEL
1. Nous avons tous notre Jéricho
   Forteresse trop puissante pour une conquête humaine
2. Quel est votre Jéricho ?
   - Vie professionnelle   - Vie personnelle
   - Vie familiale   - Vie spirituelle
   Réponse : Six clés vers la victoire

C. EVANGELISATION
1. Toutes les fois que nous planifions l'évangélisation
   Nous faisons face à Jéricho.
2. Jéricho représente nos communautés.
   Des murs jusqu'au ciel
   Des armées prêtes pour la bataille
   Des guerriers prêts pour le combat
3. Question : Comment pouvons nous réussir dans l'évangélisation et conquérir Jéricho ?

II. LES CINQ PREMIERES CLES

A. INTERCESSION

1. Texte :   **Josué 5 :13a**
2. Raison ? « Intercédez et priez » PP 487
3. Soudain – Soldat !   **Josué 5 :13b**
4. Qui était-il ?   **Josué 6 :2**
5. « Dieu + « Homme »-Jésus !
6. « C'était Christ, l'Exalté qui était devant le leader d'Israël » PP 488
7. Conversation : Un à un   **Josué 13,14**
8. Première Clé pour la victoire est
   Intercession avec Dieu
9. Votre Jéricho :
   Seul avec Dieu !
10. Trop occupé ! Deux emplois !
    Surpris de ne pas avoir la victoire ?
11. Une « bonne heure » chaque jour.   JC 83
12. Pas d'intercession : Pas de victoire
    Peu d'intercession : Peu de victoire
    Beaucoup d'intercession : beaucoup de victoires
13. Evangélisation Etape #1 : Prière.

B. CONSECRATION
1. Texte.   **Josué 5 :15**
2. Moïse ! Josué ! Vous et moi !
3. Vous ne pouvez pas portez des sandales de péché connu et marcher vers la victoire !
4. Quelles sandales dois-je ôter de mes pieds ?
   - Plaisir   - Immoralité   - Maltraitance (conjoint, enfant)
   - Paresse   - lutte   - Malhonnêteté (homme, Dieu)
   - Fierté   - Rébellion
5. « Sonde moi »
6. Comment ? Consécration par l'intermédiaire de l'intercession !
7. Ce n'est pas en combattant le Diable ! Luttant avec Dieu !
8. « Il nous a donné la victoire » (1 Cor. 15 :57)
9. Justification par la foi. Consécration par l'Intercession.
10. Question : Quel domaine de ma vie devrais-je consacrer aujourd'hui ?

C. PLAN STRATEGIQUE

1. Le plan **Josué 6:3-5**
2. Le plan détaillé/spécifique
3. La nécessité d'un plan
   a. Personnel, professionnel, familial
   b. Non « que sera sera »
4. Jeunes : Dieu a un plan pour ta vie !
5. Origine du plan **Josué 6:2**
6. Evangélisation : Dieu a donné un plan pour cette campagne. Travaillons le plan.

D. TRANSPIRATION
1. Planifiez votre travail et travaillez votre plan
2. Travaillez – Suer – Transpirer !
3. Texte : **Josué 6:12,13**
4. Catégories de marcheurs :
   - Les leaders militaires   - les leaders religieux   - Les soldats
5. Les leaders doivent diriger !
6. Les soldats doivent transpirer !
7. Le 4ème commandement : Tu travailleras !
8. Vie personnelle, vie familiale, vie professionnelle, vie spirituelle : travaillez !
9. Evangélisation : Travaillez !

E. UNISSON
1. Texte : **Josué 6:16a**
2. Il ne faut pas que quelques uns crient, d'autres chantent, d'autres parlent et d'autres rient.
3. Unisson ! Tous crient ensemble !   **Matthieu 5:23,24**
4. Ensemble – Mettre de coté groupes, parties et clics !
5. Jeunes et vieux – crient ensemble !
   Riches et pauvres – crient ensemble !
   Classes privilégiées – classes moyennes et classes pauvres – crient ensemble !
6. Victoire ! **Josué 6:20**

III SECRET : SIXIEME CLE

A. L'INTERVENTION DE DIEU
1. Jusqu'ici 5 clés – Révision

2. Mais marcher, crier à haute voix ne sauraient provoquer la chute des murs de la ville
3. Cinq étapes sont vitales :
    - intercession   -consécration
    -Plan stratégique   -Transpiration   - unisson
4. La sixième clé est le vrai secret :   **Josué 6 :16b**
    « L'Eternel vous a livré la ville ! »
5. « Grâces soient rendues à Dieu qui nous donne la victoire ! »
    1 Cor 5 :57
6. No. 6 : L'intervention de Dieu !

B. LE LEADER
1. Le leader visible était Josué mais le vrai leader était Jésus !
2. Le nom de Josué signifie Jésus.
    Même mot en hébreu : ye hos hua
3. Lors de la conquête de Jéricho
    Le leader visible était Josué
    Le vrai leader était Jésus.
    Plan ! Miracle ! Victoire !
4. Christ a donné le Plan ! Miracle ! Victoire !
5. Dans votre vie personnelle – Jéricho.
    Permettez à Jésus d'être le Leader – succès !
6. Campagne d'évangélisation
    Nous avons des leaders visibles ;
    Le vrai leader est Jésus !
    Il nous conduira à la victoire !

C. L'ARMEE
1. Le sixième secret dit :
    a. Il y a un invisible leader !
    b. Il y a une invisible armée!
2. Le nom spécial du leader ?   **Josué 5 :14a**
3. Quelle armée ? Armée des anges !
4. « Le peuple ne voyait pas l'armée d'anges qui l'entourait sous les ordres du Fils de Dieu. » PP 473
5. « Avec quelle facilité avaient été renversées, par les armées célestes, les fortifications de cette cité orgueilleuse.. » PP 473
6. L'Eternel des Armées !   **Psaume 46 :7,11**

7. Vos batailles ! Si vous vous soumettez à Jésus, Dieu est de votre coté !
Des armées d'anges combattront ! Victoire !
8. Des esprits au service de Dieu envoyés pour exercer un ministère (Hébreux 1 :14)
9. Evangélisation
Le Seigneur des armées est avec nous !
Des armées d'anges sont PRETES !

D. VICTOIRE !
1. En terminant, je veux vous assurer que
la conquête est certaine ! La victoire sûre !
2. Que les gens habitent dans
les forteresses du Catholicisme, ou
les caves de l'athéisme/matérialisme,
la chute du mur est certaine !
3. Que les habitants parlent
anglais, espagnol ou français
la conquête est certaine ! La victoire assurée !
4. Que les citoyens soient
riches ou pauvres
blancs ou noirs
hommes ou femmes
la chute du mur est assurée !
5. Que ces ardents guerriers soient
des classes riches ou moyennes
des classes pauvres ou sans classes
La conquête est certaine ! La victoire est assurée !

IV DECISION
1. Ma question est : Participerez vous à la conquête ? Victoire ?
Jésus peut-il compter sur vous ?
Entendez-vous leur appel ?
Quelle sera votre réponse ?
2. « Entre tes mains j'abandonne »
3. Combien voudrait dire :
« Seigneur tu peux compter sur moi pour être un soldat dans ton armée ». Je vous invite à vous mettre debout.
4. Consécration – Enlever les sandales de péché et avancer devant la chaire.

5. Transpiration – Amener quelqu'un à Christ au cours de cette campagne. Lever la main.
6. Pas encore baptisé. Lever la main pour la prière.

III TROISIEME SABBAT : SABBAT DE CELEBRATION

NB : C'est le Sabbat après la deuxième semaine de la campagne. Toutes les candidats, les étudiants, les participants à la campagne sont invités à la célébration.

9 :30 - 9 :45   Préliminaires de l'Ecole du Sabbat
9 :45 - 10 :15   Etude de la leçon : Les Six bénédictions

Important : Il est fortement recommandé que chaque invité ait une copie imprimée de cette leçon afin de pouvoir la remplir pendant l'étude de la leçon. Ne prêchez pas. Enseignez !

Etude de la Leçon

SIX BENEDICTIONS

Eden

1. **Durant la semaine de la création, cinq jours furent appelés « bons », le sixième jour était « très bon », et le septième était un jour spécial de bénédictions.**
   Genèse 2 :3. « Dieu _____ le septième jour, et il le sanctifia, parce qu'en ce jour il se reposa de toute son ouvre qu'il avait créée en la faisant. »

2. **A qui Dieu a-t-il donné ce Jour de bénédiction : Moise ou Adam ?**
   Genèse 1 :27, 28 ; 2 :3. « Dieu créa l'homme à son image, il le créa à l'image de Dieu, il créa _____ et _____ . Dieu les bénit …. Dieu bénit le septième jour.. »

Préparation

3. **Quand commence ce jour de bénédiction ?**
   Lévitique 23 :32 « Dès le soir jusqu'au _____, vous célébrerez votre sabbat.
   Marc 1 :32 « Le soir, après _____ »
   Dans le calendrier de Dieu, chaque jour commence le soir, et le soir commence au coucher du soleil. Ainsi, le Sabbat commence au coucher du soleil du vendredi et prend fin au coucher du soleil du samedi.

4. **En vue d'obtenir le maximum de bénédictions je dois préparer le Sabbat de Dieu. Quel jour est le jour de préparation ?**
   Marc 15 :42 « Le soir étant venu, comme c'était la _____, c'est-à-dire la _____ du sabbat, »
   Le vendredi est donc le jour de la préparation. Tout le long de la semaine je devrais préparer le Sabbat, mais d'une manière plus spéciale le vendredi. Tous les achats, le nettoyage de la maison, la préparation des habits et la préparation de la nourriture devrait se faire le vendredi. Les plats peuvent être complétés et chauffés le

sabbat. Nos repas de sabbat devraient être les meilleurs plats de la semaine !

Activités

5. **Comment devrais-je ouvrir et fermer le Sabbat ?**
   Psaume 92 :2 « Il est beau de _____ l'Eternel, et de _____ ton nom, Ô Très-Haut ! »
   Après m'être arrangé, je devrais recevoir le Sabbat par un culte personnel ou de famille au coucher du soleil le vendredi. Ce culte avec des chants, lecture de la bile ou d'une histoire de la Bible, les louanges et des prières dit « Bienvenue » au seigneur du Sabbat. Au coucher du soleil le samedi, Je devrais saluer le départ de la même manière.

6. **Que faire des malades et des urgences le jour de Sabbat ?**
   Matthieu 12 :10-13 nous raconte que Jésus a guéri le jour de Sabbat. En fait, 20% des miracles de Jésus qui nous ont été rapportés ont eu lieu le jour de Sabbat. L'homme paralytique pendant 38 ans, la femme malade pendant 18 ans, l'homme aveugle de naissance – tous furent guéris le jour de Sabbat ! En ce jour de bénédictions, Dieu nous bénit et nous devrions bénir les autres.

Bénédictions

7. **En ce jour béni que faire des soucis et stress de la vie ?**
   Esaïe 58 :13. « Si tu l'honores en ne suivant point tes _____, et en te livrant pas à tes _____, et à de _____. »
   Chaque Sabbat, Dieu nous invite à prendre une vacance, à libérer l'esprit des stress du travail, de l'école et des affaires, en les plaçant tous dans les mains puissantes de Jésus.
   C'est la bénédiction #1. Libération du stress – paix intérieure.
   Psaume 119 :165 souligne cette merveilleuse bénédiction. « Il y a beaucoup de _____ pour ceux qui aiment ta _____, et il ne leur arrive aucun malheur. »

8. **Le verset suivant d'Esaïe présente la deuxième bénédiction.**
   Esaïe 58 :14. « Alors tu mettras ton _____ en l'Eternel »
   Bénédiction #2 est bonheur.

Proverbes 29 :18 affirme cette bénédiction. « Heureux s'il observe la loi ! »

9. **Les paroles suivantes d'Esaïe soulignent la troisième bénédiction.**
   Esaïe 58 :14. « et je lui ferai monter sur les _____ du pays, je te ferai jouir de l'héritage de Jacob, ton père ; Car la bouche de l'Eternel a parlé. »
   Bénédiction #3 : Prospérité.
   Deutéronome 28 :13 confirme cette bénédiction. « L'Eternel fera de toi la _____ et non la queue, tu seras toujours _____ et tu ne seras jamais en bas, lorsque tu obéiras aux _____ de l'Eternel ton Dieu, que je te près aujourd'hui, lorsque tu le   s observeras et les mettras en pratique »

Plus de bénédictions

10. **Suivant l'exemple de Jésus, où devrais-je me rendre le jour du Sabbat pour recevoir les bénédictions spéciales de Dieu ?**
    Luc 4 :16. « Selon sa _____, il entra dans la synagogue le jour du _____. Il se leva pour faire la lecture. »
    Parce que je suis un disciple de Jésus, la coutume du Christ doit être ma coutume. Il me faut aussi adorer dans une église chaque Sabbat – même si les hypocrites sont présents ! Pourquoi dois-je me rendre au sanctuaire le Sabbat ?
    Psaume 100 :4,5. «Entrez dans ses portes avec _____, et dans ses parvis avec _____. _____ et bénissez son nom ! Car l'Eternel est bon. »
    Bénédiction #4 : Reconnaissance.
    Un cœur reconnaissant est une merveilleuse bénédiction. Reconnaissance pour les bénédictions de la semaine rend l'âme douce. Je le bénis et Il me bénit.

11. **Il y a une cinquième bénédiction : la camaraderie familiale**
    Considérons Luc 4 :6 à nouveau. « Il se rendit à _____, où il avait été _____, et, selon sa coutume, il entra dans la _____ le jour du Sabbat. Il se leva pour faire la lecture »

C'était une réunion de famille pour Jésus et sa famille terrestre à Nazareth ! Sabbat est pour la confraternité familiale. Confraternité avec la famille de sang et avec la famille spirituelle de Dieu.

12. La bénédiction finale est : Avant goût du ciel.
   Esaïe 66 :22,23. « Car comme les nouveaux cieux et la nouvelle terre que je vais créer subsisteront devant moi, dit l'Eternel, ainsi subsisteront votre postérité et votre nom. A chaque _____ et à chaque _____, toute chair viendra se _____ devant moi, dit l'Eternel.

Ma réponse
- ☐ Je remercie Dieu pour avoir créé ce Jour de bénédiction
- ☐ Je veux recevoir ces six bénédictions du Sabbat
- ☐ Suivant l'exemple de Jésus, à partir de ce jour, ma coutume sera d'adorer Dieu en son jour de Sabbat.

DIX CONSEILS POUR GARDER LE SABBAT

1. **Préparation.** Vendredi est le jour de préparation. Les courses, le nettoyage, la préparation des habits et la préparation de la nourriture devraient se faire ce jour-là. Les repas peuvent être complétés et chauffés le Sabbat. Les repas du Sabbat devraient être les meilleurs repas de la semaine. [Marc 15 :42]
2. **Début du Sabbat.** Au coucher du soleil le vendredi le Sabbat es t ouvert avec un culte d'adoration, des chants, une lecture de la bible ou une histoire biblique, louange et prière. [Psaume 92 :2]
3. **Affaires séculières.** Durant les heures du Sabbat, je m'abstiendrai des programmes de radio mondaine, de Télé et électronique (Ordinateur), des journaux séculiers, des magazines et des manuels. Je me détournerai du séculier pour me tourner vers les choses spirituelles. [Esaïe 58 :13]
4. **Pensées et Paroles.** Je donnerai un congé à mon esprit de toutes les pensées de travail, d'école et d'affaires. Je me tournerai des choses terrestres vers les choses célestes. [2 Corinthiens 10 :5]
5. **Adoration.** J'assisterai aux services de l'église, adorant et louant Dieu et m'associant avec les autres enfants de Dieu. [Psaume 100 :4,5]
6. **Urgences.** La maladie et les vraies urgences sont considérées quand elles surgissent. [Matthieu 12 :11,12]
7. **Activités.** Je peux prendre plaisir dans la nature, dans le ministère en faveur des malades et des nécessiteux. [Luc 13 :10-17]
8. **Temps en famille.** Je passe du temps avec ma famille et je m'engage dans des activités de famille. [Luc 4 :16]
9. **Fin du Sabbat.** Au coucher du soleil le samedi, je salue le départ du Sabbat comme j'avais salué son début. [Psaume 98 :1]
10. **Anticipation.** La célébration du Sabbat sur terre me pousse à languir pour la célébration du Sabbat dans le ciel. [Esaïe 66 :22,23]

Sabbat Sermon 3

ATTENDEZ VOUS A UN MIRACLE !

ATTENTION

1. Il y a deux mille cinq cents ans, les esclaves israélites avaient besoin d'un miracle.
2. Six cent mille familles en esclavage en Egypte avait besoin de miracles
3. Ils soupiraient après la liberté !
4. Aujourd'hui des familles ont également besoin de miracles.
5. Nous sommes pris dans nos chaînes et nos défis.
   - a. finances
   - b. Santé
   - c. Mari/femme
   - d. parent/enfant
   - e. spirituels
   - f. Sabbat
   - g. baptême
6. Mais la bonne nouvelle est que notre Dieu est encore le Dieu des miracles !
7. Ce qu'il a fait pour les familles israélites, il peut le faire pour nos familles maintenant.
8. Cependant, les miracles ont leurs exigences. Pour les familles israélites il y avait deux exigences. Pour nous aussi, ce sont les mêmes.

I LE SANG

A. FAMILLES ISRAELITES
1. La direction de Dieu se trouve dans **Exode 12 :5,7**
2. Notez bien : il s'agit de libération par familles !
3. Chaque maison devait avoir le sang sur le linteau de la porte.
4. « Je verrai le sang, et je passerai par-dessus vous » **Exode 12 :13**
5. A minuit, les cris terribles fusèrent dans l'air au fur et à mesure que chaque premier-né égyptien était détruit. **Exode 12 :29**
6. La nuit de désastre pour les égyptiens était la nuit de liberté pour les israélites ! **Exode 12 :31**
7. La première exigence pour avoir le miracle était le sang.

B. **MA FAMILLE**
1. Le sang de l'agneau représentait le sang de Jésus.
2. Si Dieu doit faire un miracle pour vous, vous avez besoin du sang de l'agneau.
3. D'abord, il doit être appliqué sur votre propre cœur.
4. « Qu'est-ce qui lavera mon péché ? Rien d'autre que le sang de Jésus. »
5. Ce sang lavera complètement le mensonge et le vol, la danse et les fêtes, la fornication et l'adultère, la violation du Sabbat et l'observation du dimanche, le jeu de hasard et le trafic de la drogue, la maltraitance de la femme et la haine du mari, l'inceste et l'homosexualité, tout peut être lavé dans le sang.
6. Le sang doit être appliqué sur ma famille si je veux avoir la victoire.
7. Il doit enlever de ma maison l'alcool et le tabac, la loi et l'adultère, l'obéissance et la sorcellerie. Tout doit être lavé dans le sang.
8. Ma famille devient alors la famille de Dieu, l'heureuse famille de Dieu.
9. Tout changement sera vu par les voisins de l'extérieur et par la famille à l'intérieur parce que le sang est sur le linteau.
10. L'exigence numéro un pour un miracle dans votre famille est d'accepter le sang de Jésus.
11. Etes-vous prêt à l'accepter aujourd'hui et à faire l'expérience du miracle ?

II. L'EAU

A. **LES FAMILLES ISRAELITES**
1. Six cent mille familles avec des cris de liberté initia la marche d'Egypte au Pays de la promesse
2. Soudain les cris s'estompent et la peur étreignit les cœurs, quand ils ont réalisé qu'ils étaient pris au piège. Ils étaient poursuivis par l'armée égyptienne.
Exode 14 :9
3. Ils étaient pris ! A l'ouest, c'était le désert ; au sud, les montagnes. Au nord, une armée en marche ; et à l'est la mer rouge.
4. Le mot de Dieu : Attendez-vous à un miracle !
Exode 14 :13,14

5. Dieu donna l'ordre. Quel était cet ordre ? Lisons-le dans **Exode 14 :15**
6. En avant ! Avant où ? Avant dans l'eau !
7. Moise leva le bâton de Dieu et la Mer Rouge se sépara permettant aux israélites de marcher à sec. **Exode 14 :16**
8. La deuxième exigence pour le miracle d'Israël : marcher à travers l'eau.

B. MA FAMILLE
1. Si Dieu doit faire un miracle pour ma famille la seconde exigence est que je passe à travers l'eau.
2. Quel est le symbolisme de la Mer Rouge ?
   La réponse se trouve dans **1 Corinthiens 10 :1,2**
3. La Mer rouge symbolise le baptême. Si vous et moi devons faire l'expérience du miracle de Dieu, nous devons avancer sous le sang et à travers l'eau.
4. Nous aurons une cérémonie de baptême Sabbat prochain et Dieu s'attend à ce que nous y passions, ainsi il peut réaliser Ses miracles dans nos familles.

III. LE MIRACLE

A. LES FAMILLES ISRAELITES
1. La nation d'Israël entrait dans la Mer Rouge par familles – était baptisée par familles.
2. Alors que les égyptiens s'approchaient de plus en plus, quelque chose de fantastique est arrivé.
3. Lisons **Exode 14 :19**
4. Cette nuée était la couverture de Jésus Christ leur Sauveur. **Exode 13 :21**
5. Christ a toujours été et sera toujours « Emmanuel : Dieu avec nous.»
6. Jésus dans la nuée a donné la lumière à Israël, en même temps donnait les ténèbres à Egypte. Lisons cela dans **Exode 14 :20**
7. Maintenant Israël avance sur la terre sèche, avec les eaux formant des murailles à droite et à gauche. Quelle vue extraordinaire ! **Exode 14 :22**

8. Ils avançaient par familles. Imaginez la scène. Maris et femmes se tenant la main et avançant ensemble ! Les parents appelant les enfants « Arrêtez de jouer avec l'eau et avançons ». Des jeunes adolescents aidant les petits vieux à marcher doucement.
9. Ils ont fait l'expérience du miracle.
10. Et quand Israël avançait vers la sortie, les égyptiens ont commencé à entrer, quand Dieu, à la veille du matin, a fait une action spéciale. Lisons **Exode 14 :24**
11. Moise lève son bâton une fois de plus et cause une grande confusion. Les roues des chariots sont réduites en pièces ; Egypte est détruit et Israël sort victorieux.

B. MA FAMILLE

1. Notre Dieu est encore un Dieu de miracles ! Ce qu'il a accompli pour l'ancien Israël, il le fera pour Israël moderne. Ce qu'il fit pour Moise, il le fera pour moi et toi.
2. Sabbat prochain est Jour de baptême. La semaine prochaine doit être ta semaine de miracle. Attends toi a un miracle !
3. Quand vous avancez, Dieu fera un miracle pour vous.
4. Qui est votre Pharaon ? N'ayez pas peur de Pharaon. Attendez-vous à un miracle !
5. Quand vous avancez, Dieu sera ténèbres pour eux et lumière pour vous. Dieu leur donnera la confusion, mais pour vous il sera sagesse et joie.
6. Précieuse promesse. Lisez dans **Esaïe 43 :2**
7. Attendez-vous à un miracle ! Attendez un miracle cette semaine.
   Attendez vous à un miracle Sabbat prochain.

IV LA VICTOIRE

A. LES FAMILLES ISRAELITES
1. Quand Israël réalisa que l'armée d'Egypte était détruite, et que Dieu leur avait donné la victoire, ils poussèrent des cris d'acclamation.
2. Ils chantèrent un cantique antiphoné, hommes et femmes.
3. Moise dirigea les hommes. **Exode 15 :1-3**
4. Marie dirigea les femmes. **Exode 15 :20,21**

B. MA FAMILLE
1. Quand je ferai l'expérience du miracle de Dieu sabbat prochain, moi aussi je ferai l'expérience des cris de victoire.
2. Je pourrai dire avec le Psalmiste les paroles du Psaume 100 :3
3. Et un jour, bientôt, quand ma famille se tiendra debout avec toutes les familles sauvées de la Terre, nous nous unirons au grand chœur de louanges dans le ciel.
4. L'ancien Israël a chanté le Cantique de Moise, mais l'Israël moderne, vous et moi, nous chanterons le Cantique de Moise et de l'Agneau.
5. Le chant de Moise est rapporté dans Exode 15, le chant de Moise et de l'Agneau se trouve dans Apocalypse 15.
6. Lisons ce chant **Apocalypse 15 :2-4**

DECISION

A. APPEL
1. Je veux chanter ce chant. Qu'en est-il de vous ?
2. Si vous voulez avoir la liberté à ce moment-là pour vous et votre famille, veuillez vous mettre debout sur vos pieds.
3. Si vous ferez l'expérience de la liberté en ce moment-là, vous devez faire l'expérience de la liberté maintenant, en passant sous le sang, et passant à travers l'eau.
Le sang de la conversion et l'eau du baptême.
4. Combien veulent dire, « Seigneur, accorde moi cette expérience » ? Levez votre main. Vous pouvez vous rasseoir.

B. TEMOIGNAGES
Ayez trois ou quatre personnes récemment baptisées avec une variété d'expériences prêtes à témoigner du miracle de Dieu dans leurs vies.
1. Elles devraient être choisies et préparées à l'avance.
2. Choisissez des personnes qui représentent différents défis sur quoi elles doivent obtenir la victoire. Par exemple : attraits du monde, travail le sabbat, partenaire sexuel, affiliation d'église, etc.

3. Ayez une variété : male et femelle, jeune et vieux.
4. On devrait inclure dans chaque témoignage :
   a. Identifier le défi affronté
   b. Dire comme Jésus a réalisé son miracle de victoire
   c. Dire comme on se sent
   d. Inviter les autres à faire l'expérience du miracle de Dieu.

B. CARTE DE MIRACLE

Inviter tous les assistants à remplir la carte de décision HF8 tandis que les musiciens jouent doucement en arrière fond « Le Seigneur des miracles ».

D. CERCLE DE PRIERE
1. Chanter « Le Seigneur des miracles. » Debout on chante.
2. Inviter tous ceux qui veulent faire l'expérience du miracle de Dieu dans leur vie cette semaine qui vient et spécialement le prochain Sabbat, à s'avancer, déposer leur carte dans le panier à miracle et de venir à l'autel pour la prière.
3. Avoir un Cercle de Prière avec une prière spéciale pour les miracles dans chaque famille.

IV QUATRIEME SABBAT : PREMIERE CEREMONIE DE BAPTEME

NB : C'est le Sabbat qui termine la troisième semaine de la campagne. Tous les participants à la campagne – candidats ou non – sont invités à venir et à participer ce sabbat.

9 :30 - 9 :45   Préliminaires de l'Ecole du Sabbat
9 :45 - 10 :15   Etude de la Leçon : La voix de Jésus

Important : Il est fortement recommandé à chaque invité d'avoir une copie imprimée de cette leçon pour la remplir au cours de l'étude. Enseignez ! Enseignez !

QUATRIEME SABBAT

Etude de la leçon

LA VOIX DE JESUS

Les prophètes

1. **Avant l'entrée du péché dans notre monde, Dieu a parlé aux hommes face à face. Après le péché, quel moyen a-t-on utilisé ?**
   Nombres 12 :6 « Lorsqu'il y aura parmi vous un prophète, c'est dans une _____ que moi, l'Eternel, je me révèlerai à lui, c'est dan un _____ que je lui parlerai. »
   Amos 3 :7 « Car le Seigneur, l'Eternel, ne fait rien, sans avoir révélé ses _____ à ses serviteurs les _____. »

2. **Le don de prophétie a-t-il continué dans les temps du Nouveau testament ?**
   Ephésiens 4 :11,12. « Il a donné les uns comme apôtres, les autres comme _____, les autres comme évangélistes, les autres comme _____ et docteurs, pour le perfectionnement des saints en vue de l'œuvre du ministère et de l'édification du _____ de Christ. »

3. **Le don de prophétie doit-il se trouver dans l'Eglise de Christ dans les derniers jours ?**
   1 Corinthiens 1 :7. « de sorte qu'il ne vous manque aucun _____, dans l'attente où vous êtes de la manifestation de notre Seigneur Jésus Christ. »
   Ephésiens 4 :10-13 « jusqu'à ce que nous soyons tous parvenus à l'unité de la foi et de la connaissance du Fils de Dieu, à l'état d'homme _____. »

4. **Est-il nécessaire que la manifestation d'un prophète soit présente dans l'Eglise du Reste ?**
   Apocalypse 12 :17 Une des marques d'identification de l'Eglise du Reste de Christ est celle qui a « le _____ de Jésus »
   Apocalypse 19 :10 Ce « témoignage de Jésus est l'es prit de _____. »

L' »Esprit de Prophétie » signifie le Saint Esprit parlant à travers un prophète.
Par conséquent, l'Eglise du Reste doit avoir la présence d'un Prophète !

5. **Ce don de prophétie a été manifesté dans la vie et le ministère d'Ellen G. White.**
Ellen Gould White est né le 26 novembre 1827. Un accident à sa jeune adolescence a affaibli sa santé et lui a permis de compléter seulement la troisième année d'études primaires. Son ministère prophétique a commencé à l'age de dix sept ans, en décembre 1844 (une année très significative !). En août 1846, elle épousa James White et fut une fidèle épouse et mère. Elle mourut le 16 juillet 1915, à l'age de 87 ans, après un ministère de soixante dix ans.
Ellen G. White a œuvré sur trois continents : Amérique, Europe et Australie. Elle reçut des messages de Dieu et les délivra à son peuple. Elle écrivit des douzaines de livres et plus de 100,000 pages manuscrites de conseils inspirés dans les domaines de la vie chrétienne, la santé, l'éducation et la vie de famille. Son ministère prophétique a donné une orientation claire au Reste de Christ – l'église adventiste du septième jour.

6. **Nommez d'autres prophétesses que Dieu a utilisées.**
Exode 15 :20 _____ Juges 4 :4 _____
2 Rois 22 :14 _____ Luc 2 :36 _____
Actes 21 :9 _____

7. **Quels sont quelques tests d'un vrai prophète ?**
Deutéronome 18 :22. Les prédictions doivent _____.
Esaïe 8 :20. Les enseignements doivent s'harmoniser avec la _____ et le _____. C'est-à-dire la Bible.
Matthieu 7 :20. Connu par ses _____.
1 Jean 4 :1-3. Confesse l'incarnation de _____.
2 Rois 17 :3. Enseigne l'obéissance aux _____ de Dieu.
Ellen G. White passe tous ces tests bibliques.

8. **Quelle est la relation des écrits d'Ellen G. White avec la Bible ?**
REPONSE : « Une petite attention est donnée à la Bible et le Seigneur a donné une plus petite lumière pour conduire les hommes

et les femmes à la plus grande lumière. » *Le colporteur évangélique*, p.125
Quelle est la plus petite lumière ? _____
Quelle est la plus grande lumière ? _____
Comme une loupe, ces écrits grossissent les Ecritures. Par exemple, les cinq volumes de la série « Le conflit des Ages » constituent un commentaire inspiré sur la Bible entière (Voir page 4 pour les détails).

9. **Quand je lis ces messages, quelle est la voix que j'entends ?**
   Apocalypse 19 :10. L'esprit de prophétie est « le témoignage de _____ »
   C'est Christ, mon sauveur bien aimé, qui témoigne par Son Saint Esprit, à travers le prophète, à moi !
   Quand j'entends son prophète, j'écoute sa voix bien aimée.

10. **Et quand Il parle, j'obéis.**
    Jean 2 :5. « Tout ce qu'il vous dit de faire, faites le. »

Ma réponse
- ☐ Je remercie Jésus pour le don de prophétie.
- ☐ Je vais commencer à lire ses écrits, et écouter Jésus me parler à travers son prophète.
- ☐ Tout ce qu'il me dit de faire, je vais le faire.

DE LA VISION A LA REALITE

Voici un exemple d'un message prophétique de notre prophétesse.

Il a été donné en novembre 1848. « Quand je suis sortie de la vision, j'ai dit à mon mari : « J'ai un message pour toi. Tu dois commencer à imprimer un petit journal et l'envoyer au peuple. Ce sera petit au début ; mais au fur et à mesure que le peuple lit, on te fera parvenir les moyens pour imprimer, et ce sera un succès dès le début. De ce petit commencement, il m'a été montré comme des faisceaux de lumières qui iront dans le monde entier. »
- *Life Sketches of E. G. White*, p.125

Aujourd'hui, l'église adventiste du septième jour dirige 43 maisons d'édition dans le monde, publiant 293 journaux, imprimant en 238 langues!

UNE CITATION PRECIEUSE

« La préoccupation est aveugle, et ne pas discerner l'avenir ; mais Jésus voit la fin dès le commencement. Pour chaque difficulté, il a les moyens préparés par lui pour nous aider. Notre Père céleste a mis à notre disposition des milliers de moyens, desquels nous n'avons aucune idée. »
E. G. White, *Jésus Christ*, p.330

LISTE DE LIVRES

Voici une liste des ouvrages bien connus de Ellen G. White. Des livres que vous devez acheter ou emprunter, et LIRE.

HISTOIRE DE LA BIBLE : « LA TRAGEDIE DES SIECLES » (5 tomes)
Patriarches et Prophètes : Adam à David
Prophètes et Rois : Salomon à Malachie
Jésus Christ : La vie de Christ (Chef d'œuvre)
Conquérants pacifiques : Vie des apôtres
La tragédie des siècles : 70 ap J.C. jusqu'à la fin

MEDITATION
Le meilleur chemin (Vers Jésus) l'ouvrage le plus connu
Une vie meilleure (Heureux ceux qui… ; Jésus et le bonheur)
Les Paraboles de notre Seigneur (Les Paraboles de Jésus)

CONSEILS GENERAUX
Témoignages pour l'Eglise (3 volumes)
Messages choisis (2 volumes)

DIVERS

Jeunesse	Messages à la jeunesse
Foyer	Le foyer chrétien
Santé	Le Ministère de la guérison
	Conseil sur la nutrition et les aliments
	Rayons de santé
Education	Education
Ministère	Le ministère évangélique
Evangélisation	Evangéliser
	Service chrétien
Colportage	Le colporteur évangélique
Ecole du Sabbat	Témoignages sur l'Ecole du Sabbat
Economat	Conseil à l'économe
Biographie	Premiers écrits

QUATRIEME SABBAT

Sermon du Sabbat 4

COMMENT DEVENIR UN GRAND HOMME A _____ (votre ville)

ATTENTION
1. Aujourd'hui le mot qui crée épouvante est SIDA.
2. Du temps de la Bible, le mot épouvantable était la lèpre.
3. L'histoire se trouve dans 2 Rois 5.

I LA LEPRE
1. Naaman, un grand homme !   **2 Rois 5 :1**
2. Mais il était un lépreux – Pas vraiment un grand !
3. La lèpre est un symbole de péché.
4. Tout pécheur non repentant est un lépreux spirituel ! Pas vraiment un grand !
5. Le message d'une petite esclave. Elle était petite, mais grande !   **2 Rois 5 :2,3**
6. La lettre du roi de Syrie.   **2 Rois 5 :5**
7. La réaction du roi d'Israël.   **2 Rois 5 :7**
8. La déclaration du prophète.   **2 Rois 5 :8**
9. Je suis heureux d'appartenir à l'Eglise du Reste de Dieu qui peut dire : « Il y a un prophète en Israël. »

II LE BON CHOIX
1. La position de Naaman.   **2 Rois 5 :9**
2. L'ordre du prophète.   **2 Rois 5 :10**
3. Les attentes de Naaman.   **2 Rois 5 :11**
4. On désire le salut à SA façon.
5. Les alternatives de Naaman.   **2 Rois 5 :12a**
6. Les gens offrent des alternatives.
7. Certains se fâchent contre le prédicateur.   **2 Rois 5 :12b**
8. Bon conseil.   **2 Rois 5 :13**
9. Certains écoutent les mauvais conseils. Ecoutez les bons conseils.
10. Finalement Naaman fait le BON CHOIX.

III LE SANG DE JESUS
1. La directive.   **2 Rois 5 :10**

2. Il avait besoin d'un lavage INTERIEUR et EXTERIEUR.
3. Vous avez besoin vous aussi d'un lavage INTERIEUR et EXTERIEUR.
4. Péché à l'intérieur. **Esaïe 1 :5,6**
5. Laver. **Esaïe 1 :16,18**
   « Jésus par ton sang précieux
   Enlève mon iniquité. »
6. L'eau était un symbole du SANG de Jésus.
7. Le sang purifie tout péché.
8. ASSURANCE du pardon pour TOUS les péchés passés.
9. Le sang purifie toute la nature pécheresse
10. Il purifie
    Fumer et boire   danser et jouer
    Loi et adultère   jurer et maudire
    Inceste et homosexualité Maltraitance conjoint et enfant

IV BAPTEME DE JESUS
1. Cette eau était le symbole du SANG de Jésus – laver l'INTERIEUR
2. C'était aussi le symbole du BAPTEME de Jésus – laver l'EXTERIEUR
3. La rivière du Jourdain. **2 Rois 5 :10**
4. Jésus fut baptisé dans le Jourdain. Jourdain est le symbole du baptême. (Matt.3 :13)
5. TOUS ceux qui SUIVENT Jésus DOIVENT être baptisés.
6. Merci Dieu pour ceux qui sont venus aujourd'hui pour être baptisés.
7. D'autres viennent pour VOIR le baptême, mais vous pouvez vous décider MAINTENANT, et être BAPTISE !

V GUERISON
1. Les immersions.
2. IMAGINEZ les UNE à la fois.
3. Quand Dieu dit SEPT, il veut dire SEPT !
4. Guérison physique. **2 Rois 5 :14b**
   Sa peau comme celle d'un petit enfant.
5. Guérison spirituelle. Vraiment un grand homme ! **2 Rois 5 :15**

6. Certains baptisés obtiennent la guérison physique. TOUS les baptisés obtiennent la guérison spirituelle.
7. La peau comme un petit enfant = expérience ETRE NE DE NOUVEAU
8. Nouveau né dans la FAMILLE DE DIEU.

DECISION
1. Ce que Dieu fit pour Naaman ce jour-là, il peut le faire pour TOI, AUJOURD'HUI. Si tu viens à lui.
2. Laver INTERIEUR : SANG de Jésus. Laver EXTERIEUR : BAPTEME de Jésus.
3. « Tel que je suis … Je viens. » LEVEZ VOUS ET CHANTER
4. Appeler deux groupes à l'autel : ceux qui viennent pour être baptisés - Ceux qui le sont déjà.
    a. Ceux qui viennent pour être baptisés
    b. Ceux qui viennent pour voir le baptême et qui se décident, au cours de ce service, à être baptisés CHANTEZ ET VENEZ
5. Appels :
    a. Laissé la maison comme un lépreux ; retourné à la maison guéri ! VIENS !
    b. Accepte le sang de Jésus et le baptême de Jésus. Viens !
    c. Va jusqu'au bout avec Jésus, non six fois, mais sept fois ! Viens !
    d. Etes-vous un « grand homme » ? Deviens réellement un grand. Viens !
    e. N'écoute pas les mauvais conseils ; écoute les bons conseils. Quelqu'un donne bon conseil. Maintenant ! Viens avec ton ami. Viens !

6. PRIERE
7. VŒUX
8. VOTE
9. BAPTEME

SABBAT APRES MIDI : QUATRIEME SABBAT

VOICI LA MARIEE

INTRODUCTION :
CHRIST ET SON EPOUSE AUJOURD'HUI   Eph 5 :25-27

I ORGANISATION
1. Conférence Générale, votre Division, votre Union, votre Fédération/Mission, votre église.
2. Les leaders de votre église.
3. Les réunions générales : Heure et lieu
4. Beaucoup d'activités. En voici seulement cinq.

II L'ECOLE DU SABBAT
1. But, heure de réunion, participants.
2. Guide de l'Etude (Questionnaire de l'Ecole du Sabbat)

III EVANGELISATION LAIQUE
1. But, heure de réunion, participants.
2. Chacun gagne un
3. Participation aux cellules de prières. Venez et amenez des invités.

IV GESTION CHRETIENNE
1. But, participants.
2. Distribution enveloppe de Dîme.
3. Procédure pour retourner.

V JEUNESSE ET ECLAIREURS
1. But. Heure de réunion. Participants.
2. Exposition des uniformes.

VI EDUCATION
1. But. Participants
2. Nommez les écoles et universités.

CONCLUSION : CHRIST ET SON EPOUSE AUJOURD'HUI
        Apocalypse 14 :6-9 ; 21 :1-3

Cette orientation fait partie du programme de conservation de membres.

V CINQUIEME SABBAT : DEUXIEME CEREMONIE DE BAPTEME

9 :15 - 9 :45   Préliminaires de l'Ecole du Sabbat
9 :45 – 10 :15   Etude de la leçon : Bénédictions au-delà de la mesure

Important : Il est fortement recommandé à chaque invité d'avoir une copie imprimée de cette leçon pour la remplir au cours de l'étude. Enseignez ! Enseignez !

CINQUIEME SABBAT

Etude de la Leçon

DES BENEDICTIONS AU DELA DE TOUTE MESURE

Chacun de nous aime bien avoir une autre bénédiction. Voici comment la recevoir.

L'Econome

1. **Quand je deviens membre de la Famille heureuse de Dieu, je reçois une nouvelle responsabilité. Qu'est-ce que c'est ?**
   1 Corinthiens 4 :2. « Du reste, ce qu'on demande des _____, c'est que chacun soit trouvé _____. »
   Un économe est un gérant. Dieu me confie ses biens : vie, santé richesse, temps et talents. Je ne suis pas le propriétaire de ces ressources. Dieu est le propriétaire. Je suis seulement le gérant.

2. **Comment puis-je reconnaître le droit de propriété de Dieu et ma responsabilité comme économe ?**
   Lévitique 27 :30. « Toute _____ de la terre, soit des récoltes de la terre, soit du fruit des arbres, _____ à l'Eternel ; c'est une chose _____ à l'Eternel. »

La dîme

3. **Combien est la dîme ?**
   Lévitique 27 :32 « Toute dîme de gros et menu bétail, de tout de qui passe sous la houlette, sera une _____ à l'Eternel. »
   La dîme est un dixième, dix pourcent. Quand je gagne 10 dollars, un dollar est la dîme de Dieu. Aux yeux humains, cela semble être une perte, mais en réalité c'est un gain. Quand je déduis et donne à Dieu sa dixième partie, il ajoute à mes neuf dixièmes. Quand je divise, Dieu multiplie !

4. **Dois-je calculer ma dîme après avoir déduit mes dépenses ?**
   1 Rois 17 :13. « Elie lui dit : 'Ne crains point, rentre, fait comme tu as dit. Seulement, prépare-moi _____ avec cela un petit

gâteau, et tu me l'apporteras ; tu en feras _____ pour toi et pour ton fils.' »
La part de Dieu vient d'abord. La seule exception est si j'investis dans mon affaire je dois déduire mon investissement pour arriver à mon gain ou vrai revenu. C'est sur mon revenu que je rends la dîme.

5. **Cette femme était une veuve et une mère célibataire ! Comment Dieu a-t-il récompensé sa foi quand elle l'a mis en premier lieu ?**
   1 Rois 17 :15,16. « Elle alla, et elle fit selon la parole d'Elie. Et pendant _____ elle eut de quoi manger, elle et sa famille, aussi bien qu'Elie. La _____ dans le pot ne manqua point et _____ qui était dans la cruche ne diminua point, selon la parole que l'Eternel avait prononcée par Elie. »

6. **Quelle est la procédure ?**
   a. Prendre l'enveloppe de dîme qui se trouve dans la boite ou demander au diacre à l'église.
   b. Introduire votre dîme dans l'enveloppe et écrier votre nom et le montant sur l'enveloppe.
   c. Déposer l'enveloppe dans le réceptacle (corbeille, sac) durant le service d'adoration le Sabbat.

7. **Comment la dîme doit-elle être utilisée ?**
   Nombres ??.. Du temps de l'Ancien Testament, la dîme était utilisée pour le soutien des prêtres.
   1 Corinthiens 9 :13,14. Du temps de le Nouveau Testament, elle était utilisée pour le soutien des pasteurs. « De même aussi, _____ a ordonné à ceux qui _____ l'évangile de _____ de l'évangile. »
   Matthieu 23 :23 En condamnant les scribes et les pharisien s de donner la dîme tout en ignorant la justice et la miséricorde, Jésus dit que les deux sont nécessaires. « C'est là ce qu'il fallait pratiquer, sans négliger les autres choses »

Les offrandes

8. **En plus de la dîme, Dieu invite à donner des offrandes volontaires.**

Psaume 96 :7, 8. « Familles des peuples, rendez à l'Eternel, rendez à l'Eternel gloire et honneur ! Rendez à l'Eternel _____ pour son nom ! Apportez des _____, et entrez dans ses parvis. »
Tandis que le montant de la dîme est dicté par Dieu, le volume de l'offrande est laissé à chacun. La dîme est le test de notre loyauté, l'offrande est le test de notre amour.

9. **Dans quel esprit dois-je donner mes offrandes ?**
   2 Corinthiens 9 :7. « Que chacun donne comme il a résolu dans son cœur, sans _____ ni contrainte ; car Dieu aime celui qui donne avec _____. »

Les bénédictions

10. **Quelle sera ma désagréable expérience, si je retiens la dîme de Dieu ?**
    Malachie 3 :8, 9. « Un homme trompe-t-il Dieu ? Car vous me _____ ! Et vous dites : En quoi t'avons-nous trompé ? Dans les _____ et les _____. Vous êtes _____ de malédiction, et vous me trompez. »

11. **Autrement, quelle sera ma merveilleuse expérience, si je remets la Dîme de Dieu et mes offrandes ?**
    Malachie 3 :10. « Apportez à la maison du trésor toutes les dîmes, afin qu'il y ait de la nourriture dans ma maison ; mettez-moi de la sorte à l'épreuve, dit l'Eternel des armées, et vous verrez si je n'ouvre pas pour vous les écluses des _____ et si je ne répands pas sur vous la _____ en _____. »
    Des bénédictions sans mesure ! Dieu l'a promis ! Il suffit de le réclamer !

Mon motif

12. **Qui est le plus grand donateur et quel a été son don ?**
    Jean 3 :16. « Car _____ a tant aimé le monde qu'il a donné son _____ unique. »
    2 Corinthiens 8 :9 « Car vous connaissez la grâce de notre Seigneur Jésus-Christ, qui pour nous s'est fait _____, de _____ qu'il était, afin que par sa pauvreté vous fussiez enrichis. »

13. **Considérez le pendu, saignant, mourant sur le Mont du Calvaire. Quelle réponse allez vous lui donner ?**
    2 Corinthiens 8 :5. « Ils se sont donnés _____ au Seigneur, puis à nous par la volonté de Dieu. »
    La dîme est trop petite ! Dieu désire ma vie entière !
    «

Ma réponse
- ☐ Je remercie Jésus pour avoir donné sa vie pour moi.
- ☐ En réponse, je donne ma vie entièrement à lui.
- ☐ Je remettrai fidèlement une dîme et des offrandes volontaires comme un témoignage de mon amour.

SERMON SABBAT : CINQUIEME SABBAT

COMMENT AIMER JESUS – TOUJOURS !

ATTENTION

1. Certaines personnes tombent amoureux de Jésus, mais l'amour devient de plus en plus faible – échec spirituel.
2. D'autres tombent amoureux de Jésus et leur amour grandit et devient de plus en plus fort – succès spirituel.
3. Qu'est-ce qui fait la différence ? Quel est le secret du succès ?
4. Certains ont peur de se faire baptiser ; ils ont la crainte de ne pas pouvoir tenir bon. Quel est le secret du succès ?
5. Nous devrions apprendre le secret à partir de l'expérience de Pierre.

I PIERRE, LE DISCIPLE

1. Minuit avait déjà sonné. L'orage battait son plein.   **Matt. 14 :24**
2. Christ – Maître de la tempête !   **Matt. 14 :25**
3. La requête de Pierre.   **Matt. 14 :28**
4. La réponse de Jésus : Viens !   **Matt. 14 :29a**
5. Pierre a marché !   **Matt. 14 :29b**
6. Le baptême est sortir et marcher avec Jésus.
7. C'était Pierre, le disciple. Un disciple est un suiveur.
8. Merci Dieu pour les nouveaux disciples de Jésus.
    - ceux qui ont été baptisés Sabbat dernier.
    - Ceux qui sont prêts pour le baptême ce Sabbat.
9. D'autres ici ne sont pas encore baptisés. Jésus appelle : Viens ! Sois mon disciple.
10. Arrange cela aujourd'hui.

II PIERRE, L'ECHEC

1. « Mais, voyant que le vent » = Il a retiré ses yeux de Jésus.   **Matt. 14 :30a**
2. Problème #1 : Il a vu d'autres GENS.
« Mais avec un sentiment de satisfaction, il jette un regard en arrière, à ses compagnons dans le bateau, ses yeux se sont détournés du sauveur. » JC, p.138
3. Ne regardez pas les GENS. Regardez à Jésus.

4. Problème #2 : Il a vu les CHOSES.
      « Les vagues hautes venaient directement entre lui et le Maître … Christ est caché de sa vue et sa foi s'est évanouie. Il commença à couler. » JC, p. 138
   5. Ne regardez pas les CHOSES. Regardez à Jésus.

III PIERRE, LE SUCCES
   1. Le secret du succès – REGARDER À JESUS. **Heb. 12 :2a**
   2. Comment regarder à Jésus ? trois étapes

   ### A. PARLER A JESUS
   1. Pierre a prié. **Matt. 14 :30b**
   2. Parler à Dieu – utilisant NOS PROPRES MOTS
   3. Prier chaque jour – DANS LE SECRET. **Matt. 6 :6**

   ### B. ECOUTER JESUS
   1. Pierre a écouté ce que Jésus lui répondait. **Matt 14 :31**
   2. Jésus parle à travers la bible. Elle TEMOIGNE de lui. **Jean 5 :39**
   3. Prenez une Bible. Etudiez-la CHAQUE JOUR. **Actes 17 :11**

   ### C. PARLER AU SUJET DE JESUS
   1. Tous ont parlé. **Matt. 14 :33**
   2. Mais Pierre avait quelque chose de SPECIAL à dire – pour quelque chose de spécial qui lui était arrivé !
   3. Parlez aux autres au sujet de Jésus.

IV LA GARANTIE
   1. Christ est l'Auteur et le Consommateur de votre foi. **Heb. 12 :2a**
   2. Il GARANTIT votre succès jusqu'à la FIN.
   3. Mais vous devez pratiquer le triple SECRET – CHAQUE JOUR.
      a. Parler à Jésus
      b. Ecouter Jésus
      c. Parler de Jésus
   4. Celui qui suit ce secret ne PEUT tomber, car Jésus le GARDE de toute chute. **Jude 1 :24.**

DECISION

1. Aujourd'hui notre prière devrait être : « Jésus garde moi près de la croix ». LEVEZ VOUS ET CHANTER.
2. <u>Premier appel</u> : Pour deux GROUPES
    a. Ceux qui sont venus pour être baptisés
    b. Ceux qui prennent leur décision au cours de ce service
    Chanter et venir a l'AUTEL
3. Appels
    a. Etre un disciple : « Viens »
    b. La garantie de Dieu de nous protéger.
    c. Faire l'expérience d'un miracle : marcher sur les eaux de la vie.
4. <u>Deuxième appel</u> : Pour les nouveau baptisés. Pratiquez le **Secret du succès. DEBOUT.**
5. <u>Troisième appel</u> : Anciens croyants. Réclamez la garantie de succès de Dieu. Lever la main.
6. PRIERE
7. VŒU
8. VOTE
9. BAPTEME

SABBAT APRES MIDI : CINQUIEME SABBAT

I EGLISE OU L'ON EST MEMBRE
1. Si les nouveaux membres vont fréquenter différentes églises, réunissez les en groupes selon ces églises.
2. Accordez quelques minutes d'échange avec les pasteurs et les anciens de ces églises.

II PLAN DE CONSERVATION
1. Expliquez la suite : réunions, heures, lieux.
2. Faites la promotion des réunions de Cellules de Prières.

III MATERIEL
1. Distribuer le matériel du guide de la leçon de l'Ecole du Sabbat.
2. Donner la leçon 1 de la série E de la Famille Heureuse, pour les réunions de Cellules de Prières.

IV L'HEURE DU TEMOIGNAGE !
1. C'est le meilleur moment de la réunion !
2. Prévenez les nouveaux membres pour qu'ils se préparent.
3. Chacun a une histoire différente à raconter. Donnez leur le moyen de le faire !
4. Intercaler avec de la musique et terminez avec le chant « A Dieu soit la gloire ! »

V JOUR SPECIAL D'ACTIONS DE GRACES ET DE COMMUNION FRATERNELLE - SABBAT PROCHAIN
1. Programme d'action de grâces dans chaque église participant.
2. Les certificats de baptême seront remis.
3. Cérémonie de bienvenue à l'église.
4. Réception avec tous les membres.

VI PRISE DE PHOTOS DES NOUVEAUX MEMBRES

VI SIXIEME SABBAT : JOUR D'ACTIONS DE GRACES

NB : c'est le premier Sabbat après la campagne. Il doit être célébré dans toutes les églises des nouveaux membres.

9 :30 - 9 :45	Préliminaires de l'Ecole du Sabbat
9 :45 - 10 :15	Etude de la leçon
10 :30 - 12 :30	Service du culte d'adoration comme suit :
10 :30 - 11 :00	Service du culte d'adoration régulier
11 :00 - 11 :30	Actions de grâces ! Témoignages !
	*Nouveaux membres et Anciens membres
11 :30 - 12 :00	Distribution des certificats de baptême
	Bienvenue et mains d'association
12 :00 - 12 :20	Un court Sermon « Chantons un chant »
12 :30 - 12 :30	Fin
12 :30 - 2 :00	Repas de fraternité pour tous
Après midi	Programme spécial préparé par l'église

---

* Pour augmenter la participation des nouveaux membres.
    1. Distribuer des bouts de papier. Demandez à chacun d'écrire deux des bénédictions reçues durant la campagne.
    2. Encouragez les à se lever (utilisez un microphone portable si possible) et à partager l'une des bénédictions.

SERMON : SIXIÈME SABBAT

CHANTONS UN CHANT !

ATTENTION

1. Tout le monde aime un chant en particulier. Certains aiment le chanter, d'autres aiment l'entendre.
2. Aujourd'hui, Dieu est prêt à toucher nos langues et nous donner la capacité de chanter un chant !

I PAS DE CHANT
A. ISRAEL
1. Pendant 70 ans, les enfants d'Israël sont restés en captivité babylonienne.
2. Les vainqueurs leur ont demandé de chanter, mais ils ne pouvaient pas chanter un chant. **Psaume 137 :1-3**
3. Notez leur question. **Psaume 137 :4**

B. TOI ET MOI
1. Pendant beaucoup d'années toi et moi sommes sous la captivité de Satan.
2. Des fois, nous voulons chanter, mais nous ne pouvons pas trouver un chant !
3. Nous sommes chargés de soucis, attristés par le péché, écrasés sous le poids de la culpabilité.
4. Ce n'était pas facile de chanter, parce qu'il n'y avait pas de musique dans notre âme !

II UN CHANT DE DELIVRANCE

A. ISRAEL
1. Après les 70 ans de captivité, les Mèdes et les Perses ont vaincu Babylone et libéré les captifs !
2. D'abord en 536 av. JC, ensuite en 457 av JC, les captifs ont reçu l'autorisation de « restaurer et de reconstruire Jérusalem ».
3. Lisons quelques lignes du merveilleux décret dans **Esdras 7 :12, 13, 15**.
4. Maintenant Israël pouvait chanter un chant !

5. Ecoutez leur chant de délivrance.   **Psaume 126 :1-2**

B. TOI ET MOI
   1. Deux milles ans, sur le bois du calvaire, Jésus est mort pour toi et moi ! (Romains 5 :8)
   2. Il nous a libéré de la captivité de Satan ! Il nous a libéré pour chanter un chant !
   3. Pendant cette campagne, nos <u>nouveaux</u> frères et sœurs étaient captifs de Satan, nous les avons libéré par Jésus Christ !
   4. Ils sont prêts à chanter ! Chantons ce chant dans
      Psaume 126 :1-3
   5. Pendant cette campagne, nos <u>anciens</u> frères et sœurs ont prié et travaillé pour la délivrance de nos nouveaux frères et sœurs !
   6. Aujourd'hui nous pouvons chanter notre chant de délivrance.
      Psaume 126 :5, 6
   7. Nous tous – anciens et nouveaux membres – pouvons unir nos voix dans un chant de délivrance et dire « A Dieu soit la gloire ! »
   8. Levons-nous et chantons une strophe de ce chant maintenant.
   9. Restez debout.

III CHANT DE LA VICTOIRE FINALE
   1. Le chant de la victoire d'Israël de la captivité de Babylone était seulement un prélude.
   2. Notre chant de victoire de la captivité de Satan est un autre prélude.
   3. Le vrai hymne sera chante très bientôt !
   4. Quel est cet hymne ? Lisons-le dans   **Apocalypse 15 :2-4**

DECISION
   1. Je veux chanter ce chant ce jour-là ! Et vous ?
   2. Si c'est là votre désir de chanter le chant de victoire maintenant et alors, levez la main.
   3. Prière de consécration pour les anciens et nouveaux membres.
   4. Chantez « A Dieu soit la gloire ».

MODULE SIX

PREPARATION ET CONSERVATION

I. "CONSERVATION INTENTIONNELLE"

A. LE PROBLEME

1. Que nous voulions le confesser ou pas, l'Eglise Adventiste du septième jour fait face à un véritable défi.
2. Nous connaissons un une explosion évangélique globale sans un effort correspondant pour garder le nouveau membre. Nous avons galvanisé nos ressources technologiques, nos ressources humaines et nos ressources financières dans le but de gagner de nouveaux croyants sans la stratégie correspondante pour conserver et garder ces croyants.
3. Mais (c'est un fait très important), si nous faisons de l'évangélisation et en même temps nous négligeons la conservation, nous n'accomplissons pas le Mandat Evangélique ! Car la Grande Commission n'est pas seulement de baptiser ; elle nous engage aussi à faire des disciples.
4. Si les enfants naissent, et qu'ensuite ils sont négligés ou abandonnés, ou qu'ils connaissent une expérience spirituelle anémique ou la mort, seront-ils devenus des disciples ?

B. LA SOLUTION

1. Que pouvons-nous faire pour continuer simultanément l'explosion évangélique et la conservation des membres ?
2. La réponse est « Conservation Intentionnelle »
3. « La Conservation Intentionnelle » est le concept qui considère que la conservation devrait commencer pendant la Pré campagne, ce que nous appelons généralement « la préparation du champ ». Elle continuerait durant la campagne, et culminerait dans une campagne de suite.
4. C'est créer une nouvelle vision évangélique.
5. Nous savons bien qu'une déclaration de Mission implique un processus, tandis qu'une déclaration de Vision présente un produit, un produit futur déjà fini.

6. Il en est de même pour l'évangéliste et l'ouvrier évangélique : ils ne doivent pas seulement visionner le baptême, mais la conservation du nouveau croyant. Chaque étape de ce processus de la Pré – campagne et la Post – campagne devrait nous conduire plus près de l'étape où cette vision devient une réalité.
7. Puisse le Grand Médecin oindre nos yeux du collyre spirituel de façon à faire l'expérience d'une vision évangélique 20 – 20.
8. Nous vous présentons ici un modèle pour y parvenir. Ce modèle emploie le concept de compte à rebours. Le mois 3 se réfère à trois mois avant la campagne.

II AVANT CAMPAGNE DE CONSERVATION

A. MOIS No. 3: CELLULES DE PRIERE

1. Listes de Prière.
   a. Demander à chaque membre de prendre une Carte de Prière et dresser une liste de trois à sept personnes pour qui il va prier et travailler durant la campagne.
   b. Chaque membre fera deux copies, une pour lui-même, l'autre est enregistrée dans la grande liste de prière de l'église.

2. Partenaires de prière
   a. Chaque membre choisit deux autres membres d'église ou familles de l'église avec qui il va se réunir chaque semaine pour prier et qui deviendront ses Partenaires de Prière.
   b. Ecrire les noms des Partenaires de Prière au bas des Cartes de Prière. Voir des exemples de Engagement de Prière dans l'Unité Huit.
   c. Ces partenaires de prières devraient se rencontrer une fois par semaine pour fraterniser, étudier et prier pour les personnes inscrites sur chacune des cartes de prière.
   d. Ils devront décider du lieu de rencontre qui peut être permanent ou rotatif.
   e. Pour l'Etude Biblique ce mois-ci, les membres utiliseront « Mon texte favori ».

f. Prenez maintenant la seconde copie des Cartes d'engagement à prier.
3. **Soin d'amour.**
   a. Chaque partenaire de prière étudiera dans un esprit de prière les moyens de montrer affection chrétienne et intérêt pour chaque personne de la liste, en exerçant un ministère pour ses besoins exprimés ou sentis.
   b. Comme les occasions se présentent, priez avec les personnes pour les besoins de leurs familles.

B. MOIS No. 2 - CELLULES DE SOIN

1. Invitez l'intéressé à la réunion hebdomadaire de la Cellule de Prière.
2. Quand les intéressés se joignent à la Cellule de Prière, vous avez créé une Cellule de Soin.
3. Les activités de la Cellule de Soin sont les suivantes :
   a. Camaraderie. C'est le point clé !
   b. Etude des leçons de la Famille Heureuse Série AA.
   c. Prière (à deux, groupes, etc.)
4. Chaque semaine, gardez un rapport de présence des invités aux cellules de soin.
5. Invitez les membres inactifs de l'église à se joindre également aux Cellules de prière.

C. MOIS No. 1 – INVITATIONS

1. Deux semaines avant le début de la campagne, invitez tous les intéressés à remplir le sondage de Vie de Famille. C'est un moyen d'accentuer l'intérêt de ces personnes.
2. Une semaine avant la campagne, offrez un Feuille d'invitation.
3. Une semaine avant la campagne, organisez un service de Louange et de Prière (Voir Module 8)
4. La fin de semaine du début de la Campagne, organisez une Journée de Prière et de visite. (Voir programme dans Module 5)
5. La fin de semaine où débute la Campagne, distribuez les invitations de la première semaine du Séminaire.

III. CAMPAGNE DE CONSERVATION : MOIS No. 0

1. Les instructeurs et les élèves doivent s'asseoir ensemble pendant les réunions de la campagne.
2. Pour les cartes chaque soir de la campagne, demandez aux invités d'écrire les noms de leurs instructeurs, afin de maintenir les liens.
3. Programme de qualité. Eviter des éléments dans le programme d'évangélisation qui affaibliraient la transition de l'après campagne vers l'église. Rehausser les activités qui fortifient ce changement qui vient.

IV. POST CAMPAGNE DE CONSERVATION

A. MOIS No.1 - CELLULES DE PRIERE CONTINUENT

1. Le premier sabbat après la campagne : Journée d'action de grâces. (Voir Module 5 pour le programme)
2. Recommencer avec les Cellules de Prière. Si une Cellule devient trop grande, il faudrait la diviser. Cependant, si on divise, chaque étudiant devrait rester avec son instructeur.
3. Rappelez-vous : la clé de succès de la Conservation est la communauté qui prend soin, et les Cellules de prière peuvent être cette communauté.
4. Programme de la Cellule de Prière. Le programme est le même que celui de l'avant – campagne.
   a. Prière. Enseignez les nouveaux croyants à prier.
   b. Matériel d'étude : La Série C que l'on trouve dans la Module Huit peut être utilisée avec les nouveaux croyants.
   c. Communion fraternelle. C'est le point clé du programme de conservation.

B. MOIS No. 2 - INTEGRATION

1. Faites des rapports mensuels réguliers du progrès des activités de la Cellule de Prière.
2. Continuez le programme de la Cellule de Prière du Mois UN.
3. Intégrez les nouveaux croyants dans différents programmes de l'église.

C. MOIS No. 3 - CELEBRATION

1. Avoir un premier congrès trimestriel des nouveaux croyants pour Célébration, instruction et inspiration. Célébrez avec des expériences et des témoignages.
2. Présentez ceux qui ont complété le Cours de Bible Conservation.
3. Continuez le processus d'intégration.

V. COMPTE A REBOURS ET COMPTE EN AVANCE

1. Voici un résumé d'une stratégie de sept mois
2. Il est fortement recommandé de donner ce résumé de « Compte à rebours et compte en avant » au pasteur, Ancien et dirigeant des Ministères Personnels de chaque église participant à la campagne d'évangélisation durant la session de planification avant que la préparation ne commence.

MOIS No. 3 : Cellules de prière

Semaine 12	Inscription: Organisation de listes de prières et de partenaires de prière
Semaine 11	a. Partenaires de Prière en Action !
	b. Inscription de ceux qui ne sont pas encore sur la liste
Semaine 10	a. Rapports des Partenaires de Prière
	b. Listes de prière présentées lors d'une Prière pastorale d'un culte d'adoration. Continuez chaque semaine.
Semaine 9	Répétez Semaine 10

MOIS No. 2 : Cellules de Soin

Semaine 8	a. Invitez les intéressés aux Cellules de prière qui se transforment en Cellules de Soin.
	b. Commencez la distribution des leçons. Une leçon chaque semaine pour chaque membre et chaque invité.
Semaine 7	Prenez les rapports des cellules de soin.
Semaine 6	Prenez le rapport suivant des cellules de soin.

MOIS No. 1 : Invitations
Semaine 2　　Administrer le sondage sur la Famille à chaque intéressé et étudiant.
Semaine 1　　a.　Veillée de Prière et de louanges = réunion conjointe des cellules de prière.
　　　　　　　b.　Distribuez les invitations

MOIS ZERO : Campagne
Semaine 1　　Jour de prière et de visites : distribution d'invitations le Sabbat.
Semaines 1-4　Les Instructeurs et les intéressés sont assis ensemble durant les réunions.

MOIS No.1 : Cellules de soin continuent
Semaine 1　　Journée d'action de grâces et d'amitié
Semaine 1　　Les Cellules de Soin reprennent (divisez si nécessaire)
Semaines 2-4　Suivre les participants aux Cellules de soin

MOIS No. 2 : Intégration
Semaines 1-4　Suivre les Cellules de Prière
　　　　　　　Facilitez l'intégration de Nouveaux Croyants

MOIS No. 3 : Célébration
Semaine 4　　Service conjoint de Célébration et de Remise de Diplôme du cours Conservation

MODULE SEPT

CAMPAGNE DE VISITE HEBDOMADAIRE

I PREMIERE SEMAINE: AMITIES ET PRIERES

1. **Bâtir de solides liens d'amitié :** parler de ce qui intéresse les amis.
2. **Annonce.** Nous allons TOUS prier aujourd'hui.
3. **Liste de Prières.** Pour quoi aimeriez-vous que nous priions? Laisser à chaque ami d'identifier ses préoccupations.
4. **Prière par l'intéressé.** « Maintenant présentons à Dieu ces choses. »
5. **Prière par l'instructeur.** Courte, présentant les <u>mêmes</u> préoccupation de l'intéressé.
6. **Si l'intéressé ne prie pas.** Demander à l'intéressé de répéter une courte prière après vous.

II DEUXIEME SEMAINE : SABBAT D'INSCRIPTION

1. Inscrire tout candidat possible (intéressé) pour le Sabbat de célébration.
2. <u>N'essayez pas</u> de répondre aux questions sur le Sabbat maintenant.
3. Prières pour tous. Répéter ce qu a été fait la semaine antérieure.

III TROISIEME SEMAINE : DECISION DE BAPTEME ET PERMIS D'ACCES A LA CEREMONIE DE BAPTEME

A. TOUS
1. Offrir un permis d'accès à la cérémonie de baptême à tous les intéressés
2. Quand la réponse est positive, demandez : « Que pensez-vous de votre cérémonie de baptême sabbat prochain? »
3. Prières par les intéressés et l'instructeur.

B. INTERESES NEGATIFS : FAIRE LE DIAGNOSIS
1. Question #1 : quel est le problème ?
2. Question #2 : Quoi d'autre ?
3. Considérez chaque préoccupation. C'est le plus important.

C. INTERESSES NEGATIFS : OFFRIR DES PRESCRIPTIONS, UNE A LA FOIS
1. Donnez des conseils pratiques.
2. Lisez des textes appropriés de la Bible (page suivante) puis offrir une carte de baptême.
3. Raconter une histoire appropriée de la Bible, puis offrir la carte.
4. Raconter une histoire moderne, puis offrir la carte.
5. S'il est encore hésitant :
    a. Laissez la carte pour prière et réponse ultérieurement.
    b. Invitez l'intéressé à la cérémonie de témoignage.

REPONSES AUX OBJECTIONS DE BAPTEME

No.	OBJECTION	TEXTE BIBLIQUE	HISTOIRE BIBLIQUE
1	Mari/femme	Ephésiens 4 :15 Matthieu 10 :35-39	Lot et sa femme
2	Partenaire non mariage	Hébreux 13 :4 1 Thessaloniciens 4 :11, 12	Rahab
3	Travail/Affaires	Psaume 37 :25 Matthieu 6 :31-33	Lévi Matthieu
4	Parents	Actes 5 :29	Les fils de Zébédée
5	Amis/popularité	Jean 15 :14	Les amis de Job
6	Eglise	Actes 17 :30 Marc 7 :7	Paul
7	Retard	2 Corinthiens 6 :2 Hébreux 3 :7, 8	Eunuque
8	Sacrifices	Jean 3 :16	Ruth et Moise

IV QUATRIEME SEMAINE : BAPTEME ET CONSOLIDATION

A. LES BAPTISES
1. Identifiez et étudiez tous les problèmes qui surgissent après le baptême
2. Les prières pour les nouveaux baptisés et instructeur.

B. CEUX QUI NE SONT PAS ENCORE BAPTISES : STRATEGIE DE DECISION

Avec beaucoup de prières essayez l'un ou l'autre des stratégies suivantes :

1. Alternatives opposées
   Deutéronome 30 :19
   Concept : Donner un choix entre deux positions opposée : négative vs positive.
   Exemple : Pas de baptême et mort éternelle ou baptême et vie éternelle.

2. Alternatives parallèles
   Concept : donner un choix entre deux positions positives.
   Exemple : Voulez vous être baptisé dans un bassin ou à la mer ?

3. Pied dans la porte   1 Rois 17 :10, 11
   Concept : Conduire l'intéressé pas à pas.
   Exemple : Aimer Jésus ? Obéir à Jésus ? Baptisé comme Jésus ?

4. Consistance cognitive   Jean 14 :15
   Concept : Lier amour
   Exemple : Le « Sabbat de Jésus ». Le « baptême de Jésus ».

5. A.B.C.   Marc 11 :24
   Concept : Aider l'intéresser à réclamer la victoire.
   A : Demander ; B= Croire ; C= réclamer.
   Réclamer : va et fais comme si tu l'as ! Comme recevoir un chèque !

6. Prière d'intercession   Jacques 5 :16
   Concept : Prier la prière d'intercession en tenant les mains de l'intéressé.

MODULE HUIT

RESSOURCES

La Famille Heureuse Séminaires Bibliques	La Famille Heureuse Séminaires Bibliques
CARTE DE PRIERES	**CARTE DE PRIERES**
Intercesseur _____	Intercesseur _____
Eglise _____	Eglise _____
REQUETE DE PRIERES	REQUETE DE PRIERES
1. _____ 2. _____ 3. _____ 4. _____ 5. _____ 6. _____ 7. _____	1. _____ 2. _____ 3. _____ 4. _____ 5. _____ 6. _____ 7. _____
Mon objectif de priure _____	Mon objectif de priure _____
PARTENAIRE(S) DE PRIERE	PARTENAIRE(S) DE PRIERE
1. _____ 2. _____	1. _____ 2. _____
Copie 1 Pour Intercesseur	*Copie 2 Pour Eglise*

VEILLE DE NUIT

SERVICE DE PRIERES ET DE LOUANGE

CHAQUE SESSION

CHANT D'INSPIRATION　　　　　5 minutes

DEBUT　　　　　　　　　　　　5 minutes
No. 359　« J'ai soif de ta présence »
Prière d'ouverture

ETUDE BIBLIQUE　　　　　　　20 minutes
Lecture biblique
Questions et Réponses

SESSION DE PRIERES　　　　　20 minutes
No « ~~J'ai soif de ta présence~~ »
Prières : couples ou paires

PAUSE ET MOMENTS FRATERNELS　10 minutes

IMPORTANT

1. Restez dans le temps. Suivez l'heure.

2. L'étude biblique n'est pas un sermon ! Faites lire la Bible, puis discutez.

3. Les textes en crochet sont comme des références. Les textes en caractère gras doivent être lus.

4. Veillez à maintenir l'heure de la prière : c'est la raison de votre réunion.

5. Respectez la pause. Cela permet :
　　a. Aux membres de se déplacer et d'avoir des échanges fraternels.
　　b. Aux pasteurs/anciens d'aller d'une Eglise A à une Eglise B, si c'est nécessaire.

6. Ayez une feuille de papier pour chaque personne. Ce sera nécessaire pour les sessions 2 et 5.

PREMIERE SESSION

PRIERE POUR L'ESPRIT

Lecture biblique : Actes 9 :8- 11, 17.

Questions à débattre :

1. Combien de temps Saul a-t-il passé seul avec Dieu ?
2. Quelles sont les deux activités auxquelles s'est-il livré ? (v.9, 11)
3. Qui vit-il dans la lumière qui l'a aveuglé ? (v.17)
4. Durant ses trois jours de cécité physique, qui mentalement voyait-il ?
   Réponse : « Dans l'Etre glorieux qui se dressait devant lui, il reconnut le divin crucifié. Le visage du Sauveur fut à jamais gravé dans l'âme de ce Juif profondément bouleversé. » Conquérants Pacifiques, p.101.
5. « Car il prie » (v.12). D'après vous, quels étaient les sujets de prière sur la liste de prières de Paul ?
6. Ces trois jours de Services de Prières étaient le début de la préparation de Saul pour une évangélisation fructueuse. Qui d'autres avaient pris du temps dans une préparation sérieuse ?
   Actes 1 :4
7. Pendant combien de temps ont-ils prié ?
   Réponse : Entre l'ascension de Jésus le 40ème jour et la Pentecôte le 50ème jour, le temps d'**attente** était de 10 jours.
8. Quel a été le centre des 10 jours de réunions de prières ?
   Luc 24 :49
9. Que se passa-t-il à la fin de ces périodes d'attente ?
   a. Disciples   **Actes 2 :4**
   b. Saul   **Actes 9 :17**
10. Qu'arrivera-t-il comme résultat de ma période d'attente ce soir et par la suite ? **Luc 11 :13**

Session de prières : Groupes de 3 à 5.
Prier pour : Le Saint Esprit, l'Eglise et la communauté.

DEUXIEME SESSION

SOUMISSION A L'ESPRIT

Lecture biblique : Actes 4 :33- 35 ; 5 :1-10

Questions à débattre :

1. Qu'est-ce que le Saint Esprit inspira Ananias et Saphira à faire ?
2. Quelle a été leur réponse ?
    a. Ils ont désobéi complètement au Saint Esprit
    b. Ils ont obéi complètement au Saint Esprit
    c. Ils ont obéi partiellement au Saint Esprit
3. Quel a été le péché principal de Ananias et de Saphira ? (v. 3, 8)
4. A qui, en réalité, ont-ils menti ? (v.3, 9)
5. Dieu ne réclame pas 100% de mon argent, mais il demande 100% de ma vie. Que dit-il ?   **1 Thess. 5 :23**
6. Quand je dis, « je te livre tout », mais en toute présomption et de façon délibérée je garde une partie de ma vie pour moi-même, à qui je mens ?
7. Quand je me livre à Jésus, quelle prière devrais-je faire ? **Ps. 139 :23, 24**
8. Quand je reste sur mes genoux, que je regarde le visage de Jésus, que fait le Saint Esprit ?   **2 Cor. 3 :18**
9. Dans la quiétude de cette heure, quels domaines de ma vie le Saint Esprit me révèle que je dois lui remettre ? (méditation en silence)
10. Suis-je disposé à les lui remettre maintenant ?

Session de prières
  a. Prières silencieuses **individuelles** pour remettre le moi à Dieu (5 minutes)
  b. Ensuite, **Prières groupes de 2** Prenez un partenaire de prière. **Prier** l'un pour l'autre, pour l'évangéliste et pour chaque ouvrier évangélique.

TROISIEME SESSION

UNITE DANS L'ESPRIT

Lecture biblique : Actes 1 :12-15 ; 2 :1-4
Questions à débattre :

1. Combien de disciples étaient réunis à la Chambre Haute ?
2. Sur quel point pouvaient-ils avoir des différences ?
3. Pendant le temps qu'ils étaient ensemble, en plus de la prière, qu'ont-ils fait ?
   Réponse : « Faisant table rase de toutes divergences, de tout désir de suprématie, ils s'unissaient étroitement dans la communion chrétienne » **Conquérants Pacifiques, p. 34**
4. Quelles différences ont-ils mis de coté ?
5. Que dit Jésus sur la nécessité de mettre de coté les différences ?
   Matt. 5 :23,24
6. En vue de changer le mal en bien, que devrions nous faire ?
   Jacques 5 :16
7. Non seulement je devrais confesser ce que j'ai fait de mal, je devrais aussi pardonner volontairement tous ceux qui m'ont fait du tord !
   Si je refuse de pardonner, quelles sont les conséquences ? **Matt. 6 :14,15**
8. Quand les différences sont mises de coté, et que nous sommes de « commun accord », qu'est-ce qui arrive ? **Actes 2 :1-4**
9. Qu'est-ce que j'ai fait de mal et que je dois changer en bien ce soir ?
10. Suis-je prêt à le faire, maintenant ?

Temps d'échanges fraternels : Cinq minutes, pour se rencontrer et saluer. Encouragez le mouvement. Cela donne une opportunité les uns de parler aux autres au sujet de n'importe quoi avant la prière.

Session de prières : Petits groupes

Prier pour : l'unité de l'église, la campagne de Pentecôte, et beaucoup d'âmes.

QUATRIEME SESSION

TEMOIGNER DANS L'ESPRIT

Lecture biblique : Actes 8 :26-29
Questions à débattre :

1. De quel Philippe s'agissait-il : Pasteur Philippe, l'un des 12 apôtres, ou Frère Philippe, l'un des 7 diacres ?
   Réponse : Philippe le diacre, le laïc.
2. a. Qui a pris le rendez-vous pour Philippe avec l'eunuque ?
   b. Dieu arrange-t-il encore de telles rencontres aujourd'hui ?
3. a. Il est plus facile de baptiser le pauvre. Dieu s'attend-il à ce que nous atteignions les riches, influents et d'influence ?
   b. Que pensez-vous de cette citation ?
   « Aujourd'hui, Dieu a besoin d'hommes humbles et consciencieux pour faire connaître l'Evangile aux classes élevées de la société…. Si ceux qui collaborent avec le Seigneur savent saisir les occasions favorables, en s'acquittant de leur tache avec courage et fidélité, il amènera à la conversion des hommes qui occupent des situations en vue, des hommes savants et influents. » **Conquérants Pacifiques**, p.124
4. Cet officier était à la recherche de la vérité. Il y a-t-il encore des gens à la recherche de la vérité aujourd'hui ?
5. Le trésorier lisait le livre du prophète Esaïe, Philippe « commença par ce passage » (**v.35**). De mon coté, quand je rencontre quelque, où devrais-je commencer ?
   Réponse : Par ce qui intéresse la personne.
6. a. Qui était le centre de l'étude biblique faite par Philippe ?
   b. Peu importe où je commence personnellement. Mais quel devrait être mon but ultime ?
7. a. Qui a proposé le baptême ? le prédicateur ou l'intéressé ?
   b. Dois-je toujours attendre que l'intéressé s'offre pour être baptisé ?
   c. Pourquoi oui, pourquoi pas ?
8. Quel est le rôle de l'Esprit au verset :
   a. Verset 29
   b. Verset 39
9. Que va permettre l'Esprit en moi de réaliser ? **Actes 1 :8**

10. Comme la campagne d'évangélisation va commencer, qui voudrais-je que le Saint Esprit m'utilise à conduire à Christ ? (Ecrire les noms des personnes **maintenant**.)

Prières avec un partenaire

Prier pour : les noms sur les listes de prières, un bon temps, des conditions propices pour une grande moisson d'âmes.

CINQUIEME SESSION

ACTION DE GRACES DANS L'ESPRIT

NB : Cette session est **différente** des Nos. 1-4.

11 :00 – 11 :05 5 min   Chant d'inspiration
11 :05 – 11 :10 5 min   Chant No.34 et Prière
11 :10 – 11 :20 10 min. seulement Lecture et Débat

Lecture biblique : Actes 3 :1-10

Question à débattre

1. Au lieu de mendier, que faisait maintenant l'ancien boiteux ?

2. Est-il BIEN de sauter et de louer le Seigneur ?

3. Quelles bénédictions ai-je reçu du Seigneur ce soir ?
   (Ecrire la liste **A** maintenant)

4. Quelles bénédictions j'espère recevoir au cours du **Séminaire Biblique La Famille Heureuse** ?
   (Ecrire la liste **B** maintenant)

11 :20 – 11 :11 :50   30 min **Témoignage**

   C'est le moment de partager votre liste de bénédictions.
   Chacun devrait se lever rapidement et lire de sa liste : un point de la liste **A** et un point de la liste **B**, en disant :
   « Une bénédiction reçue ce soir est _____ »
   « Une bénédiction j'espère recevoir au cours de cette campagne est _____ »
   Intercaler avec des chants de louange.

11 :50 – 12 :00 10 min **Exercice de clôture**

   Former un cercle de fraternité
   Chanter No. « A Dieu soit la gloire »
   Prière d'action de grâces !

Série AA

Leçon 1

LE TRIANGLE DE L'AMOUR

Nous prononçons le vœu « jusqu'à ce que la mort nous sépare ». Mais aussitôt après, beaucoup de mariages se brisent ! Pouvons nous vivre « heureux pour toujours » ?

1. **En débit des nombreux défis que les couples font face, combien de temps Dieu désire-t-il que le mariage ?**
   Matthieu 19 :6 « Ainsi ils ne sont plous deux, mais ils sont une seule chair. Que l'homme ne sépare donc pas ce que Dieu a joint. »
   Le plan de Dieu est que nos mariages durent pour toujours.

2. **Quel est le plus important devoir du mari ?**
   Colossiens 3 :19. «Maris, _____ vos femmes, et ne vous aigrissez pas contre elles. »

3. **Décrivez la qualité d'amour qu'un mari devrait avoir pour sa femme ?**
   Ephésiens 5 :25. Vrai (V) ou Faux (F)
   ☐ Comme celle de Christ. Il aime l'église et a donné sa vie pour elle.
   ☐ Le mari devrait être disposé à mourir pour sa femme.
   ☐ Son amour met les besoins de sa femme au-dessus des siens

4. **En retour, quelle devrait être la réponse de la femme ?**
   Ephésiens 5 :22,23. « Femmes, soyez _____ à vos maris, comme au Seigneur ; car le mari est le chef de la femme, comme Christ est le chef de l'Eglise »

5. **Quelle influence une telle femme aimante peut-elle avoir sur un mari indifférent ?**
   1 Pierre 3 :1-4. Vrai (V) ou Faux (F)
   ☐ Il l'ignorerait pour toujours.
   ☐ Sans lire la Bible, il comprendrait l'amour de Dieu.

- □ « L'homme intérieur et caché » peut adoucir son cœur endurci.

6. **L'introduction d'une troisième partie dans un mariage apporte des problèmes. Cependant, c'est une Troisième Partie qui offre la solution. Qui est cette personne ?**
   Psaume 127 :1 « Si _____ ne bâtit la maison, ceux qui la bâtissent travaille en vain. »

7. **Le couple nouvellement marié ã Cana a trouvé ce qui est vrai. Quand ils ont fait face àcdlamité, comment Jésus l'a -t-il changé en festivité ?**
   Jean 2 :3-10. Il changea l'eau en _____, donnant à boire aux invités des noces.

8. **Pourquoi Jésus se trouvait-il présent lors de la cérémonie de mariage ?**
   Jean 2 :1,2. Vrai (V) ou Faux (F)
   - □ Il passait par là et il s'arrêta.
   - □ Sa mère l'y a conduit.
   - □ Il a reçu une invitation personnelle.

   Si Christ était absent, il y aurait des pleurs et de la tristesse. Mais sa présence a apporté une joie et une allégresse miraculeuses. Ce qu'il a fait pour cette famille à ce moment-là, il est disposé à le faire pour chaque famille aujourd'hui. Jésus a la solution à nos problèmes.

9. **Comment puis-je inviter Jésus à mon mariage et dans ma famille ?**
   Psaume 5 :4. «... le matin tu entends ma voix ; le matin je me tourne vers toi, et je regarde ».

   Quand nous nous prosternons et prions ensemble, martin et soir, nous invitons Jésus dans notre foyer. En prenant les mains du mari et de la femme, il les attire plus près de lui, et plus près l'un de l'autre. Alors les trois deviennent un triangle d'amour éternel. Notre famille devient l'heureuse famille de Dieu.

10. **Ma réponse**
    - □ J'ouvre mon cœur à l'amour précieux de Jésus.
    - □ Chaque jour, je vais avoir une prière dans ma maison invitant Christ dans ma famille

☐ Par la grâce de Dieu, je serai le genre de conjoint que Dieu veut que je sois.

Vérifiez vos réponses :
2. aimez   3. V,V,V   4. soumises   5. F, V, V   6. L'Eternel   7. vin   8. F, F, T

Mon nom : _____
Mon adresse : _____
Mon téléphone : (Maison) _____ (Travail) _____

Toutes les citations bibliques, à moins d'une autre indication, sont tirées de la version Louis Segond.

Tous droits réservés @2003, Conférence Générale des Adventistes du Septième jour, Division Interaméricaine.

Série AA

Leçon 2

NOUS NOUS AIMONS !

C'est facile de dire « je t'aime ». Mais est-ce vrai ?

1. **Ammon dit à son ami Jonadab, « J'aime Tamar ». Mais ce n'était pas vraiment de l'amour! Pourquoi ?**
   2 Samuel 13 :1-4, 10-15. Vrai (V) ou Faux (F)
   ☐ Il n'a pas entendu à la voix de la raison.
   ☐ Il lui a forcé à faire le sexe avec lui.
   ☐ Alors il l'a haie et rejeté.

2. **Si ce n'était pas de l'amour, c'était quoi ?**
   1 Jean 2 :16. « car tout ce qui est dans le monde, la _____ de la chair, la convoitise des yeux, l'orgueil de la vie, ne vient pas du Père, mais vient du monde. »

3. **La convoitise se concentre sur l'aspect physique et l'attirance sexuelle. Sur quoi se centre l'amour ?**
   1 Samuel 16 :7. « L'homme regarde à ce qui frappe aux yeux, mais l'Eternel regarde aux _____. »
   L'amour examine le style de vie de la personne, ses habitudes et son caractère.

4. **La convoitise est égoïste et centrée sur soi. Mais l'amour est désintéressé. Que dit le « chapitre de l'amour » ?**
   1 Corinthiens 13 :4,5 « L'amour est patient, il est plein de bonté ; l'amour n'est point envieux' l'amour ne se vante point, il ne s'enfle point d'orgueil, il ne fait rien de malhonnête, il ne cherche point son intérêt… »

5. **Satan est la source du désir. Qui est la Source de l'amour ?**
   1 Jean 4 :8. « Celui qui n'aime pas n'a point connu Dieu, car _____ est amour. »
   Tout vrai amour vient de Dieu ! Qu'il s'agisse du fiancé et de la fiancée, du mari et de la femme, des parents et des enfants, le vrai

amour vient de Dieu, et il est confortable en la présence de Dieu.

6. **Non seulement Dieu est la Source de l'amour, Il est aussi le meilleur Exemple d'amour. Quel exemple nous a-t-il donné ?**
   1 Jean 4 :10. « Et cet amour consiste, non point en ce que nous avons aimé Dieu, mais en ce qu'il nous a aimés et a envoyé son _____ comme victime propitiatoire pour nos péchés. »

7. **Comment Jésus a-t-il montré Son grand amour pour toi et moi ?**
   Jean 19 :17,18. « Jésus, portant sa croix, arriva au lieu du crâne, qui se nomme en hébreu Golgotha. C'est là qu'il fut _____. »

8. **Décrivez quelques unes des souffrances de Jésus. Vrai (V) ou Faux (F)**
   o Il fut fouetté deux fois : 39 coups de fouet chaque fois.
   o Ses mains et ses pieds ont été percés avec des pointes cruelles.
   o La terreur du péché le sépara de la présence de son père.
   Pourquoi a-t-il souffert telle agonie ? A cause de son grand amour pour moi ! Il prit ma mort éternelle, afin que je puisse avoir la vie éternelle ! Quel amour incomparable !

9. **Parce qu'il m'aime vraiment, il a donné sa vie pour moi. Si je l'aime vraiment, que ferai-je pour lui ?**
   Romains 12 :1. Je présenterai mon corps comme « un _____ vivant, saint, agréable à Dieu, » ce qui est mon service raisonnable.

10. **Ma Réponse**
    ☐ Je rejette la convoitise. Je choisis d'aimer.
    ☐ Je remercie Jésus parce qu'il est mort pour moi.
    ☐ Comme Christ a donné sa vie pour moi, j'ai décidé de lui donner ma vie pleinement.

Vérifiez vos réponses :
1. V, V,V 2. convoitise 3. cœur 5. Dieu 6. Fils 7. crucifié 8. V,V,V 9. sacrifice

Mon nom : _____
Mon adresse : _____
Mon téléphone : (Maison) _____ (Travail) _____

Toutes les citations bibliques, à moins d'une autre indication, sont tirées de la version Louis Segond.

Tous droits réservés @2003, Conférence Générale des Adventistes du Septième jour, Division Interaméricaine.

Série AA

Leçon 3

L'ART DE LA COMMUNICATION

Comme le sang est au corps, ainsi la communication est à la famille.

1. **Quelle importante question Christ adresse-t-il aux couples aujourd'hui ?**
   Luc 24 :17. « De quoi vous entretenez-vous en chemin ? »
   La communication effective est nécessaire pour un mariage réussi et une famille heureuse.

2. **La communication est une rue à double voie : parler et écouter. Quel est le conseil de Dieu au sujet du parler ?**
   Colossiens 4 :6. « Que votre parole soit toujours accompagnée de grâce, assaisonnée de sel, afin que vous sachiez comment il faut répondre à chacun. »

3. **Pour communiquer effectivement, nous avons besoin d'exprimer non seulement les faits, mais aussi nos sentiments. Que devrait-on révéler ?**
   1 Samuel 9 :19. Nous devons dire tout ce qui se passe dans notre _____.

4. **Quand une personne parle, que devrait faire l'autre ?**
   Jacques 1 :19. « Que tout homme soit prompt à écouter, lent à parler, lent à se mettre en colère. »

5. **Qu'implique l'écoute active ? Vrai (V) ou Faux (F)**
   - ☐ Ecouter chaque mot, car c'est ce qui est le plus important.
   - ☐ Prêter attention au ton de la voix, parce que ce est plus important que les mots mêmes.
   - ☐ Observer le langage du corps, car c'est l'élément le plus vital.

6. **Dieu est notre ami divin. Comment nous parle-t-il ?**
   Jean 5 :39 « Vous sondez _____, parce que vous croye z

avoir en elles la vie éternelle ; ce sont elles qui rendent témoignage de moi. »

La Bible est la voix de Dieu parlant directement à votre esprit et à moi aujourd'hui.

7. **Avec quelle fréquence j'écoute la voix de Jésus ?**
   Actes 17 :11. « Ils reçurent la parole avec empressement, et il vérifiait _____ pour voir si ce qu'on leur disait était exact. »

8. **Je ne devrais pas seulement écouter Dieu, mais aussi lui parler. Comment puis-je parler et combien de fois devrais-je le faire ? Matthieu 6 :6 ; 1 Thessaloniciens 5 :17 ; Vrai (V) ou Faux (F)**
   ☐ Prier, c'est parler à Dieu.
   ☐ Cela ne peut être fait que par un prêtre ou un pasteur.
   ☐ Je peux parler n'importe où, n'importe quand.

9. **Devrais-je apprendre une prière, en lire une, ou tout simplement utiliser mes propres mots ?**
   Psaume 62 :9. « En tout temps, peuples, confiez-vous en lui, _____ vos cœurs en sa présence ! »
   Je peux utiliser mes propres mots pour lui dire tout ce que je veux, parce que « prier, c'est ouvrir son cœur à Dieu comme on le ferait à son plus intime ami. »

10. Ma réponse
    ☐ Je parlerai de façon intelligente et j'écouterai activement mon partenaire.
    ☐ Chaque jour, je passerai du temps dans la prière en parlant à mon ami céleste.
    ☐ Je prendrai du temps chaque jour pour lire ma Bible – pour écouter ce que Dieu a à me dire en retour !

Vérifiez vos réponses :
2. grâce 3. Cœurs 5. F, V, V 6. Ecritures 7. chaque jour 8. V, F, V 9. répandez

Mon nom : _____
Mon adresse : _____
Mon téléphone : (Maison) _____ (Travail) _____

Toutes les citations bibliques, à moins d'une autre indication, sont tirées de la version Louis Segond.

Tous droits réservés @2003, Conférence Générale des Adventistes du Septième jour, Division Interaméricaine.

Série AA

Leçon 4

Du temps dédié à la famille !

Le cri universel est « je n'ai pas de temps ! » Cependant, la réalité est que nous faisons du temps pour nos priorités.

1. **A notre époque de la vitesse, que devraient se rappeler les conjoints ?**
   Ecclésiastes 3 :1. « Il y a un _____ pour tout, un _____ pour toute chose sous les cieux. »
2. **Isaac et Rebecca nous donne un bon exemple.**
   Genèse 26 :1, 8. Vrai (V) ou Faux (F)
   ▫ Il y avait une famine et Isaac était dans le pays d'Egypte.
   ▫ Cependant Isaac a pris du temps pour plaisanter avec et caresser Rebecca.
   ▫ Malgré les pressions, les maris et les femmes ont besoin de prendre du bon temps ensemble.

3. **Parents et enfants ont également besoin du temps en famille.**
   Deutéronome 11 :19. « Vous les enseignerez à vos enfants, et vous leur en parlerez quand tu _____ dans ta maison, quand tu _____ en voyage, quand tu te _____ et quand tu te _____. »

4. **Voici comment les enfants épellent le mot amour : « t-e-m-p-s ».** Pourquoi ? Parce que le temps bâtit des relations, ce qui est l'essence de l'amour.

5. **Et Dieu le sait également ! Quand il créa la première famille, il a fait la provision pour qu'ils aient du temps dédié à la famille.**
   Genèse 2 :1-3. Vrai (V) ou Faux (F)
   ▫ Le Sabbat n'a pas commencé avec Moise au Sinaï ; il a plutôt commencé avec Adam et Eve en Eden.
   ▫ Il a été donné à la première famille pour la famille humaine toute

entière.
- C'était le premier jour en plein que Adam et Eve ont passé ensemble.

6. **Deux mille cinq cent ans plus tard, quand Dieu répéta le commandement du Sabbat, il centra l'attention sur la famille.**
Exode 20 :9,10. « Le septième jour est le jour de repos [Sabbat] de l'Eternel ton Dieu. Tu ne feras aucun ouvrage ; ni toi, ni _____, ni ta _____, ni ton serviteur, ni ta servante, ni ton bétail, ni l'étranger qui est dans tes portes. »

7. **Quand Christ a vécu sur la terre, il a aussi utilisé le Sabbat comme un temps dédié à la famille. Voir Luc 4 :16.** Vrai (V) ou Faux (F)
- Christ a voyagé vers Capharnaüm, sa ville natale.
- Revenir à la maison impliquait une réunion de famille.
- Son temps dédié à la famille s'est déroulé à la maison et à l'église.

8. **Quel sera le résultat de ce temps passé avec nos enfants ?**
Psaume 144 :12. « Nos fils sont comme des plantes, qui croissent dans leur jeunesse ; Nos filles comme les colonnes sculptées, qui font l'ornement des palais. »

9. **Le temps dédié à la famille apportera des bénédictions aux maris et aux femmes.**
Proverbes 5 :18. « Que ta source soit bénie, et fais ta joie de la _____ de ta jeunesse. »
Le temps dédié à la famille permettra à ma faille de devenir la famille heureuse de Dieu.

10. **Ma réponse**
- Je passerai du bon temps avec ma famille.
- Comme Jésus, je veux adorer Dieu avec ma famille.
- Je ferai de ma famille une priorité.

Vérifiez vos réponses :
1. temps 2. F, V, V 3. seras, iras, coucheras, lèveras 6. fils, fille 7. F, V, V 9. femme

Mon nom : _____

Mon adresse : _____

Mon téléphone : (Maison) _____ (Travail) _____

Toutes les citations bibliques, à moins d'une autre indication, sont tirées de la version Louis Segond.

Tous droits réservés @2003, Conférence Générale des Adventistes du Septième jour, Division Interaméricaine.

Série AA

Leçon 5

L'EDUCATION DE NOS ENFANTS

L'éducation des enfants est une des grands défis auxquels nous faisons face aujourd'hui.

1. **Amram et Jokébed ont risqué leur vie pour sauver leur bébé !**
   Exode 1 :22 ; 2 :1-3. Vrai (V) ou Faux (F)
   - ☐ Malgré le décret royal, ils ont caché leur enfant pendant trois mois.
   - ☐ Ils ont place le bébé dans un panier d'osier sur le fleuve.
   - ☐ Ils ont déposé une note écrite à la princesse égyptienne.

2. **Comment prenons-nous soin et aidons-nous à la croissance de nos enfants ?**
   Psaume 144 :12. « Nos fils sont comme des plantes, qui croissent dans leur jeunesse ; Nos filles comme les colonnes sculptées, qui font l'ornement des palais. »

3. **Moise fut remis à ses parents pour de courtes précieuses années. Qu'est-ce qu'elles ont représenté pour lui ?**
   Exode 2 :9,10. « La femme prit l'enfant et _____. »
   Non seulement elle l'allaita physiquement, elle l'allaita spirituellement. Ces parents ont éduqué l'enfant à avoir l'amour et à servir le Dieu du ciel. Et aucune puissance sur terre ne pouvait le changer !

4. **Quel soin prenons-nous pour enseigner à nos enfants la Parole et la volonté de Dieu ?**
   Deutéronome 6 :6,7. « Tu les _____ à tes enfants, et tu en parleras quand tu seras dans ta maison, quand tu iras en voyage, quand tu te _____ et quand tu te _____. »

5. **Quand Moise devait faire face à la décision la plus importante de sa vie, quel a été son choix ?**

Hébreux 11 :24-26. Vrai (V) ou Faux (F)
- ☐ Il a décidé de devenir le Pharaon d'Egypte, la super puissance.
- ☐ Il a choisi d'être serviteur du Dieu du ciel.
- ☐ Il a mis son héritage israélite au-dessus de la gloire égyptienne.
- ☐ Et quel fut le résultat ? Moise s'est immortalisé comme un émancipateur, un homme d'état, un législateur, un réformateur de la santé, un poète, un historien et philosophe. Le pouvoir de la paternité est éternel !

6. **Dieu est notre Père. Comment prend-il soin de nous et fait-il notre éducation ?**
   Matthieu 4 :4. « L'homme ne vivra pas de pain seulement, mais de toute _____ qui sort de la bouche de Dieu. »

7. **Comment les parents terrestres, notre Parent céleste a deux types d'enfants. Comment un groupe répond-il aux instructions de Dieu ?**
   Esaïe 1 :20. « Si vous résistez et si vous êtes _____ , vous serez dévorés par le glaive. »

8. **Comment les autres répondent-ils aux commandements de Dieu ?**
   Esaïe 1 :19. « Si vous avez la bonne _____ et si vous êtes _____, vous mangerez les meilleures productions du pays. »

9. **Moise répondit positivement à la direction de ses parents et il a obtenu de grands succès. Quelle sera ma récompense quand je me soumettrai à la Parole et à la volonté de Dieu ?**
   Deutéronome 28 :13. « L'Eternel fera de toi la _____ et non la queue ; tu seras toujours en haut et tu ne seras jamais en bas, lorsque tu obéiras aux _____ de l'Eternel, ton Dieu. »

10. **Ma réponse**
    - ☐ Je prendrai du temps et beaucoup de soin pour aimer et éduquer mes enfants.
    - ☐ Je désire me soumettre au soin de mon père aimant.
    - ☐ Je serai obéissant à ses commandements et je ferai l'expérience de ses bénédictions.

Vérifiez vos réponses

1. V, V, F 3. l'allaita 4. inculqueras, coucheras, lèveras 5. F, V, V 6. parole 7. rebelles 8. dociles 9 tête, commandements

Mon nom : _____
Mon adresse : _____
Mon téléphone : (Maison) _____ (Travail) _____

Toutes les citations bibliques, à moins d'une autre indication, sont tirées de la version Louis Segond.

Tous droits réservés @2003, Conférence Générale des Adventistes du Septième jour, Division Interaméricaine.

Série AA

Leçon 6

DES CELIBATAIRES PLEIN DE SUCCES !

1. **L'apôtre Paul reconnut la dignité du célibat.**
   1 Corinthiens 7 :7. Vrai (V) ou Faux (F)
   - ☐ Il appelle mariage un don de Dieu
   - ☐ Il considère le célibat comme un autre don de Dieu.
   - ☐ Il était lui-même un célibataire quand il a écrit.

2. **Sans se soucier de la conduite des autres, une personne célibataire devrait maintenir une haute estime de soi.**
   Esaïe 43 :4 dit, « Parce que tu as du prix à mes yeux, parce que tu es honoré et que je t'aime »
   Marié ou célibataire, je suis précieux aux yeux de Dieu ! Et Dieu m'aime !

3. **Et Dieu a un plan pour ma vie ! Comment puis-je découvrir son plan ?**
   Proverbes 3 :5,6. « _____ toi en l'Eternel de tout ton cœur, et ne t'appuie pas sur ta sagesse' reconnais-le dans toutes tes voies et il aplanira tes sentiers. »
   Si le mariage est dans le plan de Dieu pour moi, il me guidera. (Gen24)

4. **Pour avoir du succès, je dois être financièrement indépendant.**
   1 Thessaloniciens 4 :11,12. « à mettre votre honneur à vivre tranquilles, à vous occuper de vos propres affaires, et à travailler de vos mains, comme nous l'avons recommandé, … et que vous n'ayez besoin de personne. »

5. **Si je vis avec une personne avec qui je ne suis pas marié, que désire Dieu que je fasse ?**
   Hébreux 13 :4. Vrai (V) ou Faux (F)
   - ☐ Rester tout simplement comme je suis.
   - ☐ Si possible et désirable, me marier.

- ☐ Si ce n'est pas possible ou désirable, je dois mettre une fin à l'affaire.

6. **Dieu m'a fait beaucoup de promesses. Quelle est l'une d'entre elles ?**
   Matthieu 6 :31-33. « Ne vous inquiétez donc point, et ne dites pas : que _____ nous ? Que _____ nous ? De quoi serons-nous vêtus ? … Cherchez d'abord le royaume et la justice de _____, et toutes ces choses vous seront données _____. »

7. **Une étape du célibataire de succès est d'utiliser mon temps et mes talents dans des activités en faveur de la communauté.**
   Actes 9 :36-41 nous donne un exemple. Vrai (V) ou Faux (F)
   - ☐ Son nom est Dorcas
   - ☐ Sa communauté apportait la nourriture aux orphelins
   - ☐ Tout en satisfaisant les besoins des autres, elle était également satisfaite.

8. **Finalement, je devrais établir et maintenir une relation intime avec Christ. Voici une déclaration très encourageante.**
   Esaïe 54 :5. « Car ton créateur est ton époux, l'Eternel des armées est son nom. »

9. **Par-dessus tout, je dois me rappeler que Dieu m'aime.**
   Jean 11 :5. « Jésus _____ Marthe et sa sœur et Lazare. »
   Comme Jésus aima ces célibataires d'autrefois, il aime chaque personne célibataire aujourd'hui ! Quel merveilleux Sauveur aimant !

10. **Ma réponse**
    - ☐ Puisque je suis précieux aux yeux de Dieu, je serai précieux à mes yeux.
    - ☐ Je tournerai le dos l'adultère et je ferai face à la pureté.
    - ☐ Je réclame la promesse de Dieu pour moi de prendre soin et de guider.

Vérifiez vos réponses :
1. V, V, V 3. confie 4. mains 5. F, V, V, 6. mangerez, buverez, Dieu, par-dessus 7. V, F, V 9. aimait

Mon nom : _____
Mon adresse : _____
Mon téléphone : (Maison) _____ (Travail) _____

Toutes les citations bibliques, à moins d'une autre indication, sont tirées de la version Louis Segond.

Tous droits réservés @2003, Conférence Générale des Adventistes du Septième jour, Division Interaméricaine.

Série AA

Leçon 7

DES PARENTS SAGES

1. **Eli le prêtre a échoué dans une tâche délicate de parent. Quelle erreur a-t-il commise ?**
   1 Samuel 2 :12,13. « Les fils d'Eli étaient des hommes pervers, ils ne connaissaient point l'Eternel »

2. **Si je permets à mes enfants de faire ce qui leur fait plaisir, quelles peuvent être les conséquences ?** Vrai (V) ou Faux (F)
   ☐ Une tendance à ne pas respecter la loi.
   ☐ Développement de la personnalité à son potentiel maximum.
   ☐ Manque de respect pour l'autorité.

3. **Certains parents font exactement le contraire. Ils dirigent avec un bâton de fer ! Quel est le conseil de Dieu ?**
   Colossiens 3 :21 « Pères, _____ pas vos enfants, de peur qu'ils ne se découragent. »

4. **Quel est le résultat éventuel du fait d'être trop strict** ? Vrai (V) ou Faux (F)
   ☐ Maturité précoce.
   ☐ Esprit de rébellion.
   ☐ Rejet du système de valeur des parents.

5. **Dieu est le Parent Modèle. Quelle est sa caractéristique suprême ?**
   1 Jean 4 :8. « Celui qui n'aime pas n'a pas connu Dieu, car Dieu est _____ ».

6. **Comment Dieu a-t-il démontré son amour pour nous, ses enfants ?**
   Jean 3 :16. « Car Dieu a tant aimé le monde qu'il a _____ son fils unique, afin que quiconque croit en lui ne périsse point, ais ait la vie éternelle. »

Quand nous regardons les clous dans ses mains, les fers dans ses pieds, les épines sur son front et son coté percé, nous nous exclamons. « Quel amour profond !

7. **Notre Père céleste qui est un sage, ne nous donne pas seulement son amour, il nous donne aussi sa loi. Comment l'appelle-t-on ?**
   Exode 20 3-17. Les dix _____.
   Ces commandements ont pour base l'amour. Les quatre premiers révèlent notre amour pour Dieu, et les six derniers notre amour pour les personnes qui vivent autour de nous.

8. **Que dit Jésus de la relation entre faire l'expérience de l'amour et garder sa loi ?**
   Jean 14 :15. « Si vous _____, gardez mes commandements. »

9. **Comment puis-je, en tant que parent terrestre, recevoir la sagesse pour devenir comme mon Parent céleste ?**
   Jacques 1 :5. « Si l'un de vous manque de sagesse, qu'il la demande à Dieu qui donne à tous sans contrainte ni reproche, et il vous sera donné. »

10. **Ma réponse**
    ☐ Je prie que Dieu me guide et me donne sa sagesse chaque jour.
    ☐ Je maintiendrai les valeurs dans ma famille, et par-dessus tout, je ferai preuve d'amour.
    ☐ Parce que je fais l'expérience de l'amour de dieu, j'obéirai la loi de Dieu.

Vérifiez vos réponses
2. V, F, V 3. provoquer 4. F, V, V 5. amour 6. a donné 7. commandements 8. m'aimez

Mon nom : _____
Mon adresse : _____
Mon téléphone : (Maison) _____ (Travail) _____

Toutes les citations bibliques, à moins d'une autre indication, sont tirées de la version Louis Segond.

Tous droits réservés @2003, Conférence Générale des Adventistes du Septième jour, Division Interaméricaine.

Série AA

Leçon 8

FINISSONS-EN AVEC LES CONFLICTS !

1. **Dans toutes les familles, les conflits surgissent. Combien de temps faut-il prendre pour les résoudre ?**
   Ephésiens 4 :26. « Que le _____ ne se couche pas sur votre colère, et ne donnez pas accès au diable. »

2. **Suivant l'exemple de Dieu, que devraient faire mari et femme quand les conflits surgissent ?**
   Esaïe 1 :18. « Venez et _____ »
   Nous avons besoin de nous asseoir et de parler ; de parler et d'écouter. Chacun devrait essayer de voir le point de vue de l'autre.

3. **Comment puis-je faire pour résoudre le problème ?**
   Philippiens 2 :3-5. Vrai (V) ou Faux (F)
   ☐ Insister de mon coté.
   ☐ Donner préférence à mon partenaire.
   ☐ Suivre l'exemple de sacrifice de Jésus.

4. **Comment puis-je changer le mal en bien ?**
   Jacques 5 :16 Matthieu 6 :14,15 Vrai (V) ou Faux (F)
   ☐ Si j'ai fait du tord, je dois dire, « Je regrette »
   ☐ Si mon conjoint m'a fait du mal, je dois pardonner.
   ☐ Je devrais alors prier avec et en faveur de mon partenaire.

5. **Il y a un autre conflit dans l'univers. Qui sont les protagonistes ? Où a commencé la bataille ?**
   Apocalypse 12 :7-9. Cela a commencé dans le ciel. Les protagonistes furent Christ, appelé Michael, et Satan, le dragon. La guerre fut alors transférer sur la terre, et continue son cours maintenant.

6. **Quand Satan a cloué Christ sur la croix, il a pensé avoir la**

victoire. **Mais qui est le vrai vainqueur au Calvaire ?**
Apocalypse 12 :10. « Maintenant le salut est arrivé, et la puissance, et le règne de notre Dieu, et l'autorité de son Christ ; car il a été précipité, l'accusateur de nos frères. »

7. **Quand Jésus revient dans sa gloire, qu'arrivera-t-il à la famille de Dieu ?**
   1 Thessaloniciens 4 :16   Apocalypse 20 :4 Vrai (V) ou Faux (F)
   - Ceux qui sont morts ressusciteront
   - Ceux qui sont vivants iront en Palestine.
   - Ils règneront avec Christ dans le ciel pendant 1,000 ans.

8. **Qu'adviendra-t-il de Satan et sa famille ?**
   Apocalypse 20 :1-3, 7-10. Vrai (V) ou Faux (F)
   - Satan sera lié pendant 100 ans.
   - Quand il sera relâché, il séduira pour une dernière fois.
   - Finalement, lui et ses suiveurs seront détruits par le feu.

   Le conflit des ages arrivera à sa fin ! Christ sera victorieux !

9. **Décrivez la scène de l'éternelle joie et paix.**
   Apocalypse 21 :1-4. Dans le nouveau ciel et la nouvelle terre, Dieu habitera avec son peuple. Il n'y aura plus de pleurs, ni de mort, ni de tristesse, ni cri, ni douleur parce que ces choses auront disparu pour toujours.

10. **Ma réponse**
    - Je résoudrai les conflits quand ils surgissent et je ferai l'expérience de la paix dans ma famille.
    - Dans le conflit spirituel, je rejette Satan ! Je choisis d'être du coté de Jésus.
    - Quand la grande controverse se terminera, je veux vivre avec Christ pour toujours.

Vérifiez vos réponses :
1. soleil 2. plaidons 3. F, V, V   4. V, V, V   6. Christ 7. V, F, V   8. F, V, V

Mon nom : _____
Mon adresse : _____
Mon téléphone : (Maison) _____ (Travail) _____

Toutes les citations bibliques, à moins d'une autre indication, sont tirées de la version Louis Segond.

Tous droits réservés @2003, Conférence Générale des Adventistes du Septième jour, Division Interaméricaine.

SONDAGE SUR LA FAMILLE DANS LA COMMUNAUTE

La Famille Heureuse
SEMINAIRE BIBLIQUE

Bientôt une série de conférences sur la vie familiale.

Quels sujets aimeriez-vous écouter ?

Au verso de ce formulaire,
Marquez d'un X les casiers de votre choix, SVP

JE SUIS

- ☐ Adulte
- ☐ Marié
- ☐ Homme
- ☐ Jeune
- ☐ Célibataire
- ☐ Femme

SUJETS DE MON CHOIX

- ☐ Clés de la communication effective.
- ☐ Comment prévenir le divorce.
- ☐ Etapes pour résoudre les conflits.
- ☐ Clés pour la compatibilité maritale.
- ☐ Comment gérer le stress.
- ☐ Secret de la satisfaction sexuelle.
- ☐ Gérer l'argent avec succès.
- ☐ Etre célibataire avec beaucoup de succès.
- ☐ Comment être un parent effectif.
- ☐ Autre

Merci pour votre gentille participation.

Série C

Leçon 1

LA PLUS GRANDE HISTOIRE D'AMOUR

1. Une des expériences les plus émouvantes de la vie est de tomber amoureux ! qui est la source de tout vrai amour ?
   1 Jean 4 :8. « Car _____ est amour. »

   Vrai amour

2. Quelles sont quelques unes des caractéristiques du vrai amour ?
   1 Corinthiens 13 :4-8. « L'amour est _____, il est plein de bonté ; l'amour …. Ne cherche point son intérêt, il ne _____ point, il ne _____ point le mal, il se réjouit de la vérité, il _____ tout, il croit tout, il _____ tout, il supporte tout. L'amour ne _____ jamais. »

3. Cependant, Satan a une contrefaçon de l'amour. C'est quoi ?
   1 Jean 2 :16. « Car tout ce qui est dans le monde, la _____ de la chair, et la _____ des yeux et l'orgueil de la vie, ne vient pas du Père, mais du monde. »

4. Quelle est donc la différence entre convoitise et amour ?
   La convoitise est obsédée par ce qui est extérieur : le visage, la mode, l'attirance sexuelle. L'amour est plus intéressé aux choses intérieures : la personnalité, les habitudes et le caractère.
   La convoitise est insultante, par contre l'amour est pur.
   La convoitise est centre sur soi, l'amour est désintéressé.
   La convoitise vient de Satan, tandis que l'amour vient de Dieu.

   Le plus grand amoureux

5. Qui est le plus grand amoureux ? Comment a-t-il montré cet amour ?
   Jean 15 :3. « Il n'y a pas de plus grand amour que de donner sa vie pour ses amis. »

Romains 5 :8. « Mais Dieu prouve son amour envers nous, en ce que lorsque nous étions encore des pécheurs, Christ est _____ pour nous. »

6. **Regardez les souffrances de notre Sauveur aimant.**
Voyez sa tête avec la couronne d'épines cruelles !
Sentez son dos lacéré après avoir reçu 39 coups de fouet deux fois !
Ecoutez le marteau frappant ces clous cruels, déchirant la chair de ses mains d'amour !

7. **Mais bien plus que la doulephysique, il y avait l'angois se mentale et spirituelle.**
Avec les péchés du monde reposant sur lui, il s'est senti dérivant de plus en plus loin de Dieu ! Voici son cri d'agonie.
Matthieu 27 :46. « Mon Dieu, mon Dieu, pourquoi m'as-tu _____ ? »

8. **Pourquoi Jésus a-t-il souffert et est-il mort ?**
Esaïe 53 :5 déclare, « Mais il a été blessé pour _____ péchés, brisé pour _____ iniquités ; le châtiment qui nous donne la paix est tombe sur lui, et c'est par ses meurtrissures que nous sommes _____. »
Je devrais mourir pour toujours à cause de mes péchés, mais Jésus a pris ma place et a connu ma mort éternelle pour que je puisse avoir Sa vie éternelle ! Quel merveilleux amour ! C'est vraiment la plus grande histoire d'amour !

Mon amour

9. **La question que je doit répondre est celle-ci : est-ce que j'aime réellement Jésus ?**
En m'agenouillant au pied de la croix, Christ me pose la même question qu'il a posé Pierre.
Jean 21 :17. « M'_____ - tu ? » Trois fois il posa la même question. Maintenant il te demande. Quelle est ta réponse ? _____.

10. **Si j'aime réellement Jésus, je me repentirai. Je me détournerai de Satan et je donnerai ma vie à Jésus.**
Actes 3 :19 déclare « _____ donc et convertissez-vous, pour que vos péchés soient effacés. »

11. **Si j'aime réellement Jésus, que ferais-je de plus, et que fera-t-il ?**
    1 Jean 1 :9. « Si nous _____ nos péchés, il est fidèle et juste pour nous de nous _____ et de nous purifier de toutes nos iniquités. »
    Peu importe le mal que j'ai fait, si je le confesse, il me pardonne – tout de suite.

12. **Si j'aime réellement Jésus, je soumettrai ma vie à lui.**
    Romains 12 :1 déclare, « Je vous exhorte donc, frères, par les compassions de Dieu, à offrir vos corps comme un _____ vivant, saint et agréable à Dieu, ce qui sera de votre part un _____ raisonnable. »

13. **Si je l'aime, j'obéirai à ses commandements – tous ses commandements y compris le quatrième.**
    Jean 14 :15. « Si vous _____, gardez mes _____. »

14. **Si j'aime mon Sauveur, que ferais-je de plus ?**
    Marc 16 :16. « Celui qui croira et qui sera _____ sera sauvé ; mais celui qui ne croira pas sera condamné. »

15. **Si j'aime vraiment Jésus, je serai vrai réellement à lui pour toujours.**
    Psaume 57 :8 déclare « mon cœur est affermi, ô Dieu, mon cœur est affermi ; je chanterai, je ferai retentir mes instruments. »

Ma réponse
- ☐ J'honorerai Dieu dans ma vie d'amour.
- ☐ J'aimerai vraiment Jésus parce qu'il est mort pour moi.
- ☐ Puisqu'il a donné sa vie pour moi, je lui donne ma vie complètement.

Mon nom : _____
Mon adresse : _____
Mon téléphone : (Maison) _____ (Travail) _____

Toutes les citations bibliques, à moins d'une autre indication, sont tirées de la version Louis Segond.

Tous droits réservés @2003, Conférence Générale des Adventistes du Septième jour, Division Interaméricaine.

Série C

Leçon 2

UNE COMMUNICATION D'AMOUR

Comme le sang est vital pour le corps humain, ainsi la communication est cruciale pour la vie de la famille.

Famille humaine

1. **La communication effective comprend trois éléments. Le premier est le parler juste. Comment les Ecritures décrivent-elles le parler juste ?**
   Colossiens 4 :6 dit, « Que votre parole soit toujours _____ de grâce, assaisonnée de _____, afin que vous sachiez comment il faut répondre à chacun. »

2. **Le second élément est l'écoute active.**
   Jacques 1 :19. « Que tout homme soit prompt à écouter, lent à parler, lent à se mettre en colère. »
   Nous devrions être prompt à écouter parce que Dieu nous a créé avec une langue et deux oreilles ! L'écoute active essaie de capter 100% de ce que l'interlocuteur dit en combinant les mots (7%), le ton de la voix (38%) et le langage du corps (55%) du message.

3. **Toute histoire a deux versions. Nous avons besoin d'échanger : vous devez parler tandis que je dois écouter pour saisir votre version de l'histoire.**
   Romains 12 :10 déclare, « Par amour fraternel, soyez pleins d'affection les uns pour les autres ; par honneur, usez de _____ réciproques. »

4. **Le troisième élément est la négociation. Quand nous comprenons chacun l'autre version de l'histoire, il est temps pour la négociation pour trouver une solution.**
   Nous faisons la liste des options et nous choisissons la meilleure dans laquelle chaque partie perd un peu et gagne beaucoup. C'est le processus de la communication d'amour.

La famille spirituelle

5. **Tandis que la communication effective est vitale pour la famille humaine, elle est cruciale au succès de la famille spirituelle – la relation entre Dieu et moi. Et elle comprend les mêmes trois éléments essentiels. Le premier est le parler juste. Comment parler à Dieu ?**
Psaume 62 :9«En tout temps, peuples, confiez-vous en lu i, _____ vos cœurs en sa présence ! »
« La prière est ouvrir son cœur à Dieu comme on le ferait à son plus intime ami. » Ellen G. White. C'est parler à Dieu dans **mes propres mots**, lui disant tout simplement comment je sens et ce dont j'ai besoin.

6. **Non seulement je devrais parler à Dieu dans la prière, je l'écouterai. Comment me parle-t-il ?**
Jean 5 :39 « Vous sondez les _____, parce que vous croyez avoir en elles la vie éternelle ; et ce sont elles qui rendent _____ de moi. »
Quand je lis la Bible, j'écoute le « témoignage de Jésus ». J'écoute la voix même de Dieu.

7. **Le troisième élément est la méditation. Ici, je ne prie pas, je n'étudie pas. Je pense à lui et je l'écoute me révélant ses secrets, ses solutions à mes problèmes ses idées pour ma vie.**
Psaume 104 :34. « Que mes paroles lui soient agréables ! Je veux me réjouir en l'Eternel. »

8. **Comment devrais-je m'engager dans cette communication d'amour ?**
Actes 17 :11. « Ces juifs avaient des sentiments plus nobles que ceux de Thessalonique' ils reçurent la parole avec beaucoup d'empressement, et ils examinaient chaque jour les Ecritures pour voir si ce qu'on leur disait était exact. »
Comme je communique avec mon conjoint chaque jour, je dois prendre du temps pour communiquer avec mon Dieu chaque jour.

Les lieux de la communication

9. **Le lieu le plus important pour cette communication d'amour entre Dieu et moi est là où nous pouvons être seul.**
   Matthieu 6 :6. « Mais quand tu pries, entre dans ta chambre, _____ ta porte, et prie ton Père qui est là dans le lieu _____ ; et ton Père, qui voit dans le _____, te le rendra. »
   Seul avec Dieu, je lui parle dans la prière, je l'écoute à travers les Ecritures, et je médite sur lui en pensant.

10. **Un autre lie tout aussi important : l'autel de famille. Ici mari et femme, parent et enfant, les membres de la famille se rencontrent chaque jour - matin et soir – pour communiquer avec amour.**
    Genèse 8 :18,20 décrit un autel de famille. « Et Noé sortit, avec ses fils, sa _____, et les femmes de ses fils. Noé bâtit un _____ à l'Eternel. »
    Malgré les défis auxquels cette famille faisait face, ils se réunirent ensemble pour des prières et des louanges, et levant les yeux, ils virent l'arc-en-ciel de l'amour de Dieu.

11. **Le troisième lieu de la communication avec Dieu et avec les familles de Dieu est l'église. Quel exemple trouvons-nous chez Jésus ?**
    Luc 4 :16. « Il se rendit à Nazareth, où il avait été élevé, et, selon sa coutume, il entra dans la synagogue le jour du sabbat. Il se leva pour faire la lecture. » Chaque Sabbat et aux autres moments spécifiques de la semaines, tel que le service de prière au milieu de la semaine, nous nous réunissons pour prier et louer Dieu, étudier et communier fraternellement.

Parler avec amour

12. **Dans l'adoration familiale comme dans l'adoration publique, nous nous rencontrons pour communiquer notre amour a Dieu et notre amour les uns envers les autres.**
    Hébreux 10 :25. « N'abandonnons pas notre assemblée, comme c'est la coutume de quelques uns ; mais exhortons-nous réciproquement, et cela d'autant plus que vous voyez s'approcher le jour. »

13. **Cependant, dans ma dévotion privée, je rencontre Dieu seul pour exprimer l'amour que j'éprouve pour lui.**

Psaume 116 :1. Je lui dis, « J'aime l'Eternel, car il entend ma voix et mes supplications. »
Jérémie 31 :3. Il me dit, « Oui, je t'aime d'un amour éternel, c'est pourquoi je te conserve ma bonté. »
« Et il marche avec moi, et il me parle, et il me dit je suis à lui, et les joies que nous partageons en restant là, personne d'autre ne l'a jamais connu. » C. Austin Miles

Ma réponse
Sans considérer les pressions de la vie, je vais réserver du temps chaque jour pour une communication pleine d'amour avec Dieu.
Je vais maintenir mon autel familial en faisant régulièrement chaque jour le culte de famille.
Chaque semaine, je vais rencontrer la Famille de Dieu et communiquer mon amour pour Dieu.

Mon nom : _____
Mon adresse : _____
Mon téléphone : (Maison) _____ (Travail) _____

Toutes les citations bibliques, à moins d'une autre indication, sont tirées de la version Louis Segond.

Tous droits réservés @2003, Conférence Générale des Adventistes du Septième jour, Division Interaméricaine.

Série C

Leçon 3

LES FINANCES DE LA FAMILLE

1. **Quels sont les deux principes financiers qui devraient guider la Famille de Dieu ?**
   Aggée 2 :9. « L'_____ est à moi, et l'_____ est à moi, dit l'Eternel des armées. »
   1 Corinthiens 4 :2. Je suis un _____ et je dois être fidèle.
   Dieu est le propriétaire, je suis le gérant. C'est pourquoi je dois rendre compte de comment je gère l'argent de Dieu.

Priorité

2. **Quand une famille sans père confrontait des problèmes financiers, quelle instruction Dieu donna-t-il, et quels en étaient les résultats ?**
   1 Rois 17 :12-15. « Prépare-moi (Le prophète de Dieu) d'abord avec cela un petit gâteau, et tu me l'_____ ; tu en feras ensuite pour _____ et ton fils. » Ils ont mangé « pendant _____ ».
   Dieu doit avoir la priorité. Nous devons lui remettre d'abord.

3. **Combien Dieu me demande-t-il de lui remettre ?**
   Lévitique 27 :30. « Toute _____ de la terre. » Combien est cette dîme ?
   Lévitique 27 :32. « La _____ sera consacrée à l'Eternel. »
   Si je gagne cent dollars, je dois retourner _____ dollars à Dieu. C'est la dîme, elle est sainte.

4. **Citez quelques personnalités qui ont approuvé le principe de la dîme.**
   Genèse 14 :18-10. _____ donna la dîme à Melchisédech.
   Genèse 28 :20-22. _____ a promis d'être remettre fidèlement la dîme.

Genèse 23 :23. _____ a condamné l'hypocrisie, mais a approuve la dîme.

5. **A quoi devrait être utilisée la dîme ?**
   Nombres 18 :20,21. A l'époque de l'Ancien Testament, elle allait à la tribu de _____, et les Lévites étaient des prêtres.
   1 Corinthiens 9 :13,14. A l'époque du Nouveau Testament, elle allait pour ceux qui _____ l'évangile à plein temps.

6. **En plus de remettre la dîme, comment pouvons-nous remercier l'Eternel ?**
   Psaume 96 :8. « Apportez des _____, et entrez dans ses parvis. »
   La quantité d'offrandes n'est pas précisée. Cela dépend de la générosité du donateur. (2 Corinthiens 9 :7)

Principes

7. **Quand nous utilisons les neuf dixièmes de notre revenu, il y a un autre principe financier. Lequel ?**
   Luc 14 :28-30. Une personne sage « _____ d'abord et calcule les _____ pour voir si elle a de _____ pour finir [ce qu'il a commencé].
   C'est le concept de plan et budget. Chaque famille doit avoir un budget qui établit les revenus et les dépenses. Il devrait y avoir cet engagement. « Nous ne dépenserons pas plus que ce que nous gagnons. »

8. **Comment les décisions financières doivent –elles être prises dans la Famille de Dieu ?**
   Matthieu 19 :6. « Ils ne sont plus _____, mais _____ seule chair. »
   Amos 3 :3. « Deux hommes marchent-ils ensemble sans en être convenus ? «
   Ce principe d'unité signifie que toutes les décisions financières majeures doivent être prises ensemble. Il n'est plus question de « mon argent » ou « ton argent », mais plutôt « notre argent ». Et nous décidons ensemble comment dépenser l'argent.

9. **Quel plan les fourmis exécutent-ils aujourd'hui pour s'assurer de leur survie de demain ?**

Proverbes 30 :25. Ils _____ leur nourriture pendant l'été pour en avoir pendant l'hiver.
Les fourmis sages un plan d'épargne ! Les gens sages imiteront cet exemple !

10. **Finalement, nous devrions éviter toute nouvelle dette, et faire un plan pour solder les anciennes dettes.**
Romains 13 :8. « Ne devez rien à _____, si ce n'est de vous aimer les uns les autres. »
Proverbes 22 :7 « Celui qui emprunte est _____ de celui qui prête.

11. **Si je garde l'argent de Dieu, que m'arrivera-t-il ?**
Malachie 3 :8,9. Je _____ Dieu, et je serai frappé de _____.
Les neuf dixièmes avec la bénédiction de Dieu donneront plus de résultats que les dix dixièmes avec sa malédiction !

12. **Mais que je suis les principes financiers de Dieu, je recevrai ses bénédictions !**
Malachie 3 :10. Il « ouvrira les écluses des _____, et il répandra la _____ en abondance.
Comme la veuve, je découvrirai que quand je mets Dieu d'abord, il multiplie ce qui reste !

13. **Alors quand Jésus revient, quelle félicitation recevrai-je ?**
Matthieu 25 :21. « C'est bien, bon et _____ serviteur… entre dans la _____ de ton maître. »

Ma réponse
- ☐ Je remettrai fidèlement la dîme à mon Seigneur bien aimé.
- ☐ Je fais des plans pour suivre les principes de Dieu dans les neuf dixièmes qu'il me laisse.
- ☐ Par sa grâce, je l'entendrai me dire, « C'est bien ! »

Mon nom : _____
Mon adresse : _____
Mon téléphone : (Maison) _____ (Travail) _____

Toutes les citations bibliques, à moins d'une autre indication, sont tirées de la version Louis Segond.

Tous droits réservés @2003, Conférence Générale des Adventistes du Septième jour, Division Interaméricaine.

Série C

Leçon 4

LES DELICES DE LA FAMILLE

1. **Dans la famille de Dieu, comment le Sabbat est-il appelé ?**
   Esaïe 58 :13. « Si tu fais du Sabbat tes _____, pour sanctifier l'Eternel en le glorifiant. »

Préparation

2. **Quand commence et finit ce jour de délices ?**
   Lévitique 23 :32. « Dès le _____ jusqu'au _____ suivant, vous célébrerez votre Sabbat. »
   Marc 1 :32. « Le soir, après le _____ du soleil »
   Le jour commence au soir, et le soir commence au coucher du soleil. C'est pourquoi le Sabbat commence le vendredi au coucher du soleil et prend fin le samedi au coucher du soleil.

3. **Pour goûter les délices, nous devons nous y préparer. Comment appelle-t-on le jour qui précède le Sabbat ?**
   Marc 15 :42. « Le soir étant _____, c'était la _____, la veille du Sabbat »
   Vendredi est le jour de la préparation. Toutes les courses, achats, nettoyage de la maison, soin des habits, préparation de la nourriture, etc., doit se faire ce jour-là. La nourriture peut être complétée ou réchauffée le Sabbat, et les repas du Sabbat doivent être les meilleurs de la semaine !

4. **Au coucher du soleil du vendredi, comment la famille de Dieu reçoit-elle le Sabbat ?**
   Psaume 92 :2,3 « Il est beau de _____ l'Eternel, et de _____ ton nom, Ô Très Haut. »
   Avant le coucher du soleil, nous nous apprêtons, et nous nous préparons corps, esprit et âme pour recevoir le Sabbat. Avec des chants, la lecture de la bible, et la prière, nous disons, « Bienvenue

jour délicieux ». Au coucher du soleil le samedi, nous fermons le Sabbat de la même manière.

Activités

5. **Pendant la période de 24 heures, que devons-nous éviter ?**
   Exode 20 :8-11. En ce jour, nous ne devons faire aucun _____.

6. **De quelles autres activités devons-nous nous reposer ?**
   Esaïe 58 :13,14. « Si tu l'honores en ne suivant point tes _____, en ne te livrant pas à tes _____ et à de vains _____ ; alors tu mettras ton _____ en l'Eternel. »
   Nous devons prendre un repos du travail, des activités de l'école, des activités des affaires, des programmes mondains de la radio/TV, des livres et des magazines. Nos pensées et paroles devraient être portées sur les thèmes sacrés.

7. **Peut-on prendre soin des malades et des urgences le jour de Sabbat ?**
   Matthieu 12 :10-13. « Il est permis de faire le _____ le jour du Sabbat. »
   Christ a guéri les malades le jour de sabbat, et a enseigné que la maladie et les urgences doivent être prises en charge.

8. **Où devons-nous toujours aller pendant ce jour de délices ?**
   Luc 4 :16. « Selon sa _____, il entra dans la _____ a le jour de Sabbat. Il se leva pour faire la lecture. »
   Comme Jésus, nous devons prendre l'habitude d'aller à l'église chaque Sabbat et participer – même s'il y a des hypocrites !

Symboles

9. **Le Sabbat est plus qu'un repos physique et mental. C'est un repos spirituel. En qu devons-nous nous reposer ?**
   Matthieu 11 :28. Jésus dit « Venez à moi, vous tous qui êtes fatigués et chargé, et je vous donnerez du _____. »

10. **Il y a un autre sens. Lequel ?**

Ezéchiel 20 :12. C'est une « _____ entre eux et moi, afin qu'ils connaissent que je suis l'Eternel que les _____. »
Ce jour saint est un signe que un Dieu saint nous rend saint.

11. **Le jour de délices de Dieu a un troisième symbolisme ?**
    Esaïe 66 :22,23. Dans le nouveau ciel et la nouvelle _____, d'un _____ à l'autre, tous adoreront l'Eternel.
    Les Sabbats sur la terre sont un avant goût des Sabbats sur la Nouvelle Terre.

Ma réponse
- ☐ J'accepte le sabbat comme mon signe de salut en Christ.
- ☐ Je le garderai saint comme Dieu le désire.
- ☐ Je fais des plans pour être présent pour adorer chaque Sabbat sur la terre, ensuite chaque Sabbat dans la nouvelle terre de Dieu !

Mon nom : _____
Mon adresse : _____
Mon téléphone : (Maison) _____ (Travail) _____

Toutes les citations bibliques, à moins d'une autre indication, sont tirées de la version Louis Segond.

Tous droits réservés @2003, Conférence Générale des Adventistes du Septième jour, Division Interaméricaine.

Série C

Leçon 5

LE PLAISIR DANS LA FAMILLE

1. **Il y a deux manières de s'amuser. Lesquelles ?**
   Matthieu 7 :13,14. La Famille de Satan entre dans le chemin qui conduit à _____ ; mais la Famille de Dieu marche le chemin _____, qui conduit à _____.

La fête

2. **Belschatsar a choisi la manière de Satan. Que fit-il ?**
   Daniel 5 :1. Il fit un grand _____ pour des milliers de princes. C'était une grande fête.

3. **Que dit Dieu des plaisirs de ce monde ?**
   1 Jean 2 :15. « N'aimez point le _____, ni les _____ qui sont dans le monde. »
   Ceux qui aiment le monde n'aiment pas le _____.
   Les fêtes mondaines, la danse, la musique sensuelle, tout cela appartient à la grande avenue de destruction de Satan.

4. **Avec quoi les participants à la réjouissance de Belschatsar se sont intoxiqués ?**
   Daniel 5 :2. Quand le roi « goûta le _____ », il a profané les vases sacres pris dans le temple de Dieu.

5. **Quel est le conseil de Dieu ?**
   1 Pierre 5 :8. « Soyez _____, _____ »

6. **Qui ont accompagnés le roi à la salle de danse ?**
   Daniel 5 :3. « Ses grands, ses _____, ses _____. »

7. **Que dit Dieu au sujet de l'activité sexuelle ?**
   Exode 20 :14. « Tu ne commettras point _____ »

Hébreux 13 :4. « Que le mariage soit _____ de tous, et le lit _____ exempt de souillure, car Dieu jugera les _____ et les _____. »
Dieu condamne le sexe avant le mariage et en dehors du mariage. Il interdit le concubinage et les partenaires d'union libre. Nous devrions nous marier, ou mettre un terme à nos relations illicites.

8. **Quels dieux les hommes et les femmes ivres ont-il adorés ?**
   Daniel 5 :4. « Ils louèrent les dieux _____, et de _____.

9. **Comment Dieu réprimande-t-il ceux qui adorent leur or ?**
   Jacques 5 :2. « Vos _____ sont pourries. »
   Jacques 5 :3. « Votre _____ et votre argent sont rouillés. »

10. **Que dit l'Eternel au sujet du port de bijoux ?**
    1 Pierre 3 :3,4. Notre parure consiste non en des ornements _____, d'habits qu'on revêt, mais l'ornement d'un esprit doux et paisible.
    Esaïe 3 :18-24. L'Eternel ôtera les pendants _____, les bracelets, les chaînettes.

11. **Finalement, le monarque a vu un film ! Que vit-il ?**
    Daniel 5 :5. Les doigts d'une _____ d'homme écrivant sur le _____.

12. **Quelle directive doit nous guider dans le choix des films à regarder ?**
    Philippiens 4 :8. « Que tout ce qui est _____, tout ce qui est _____, tout ce qui est _____, tout ce qui mérite l'approbation, ce qui est _____ et digne de louange, soit l'objet de vos pensées. »

Joie !

13. **Comment Jésus a-t-il montré qu'il veut qu'on fasse la fête ?**
    Jean 2 :7-11. Son premier miracle n'était pas dans une église, mais dans une fête de _____, où il changea l'eau en _____.

14. **Comment pouvons-nous nous réjouir de sa présence quand nous amusons, ou faisons la fête ?**

Jean 2 :3. Jésus fut _____ à la festivité.

15. Quand nous avons choisi les standards de Christ en ce qui concerne la récréation, les vêtements et les compagnies, serons-nous heureux ?
Psaume 16 : 11. « Il y a d'abondantes _____ devant ta face, des _____ éternelles à ta droite.

16. Le résultat sera une joie vraie et durable !
Philippiens 4 :4. « _____ toujours dans le Seigneur. Je le répète, _____.

Ma réponse
- ☐ Je rejette la manière de Satan ; j'accepte le style de vie de Jésus.
- ☐ Je veux faire l'expérience de la vraie joie intérieure dans cette vie.
- ☐ Je veux faire l'expérience de la joie de la vie éternelle.

Mon nom : _____
Mon adresse : _____
Mon téléphone : (Maison) _____ (Travail) _____

Toutes les citations bibliques, à moins d'une autre indication, sont tirées de la version Louis Segond.

Tous droits réservés @2003, Conférence Générale des Adventistes du Septième jour, Division Interaméricaine.

Série C

Leçon 6

Point de crainte dans la Famille de Dieu

1. **Beaucoup de personnes sont effrayé du jugement. Mais le Psalmiste tout en étant un pécheur a accueilli avec joie le jugement.**
   Dans **Psaume 96 :11,13**, il déclare, « Que les cieux se réjouissent, et que la terre soit dans l'allégresse, devant l'Eternel ! Car il vient ; car il vient pour juger la terre. Il jugera le monde avec justice, et les peuples selon sa fidélité. »

2. **Quand j'appartiens à la Famille de dieu, je n'ai pas à craindre le jugement. Pourquoi ?**
   Réponse : Parce c'est l'événement au cours duquel les charges de Satan sont annulées, et Dieu ainsi que sa famille sont lavés de tout soupçon.

Date

3. **Les prophéties qui identifient la date du jugement investigatif se trouvent dans Daniel 8 et 9.**
   Daniel 8 : 14 dit, « encore deux mille trois cents jours ; puis le sanctuaire sera purifié. »
   Selon la prophétie biblique, un jour représente une année (Ezéchiel 4 :6) ; il s'agit donc d'une période de 2300 ans.

4. **Quand cette prophétie a-t-elle commencé et a pris fin ?**
   Daniel 9 :25. « Depuis le moment où la parole a annoncé que Jérusalem sera _____ »
   Le plus important décret pour la restauration de Jérusalem après la captivité babylonienne, fut donné par le roi Artaxerxés I en 457 av J C ; il est mentionné dans Esdras 7. Les deux mille trois cent ans vont de 457 av J C jusqu'à 1843 ap J C. Le décret a été émis en automne 457, la prophétie a pris fin en automne de 1844.

Sanctuaire

5. **En 1844, le sanctuaire a été purifié. De quel sanctuaire s'agit-il?**
   Il ne s'agit certainement pas du tabernacle de Moise. Il avait été remplacé par le temple. Ce n'était pas certainement le temple de Salomon. Il avait été détruit par les Babyloniens en 586 av J C. Ce n'était pas le temple d'Hérode non plus. Il avait été détruit par les romains en 70 ap J C.
   Hébreux 8 :1,2 dit que c'était le sanctuaire céleste de Jésus.
   Toute l'épître aux Hébreux nous parle d'un sanctuaire chrétien, duquel le sanctuaire israélite était seulement un type, qui se trouve dans le ciel !

6. **Pour comprendre la purification du sanctuaire céleste, nous devons examiner la purification du sanctuaire terrestre israélite.**
   Il y avait une cour, un Lieu Saint et un Lieu Très Saint.
   Lévitique 4 :32-35 décrit le service quotidien.
   Jour après jour, le pécheur apportait un agneau à la court. Après avoir confessé ses péchés sur lui, il le tuait, et le prêtre prenait pour l'apporter au Lieu Saint. Ainsi symboliquement, le péché était transféré du pécheur à l'agneau au sanctuaire. Cela se passait jour après jour, pécheur après pécheur. Ainsi le sanctuaire avait besoin d'une purification symbolique.

7. **Une fois l'an, au grand jour des expiations, le Grand Prêtre entrait dans le Lieu Très Saint et dirigeait un service spécial de purification du sanctuaire de tous les péchés d'Israël, les transférant sur le bouc et le renvoyait au désert avec les péchés de la nation pour toujours. Ce Jour des Expiations était :**
   a. un jour solennel. Le peuple priait et jeûnait (Lévitique 23 :27)
   b. Un jour de purification. Les pécheurs pénitents étaient pardonnés pour toujours (Lévitique 16 :30)
   c. Un jour de jugement. Les pécheurs non repentants étaient « éliminés » de la nation. (Lévitique 23 :29)

1844

8. **Ainsi, en 1844, la purification du sanctuaire céleste a commencé.**

Cela implique l'œuvre du jugement – la sentence pour chaque être humain ! Le verdict de vie éternelle tombe pour le pénitent et celui de mort éternelle pour les non repentants.

9. **C'est merveilleux d'observer que les trois espaces du sanctuaire terrestre illustrent les trois phases du ministère de salut de Christ.**

Les trois phases du ministère de salut de Christ					
Symbole	**Lieu**	**Date**	**Christ**	**Jésus est**	**Christ**
Cour	Calvaire	31 ap J C	Mort	Mon agneau	Est mort pour moi
Lieu Saint	Ciel	31 - 1844	Intercession	Mon Prêtre	Plaide pour moi
Lieu Très saint		1844 – Fin	Intercession et Jugement	Mon Grand Prêtre	me représente dans le Jugement

10. **C'est aussi une grande inspiration de noter qu'au moment du jugement investigatif commence dans le ciel, Dieu suscite l'Eglise du Reste sur la terre – pour dire au monde que ce jugement a commencé !**
    Apocalypse 14 :6,7 nous déclare : « Et je vis un autre ange qui volait par le milieu du ciel... qui disait d'un forte voix, 'Craignez Dieu et donnez lui gloire, car l'heure de son _____ est venu'.»
    Tout juste à l'heure ! En 1844, quand le jugement a commencé dans le ciel, Dieu a suscité l'Eglise adventiste du septième jour sur la terre pour dire au monde que « l'heure de son jugement est venu ! »

Revendication de la Famille de Dieu !

11. **Décrivez la scène du jugement de Dieu.**
    Daniel 7 :9, 10 nous dit ceci : Dieu est le juge ; les anges sont les témoins. Les registres du ciel contiennent les preuves.

12. **Dans ce tribunal, l'accusateur est Satan !**
    Apocalypse 12 :10 l'appelle « l'Accusateur des frères.»
    Si je ne remets pas ma vie à Christ, il ne peut pas plaider ma cause. Alors l'Accusateur gagne. Le verdict est coupable ! La sentence est l'enfer !

13. **Mais si je rends ma vie à Jésus, il devient mon Avocat.**
    1 Timothée 2 :5 dit, « Car il y a un Dieu et un _____ entre Dieu et les hommes, l'homme Jésus _____. »
    1 Jean 2 :1 déclare, « Nous avons un _____ après du Père, Christ le juste.
    Quand l'accusateur présente son accusation, mon Avocat de la défense déclare, 'ce pécheur est coupable. Mais j'ai payé la faute ! Il présente ses mains et il crie, « Père, mon sang ! » Il n'essaie pas de convaincre un Père en colère ; il lance un défi à un accusateur en colère ! Le verdict est : « Non coupable ! » Le résultat : le ciel !

La famille heureuse sans crainte

14. **Ainsi, au cours du jugement, la famille de Dieu est revendiquée – par le sang de l'agneau !**
    Et comme David, je n'ai pas avoir peur. Je fais partie de la famille de Dieu qui vit sans crainte ! Mon cas étant dans les mains de mon Sauveur aimant, j'accueille avec joie le jugement !

15. **Bientôt tous les cas seront fermés pour toujours ! Et les paroles finales seront prononcées.**
    Apocalypse 22 :11, 12. « Que celui qui est injuste, soit encore plus injuste ;... que celui qui est saint se sanctifie encore. Et voici, je viens bientôt, et ma récompense est avec moi, pour faire à chacun selon ses œuvres. »
    Quelle récompense apportera-t-il pour vous ? Pour moi ? Aussi longtemps que ma vie est cachée en Christ, la récompense est la vie éternelle ! Famille heureuse pour toujours !

Ma réponse
- ☐ Je remercie Dieu pour Jésus mon Sauveur, mon Avocat, mon Défenseur.
- ☐ Je lui rends tout à fait ma vie. Il peut plaider ma cause.

- ☐ Je ne crains rien ! Je suis si heureux de faire partie de la Famille de Dieu.
- ☐ Je ne fais pas encore partie de la famille de Dieu. Je veux être baptisé maintenant.

Mon nom : _____
Mon adresse : _____
Mon téléphone : (Maison) _____ (Travail) _____

Toutes les citations bibliques, à moins d'une autre indication, sont tirées de la version Louis Segond.

Tous droits réservés @2003, Conférence Générale des Adventistes du Septième jour, Division Interaméricaine.

Série C

Leçon 7

VOICI LA MARIEE !

1. Nous sommes tous bien égayés par la musique « Voici la mariée ! » Dans les Ecritures, Christ est présenté comme l'époux et vous et moi, son église, comme l'épouse.
   Ephésiens 5 :25. « Maris, aimez vos femmes, comme _____ a aimé _____ et s'est livré lui-même pour elle. »

2. **Cependant il y a tellement d'églises ces jours-ci ; comment puis-je être sûr de la vraie église de Dieu en ces derniers jours ?**
   Deux chapitres du livre de l'Apocalypse répondent à cette question.
   Apocalypse 12 peint un tableau de l'histoire de l'église.
   Apocalypse 14 présente le message de l'église.

Identification

3. **Identifions les dix signes de l'église de Christ aujourd'hui.**
   a. **Apocalypse 14 :6**   Elle prêche l'_____ éternel.
   b. **Apocalypse 14 :6**   Elle va à toute _____, tribu, langue et peuple.
   c. **Apocalypse 14 :7**   Elle proclame que l'heure du _____ de Dieu est venu. Le jugement a commencé en 1844.
   d. **Apocalypse 14 :7**   Elle invite le monde à _____ celui qui a fait le ciel et la terre – c'est l'adoration du Sabbat.
   e. **Apocalypse 14 :8**   Elle annonce que _____ est tombée.
   f. **Apocalypse 14 :9**   Elle met en garde contre l'adoration de la _____ et de son image et contre recevoir sa marque. Cette bête est Rome et sa marque est l'adoration du dimanche.
   g. **Apocalypse 14 :12** Elle garde tous les _____ de Dieu.
   h. **Apocalypse 14 :12** Elle vit par la _____ en Jésus.
   i. **Apocalypse 14 :17** Elle subit la persécution par le _____.

j. **Apocalypse 14 :17** Elle a la _____ de Jésus.

4. **Comment pouvons nous identifier une telle église aujourd'hui ?**
   Il y a un peuple qui a toutes ces qualifications. Ce sont les adventistes du septième jour. Ils ne sont pas parfaits, mais ils portent la marque de l'Eglise du Reste de Dieu.

5. **L'Eglise du Reste de Christ a-t-elle le don de prophétie ?**
   Apocalypse 12 :17 Elle a le témoignage de Jésus.
   Apocalypse 19 :10 C'est le témoignage de Jésus es l'esprit de _____.
   « L'esprit de prophétie » signifie que le Saint Esprit parle à travers le prophète de Dieu ; l'église du reste de Christ doit donc avoir un prophète. Cette fonction est remplie par Ellen G. White.

6. **Notons quelques aspects de son ministère prophétique.**
   a. Elle a eu ce ministère pendant 70 ans : 1844-1915.
   b. Elle a servi dans trois continents : Amérique, Europe et Australie.
   c. Elle a écrit 100,000 pages manuscrites de conseils inspirés.
   d. C'est l'auteur féminin le plus largement traduit dans toute l'histoire des traductions dans 140 langues.
   e. Son éventail d'écrits » religion, santé, éducation et vie de famille.
   f. But de ses écrits : illuminer les écritures et montrer Jésus comme notre Sauveur.
   g. Exemples : La série de cinq volumes du Conflit des ages constitue un commentaire inspiré de toute la Bible.
      1. Patriarches et Prophètes de la Genèse à 2 Samuel
      2. Prophètes et Rois de 1 Rois à Malachie
      3. Jésus Christ de Matthieu à Jean
      4. Actes des Apôtres de Actes à Jude
      5. La Tragédie des siècles de l'Apocalypse au second retour de Christ

Invitation

7. **Le Christ a-t-il un peuple honnête dans les différentes religions et églises aujourd'hui ?**
   Jean 10 :14,16. Jésus dit : « Je suis le bon berger ; et je connais mes brebis, et elles me connaissent. J'ai encore _____ brebis qui ne sont pas de cette _____ ; celles-là _____ ma voix, et il y aura un seul _____, un seul berger. »

Etes-vous du troupeau de Dieu ? ____ Entendez-vous sa voix ? _____ Voulez-vous entrer dans la bergerie ?_____

8. **Comment puis-je faire partie de l'église du reste de Christ ?**
   1 Corinthiens 12 :13« Nous avons tous, en effet, été _____ _ dans un seul esprit pour former un seul _____.
   Galates 3 :27. « Vous tous, qui avez été _____ en Christ, vous avez revêtu Christ. »
   Le baptême est l'union spirituelle entre moi et Jésus. Entre le Christ le fiancé et l'église, la fiancée.

Cloches des noces

9. **Un jour, très bientôt, Jésus reviendra pour sa fiancée ! Il vient pour tous ceux qui on fait une alliance d'amour avec lui. Voyons la scène décrite de joyeux événement.**
   Apocalypse 19 :6-9. « Réjouissons-nous et soyons dans l'allégresse et donnons lui gloire, car les _____ de l'agneau est venu, et son _____ s'est préparé... Alors il me dit, 'Ecris : heureux les invités aux repas de noces de l'agneau ! »

10. **Après mille ans de lune de miel dans le ciel, où le Christ et ses saints vivront-ils pour l'éternité ?**
    Apocalypse 21 :1,2. « Et je vis un nouveau ciel et une nouvelle _____... et moi Jean, j'ai vu la cité sainte, la nouvelle _____, descendant du ciel d'auprès de Dieu, préparée comme _____ qui s'est parée pour son _____.
    Apocalypse 7 :17. « Car _____ qui es t au milieu du trône les paîtra et les conduira aux sources des eaux de la vie. »

11. **Quelle sera la plus grande émotion pour la fiancée de Jésus ?**
    Apocalypse 22 :4 « ils verront sa _____, et son nom sera sur leurs fronts. »
    « Quand je le verrai, Jésus Christ qui est mort pour moi »

Ma réponse
- ☐ Je crois que l'église adventiste du septième jour est l'église du reste de Christ aujourd'hui.
- ☐ Je suis prêt à faire l'expérience du baptême, mon alliance avec Christ.

☐ Je suis décidé à être baptisé en Christ et dans on Eglise du reste
☐ Je veux vivre avec Jésus dans son foyer éternel pour toujours.

Mon nom : _____
Mon adresse : _____
Mon téléphone : (Maison) _____ (Travail) _____

Toutes les citations bibliques, à moins d'une autre indication, sont tirées de la version Louis Segond.

Tous droits réservés @2003, Conférence Générale des Adventistes du Septième jour, Division Interaméricaine.

Série C

Leçon 8

L'HEUREUSE FAMILLE DE DIEU

Mari et femme

1. **Quelle est la durée prévue par Dieu pour le mariage ?**
   Matthieu 19 :6 dit « Ainsi ils ne sont plus deux, mais ils sont une _____ chair. Que l'homme ne _____ donc pas ce que Dieu a joint. »

2. **L'homme est la tête, tandis que la femme est le cœur du foyer. Noter comment elle fut créée.**
   Genèse 2 :22 déclare. « L'Eternel Dieu forma une _____ de la côte de l'homme, et il l'amena vers l'homme. »
   Elle ne fut pas prise du pied pour être piétiné par l'homme
   Elle ne fut pas prise de sa tête pour ne pas le diriger.
   Elle fut prise de sa côte pour rester à son coté comme son égal.

3. **Quand les conflits surgissent j'ai besoin de communiquer, parce que la communication est le processus de diagnostic qui nous aide à trouver une cure. J'ai besoin de parler et d'entendre.**
   Jacques 1 :19. « Que tout homme soit prompt à écouter, lent à parler, lent à se mettre en colère. »

4. **Alors, je devrais mettre les désirs de mon conjoint au dessus des mines – comme Jésus a fait. Mon époux devrait faire de même.**
   Romains 15 :1,3. « Nous qui sommes forts, nous devons supporter les faiblesses de ceux qui ne le sont pas et ne pas nous complaire en nous-mêmes. … car Christ ne s'est pas _____ en lui-même. »

5. **Dans l'heureuse Famille de Dieu, qui doit se soumettre à qui ?**
   Ephésiens 5 :21 dit, « Soumettez-vous les uns aux _____ dans la crainte de Dieu. »

La femme doit se soumettre à son mari (Ephésiens 5 :23) et le mari doit se soumettre à sa femme – jusqu'à mourir pour elle (Ephésiens 5 :25). C'est la soumission mutuelle.

Parent et enfant

6. **Dans la Famille de dieu, quel est mon devoir comme enfant ?**
   Exode 20 :12. « _____ ton père et ta mère, afin que tes jours se prolongent dans le pays que l'Eternel ton Dieu te donne. »

7. **Et quel et mon devoir comme parent ?**
   Proverbes 22 :6. « _____ l'enfant selon la voie qu'il doit suivre et quand il sera grand il ne s'en détournera pas. »

8. **Que disent les Ecritures au sujet de la nécessité d'administrer la discipline>**
   Hébreux 12 :5,6. Mon fils, ne méprise pas le châtiment du Seigneur, et ne perds pas courage lorsqu'il te reprend' car le Seigneur châtie celui qu'il aime et il frappe de la verge tous ceux qu'il reconnaît pour ses fils. »
   Quand il est nécessaire d'administrer la discipline, ce doit toujours être avec amour – comme Dieu le fait.

9. **Quelques fois, en dépit de nos efforts, nos enfants se séparent de Dieu. Quelle doit être notre attitude ?**
   Jérémie 31 :3. « Je t'aime d'un amour _____, c'est pourquoi je te conserve ma bonté. »
   Je dois leur donner un amour inconditionnel comme Dieu le fait pour moi.

10. **Le cercle qui unit l'heureuse Famille de Dieu – mari et femme, parent et enfant- est l'autel familial.**
    Genèse 8 :18,20. Et Noé sortit, et ses fils et sa _____, et les femmes de ses fils avec lui. Alors Noé bâtit un _____ à l'Eternel.
    Malgré leurs défis, ils se sont agenouillés autour de l'autel familial et en se tenant les mains ensemble ils ont levé les yeux au ciel et ont vu l'arc-en-ciel de l'amour de Dieu.

Personnes célibataires

11. Le parent célibataire fait face à un défi unique d'être à la fois tête et cœur, père et mère. Mais Dieu a promis sa grâce et sa sagesse.
    Jacques 1 :5 déclare, « Si quelqu'un manque de sagesse, qu'il la demande à Dieu qui la donne à tous ceux qui _____ et sans reproche, et il leur sera _____. »

12. Quelques célibataires luttent avec leur estime de soi. Je dois toujours me rappeler que marie ou célibataire je suis précieux aux yeux de Dieu !
    Esaïe 43 :4 déclare. « parce que tu as du _____ aux yeux de Dieu, parce que tu es _____ et que je _____. »

13. D'autres personnes célibataires luttent contre leur sexualité.
    1 Corinthiens 6 :18 met en garde contre « l'impudicité »
    Romains 12 :21 suggère que nous substituons les activités qui donnent une satisfaction émotionnelle.

14. Les jeunes célibataires ont besoin de direction pour la grande décision de son avenir. Voici la promesse de Dieu :
    Proverbe 3 :5,6. « Confie-toi en l'Eternel de tout ton _____, et ne t'appuie pas sur ta _____ ; reconnais-le dans toutes tes _____, et il _____ tes sentiers. »

La famille de l'Eglise

15. Dieu a une famille plus large – un ensemble de beaucoup de familles en une seule famille- l'église. Ces réunions sont importantes !
    Hébreux 10 :25 met en garde « N'_____ pas notre assemblée comme c'est la coutume de quelques uns ; mais _____ nous réciproquement, et cela d'autant plus que vous voyez s'approcher le jour. »

16. Notre famille de l'église doit être une famille aimante et affectueuse. La Bible la compare au corps humain.
    1 Corinthiens 12 :26,27 dit « et si un membre souffre, tous les membres _____ avec lui ; ou si un membre est honoré tous les membres sont _____ avec lui. Vous êtes donc le corps de Christ, et les membres individuellement. »

17. **Cette grande famille de l'église a une responsabilité vis-à-vis de la plus grande famille – la communauté. Elle a le devoir d'inviter la communauté des familles à faire partie de la famille de Dieu.**
Matthieu 28 :19 est notre commission de partager la bonne nouvelle du salut et d'inviter les autres à être baptisé dans l'heureuse famille de Dieu.

La famille éternelle

18. **Bientôt Jésus viendra pour prendre sa famille à la maison ! Il l'a promis et il tient toujours ses promesses.**
Dans **Jean 14 :2,3**, il dit : « je vais vous préparer une place. Et quand je m'en serai allé et que je vous aurai une place, je _____ et je vous _____ avec moi, afin que là où je suis, vous y soyez aussi. »

19. **Ce sera une famille universelle, multiethnique, multiculturelle.**
Apocalypse 7 :9. « Après cela, je regardai, et voici, une grande foule que personne ne pouvait pas compter, de toute _____, de toute tribu, de tout _____, et de toute langue. Ils se tenaient devant le trône et devant l'agneau, revêtus de robres blanches, et des palmes dans leurs mains. »
Le Père sera là (Apocalypse 21 :3) Le fils sera là ! (Apocalypse 7 :7) Tous les enfants de Dieu seront là ! Et par la grâce de Dieu, je serai là ! Nous serons ensemble pour l'éternité !

Ma réponse
- ☐ Comme mari ou femme, parent ou enfant, ou comme une personne célibataire, je pratiquerai les principes de l'heureuse famille de Dieu.
- ☐ Je veux être un fidèle membre de ma famille d'église.
- ☐ Par la grâce de Dieu, je ferai partie de l'heureuse famille de Dieu pour l'éternité.

Mon nom : _____
Mon adresse : _____
Mon téléphone : (Maison) _____ (Travail) _____

Toutes les citations bibliques, à moins d'une autre indication, sont tirées de la version Louis Segond.

Tous droits réservés @2003, Conférence Générale des Adventistes du Septième jour, Division Interaméricaine.

LES CARTES DE LA SOIREE

Depuis les années 1960, Dr. Earl E. Cleveland a popularisé les questions du soir, et les cartes de questions comme un mécanisme pour porter les visiteurs à prendre leur décision. C'est vraiment effectif depuis près de la moitié d'un siècle.

Aujourd'hui, les résidents des zones saturées de nos programmes d'évangélisation dans le monde, sont devenus habitués avec notre stratégie ; cela a entraîné une diminution dans la participation des adultes aux questions du soir.

Voici une série de quatorze cartes testées avec succès dans le champ, qui offrent une alternative pour obtenir les noms et les adresses ainsi que le décisions de ceux qui viennent assister les réunions d'évangélisation.

La feuille principale (module 3) indique clairement quand et où utiliser stratégiquement ces cartes en vue d'optimiser leur efficacité.

Important : Chaque participant doit recevoir une carte – Adventistes (A) et Invités (I). Excepté pour HF7, elles doivent être remplies avant le sermon et recueillies à la fin du service. Cela facilite les points suivants :

1. Obtenir les noms des retardataires
2. Utiliser dans le cercle de prière a la fin du service.
3. Utiliser comme une carte de décision, certaines fois.
4. Utiliser dans des activités de décision – spécialement durant la semaine de baptême.

FAMILLE HEUREUSE DEBUT HF 1

Registre de présence

Identification ☐ R ☐ A ☐ I

Mon nom _____

Mon adresse _____
_____
_____

Téléphone Maison _____ Travail _____

Mon age   12-19 ☐   20-49 ☐   50 et plus ☐

ENQUETE sur Publicité HF 2

Cher ami: De tous les types de publicité faite pour des séminaires lesquels vous ont le plus marqué? SVP. marquez un X UN OU DEUX cases SEULEMENT.

☐ Les leçons de Famille heureuse ☐ UN ami
☐ Feuilles d'annonce   ☐ Annonces à la radio
☐ Carte d'invitation   ☐ Annonces à l'église

Mon Nom _____

Mon adresse _____
_____
_____

Téléphone Maison _____ Travail _____

Mon age   12-19 ☐   20-49 ☐   50 et plus ☐

HF 3

QUI SUIS-JE?

Veuillez voir un X devant les casiers qui vous concernent

☐ Parent Etudiant
☐ Femme au foyer Femme travaillant
☐ Employé homme Chômeur homme
☐ Célibataire Marié
☐ Enfant de Satan Enfant de Dieu

Mon Nom _____

Mon adesse _____
_____
_____

Tutuphone Maison _____ Travail _____

Mon age   12-19 ☐   20-49 ☐   50 et plus ☐
Mon Instructeur _____

CERCLE DE PUISSANCE I

HF 4

Je crois que Dieu répond à la prière, et CE SOIR, j'ai besoin d'une PRIERE SPECIALE pour :

☐ Mes besoins familiaux
☐ Mes besoins matériels
☐ Mes besoins physiques
☐ Mes besoins spirituels

Mon Nom _____

Mon adesse _____
_____
_____

Tutuphone Maison _____ Travail _____

Mon age   12-19 ☐   20-49 ☐   50 et plus ☐
Mon Instructeur _____

REQUETE DE PRIERE HF 5

☐ Je crois que Dieu répond à la prière.
☐ Venez prier avec moi et ma famille

Mon Nom _____

Mon adresse _____

_____

TutuphoneMaison _____ Travail _____

Mon age   12-19 ☐   20-49 ☐   50 et plus ☐

Mon Instructeur _____

LA FAMILLE QUI PRIE ENSEMBLE

MON SUJET FAVORI HF 6

De toutes les conférences présentées la semaine dernière, laquelle avez-vous appréciée le plus? Encerclez UN SEUL chiffre.

1 2 3 4 5

☐ Veuillez m'inscrire pour la grande célébration de Sabbat.

Mon Nom _____

Mon adresse _____

_____

TutuphoneMaison _____ Travail _____

Mon age   12-19 ☐   20-49 ☐   50 et plus ☐

Mon Instructeur _____

HF 7

MARIAGE ET MOI

Je suis marié(e) et je vie avec mon conjoint. Priez pour ma famille.

Je suis séparé (e) de ma famille. Priez pour moi, SVP.

Je cohabite avec une personne, mais je veux suivre Jésus et me marier.

Préparez un mariage pour moi. A l'église ou à la maison.

Je suis célibataire. Je prie Dieu de m'aider. Je désire une intimité spirituelle chaque jour – Jésus et moi.

Veuillez m'inscrire pour la grande célébration de Sabbat.

Mon Nom _____

Mon adesse _____
_____
_____

Tutuphone Maison _____ Travail _____

Mon age   12-19 ☐   20-49 ☐   50 et plus ☐

HF 8

CERCLE DE PUISSANCE II

Je crois que Dieu répond à la prière et ce soir, j'ai besoin d'un PRIERE SPECIALE pour :

☐ Les besoins de ma famille
☐ Mes besoins matériels
☐ Mes besoins physiques
☐ Mes besoins spirituels
☐ Mes besoins de sabbat

Inscrivez-moi, SVP, à la grande célébration du Sabbat.

Mon Nom _____

Mon adesse _____
_____
_____

Tutuphone Maison _____ Travail _____

Mon age   12-19 ☐   20-49 ☐   50 et plus ☐

ATTENDEZ-VOUS À UN MIRACLE !

HF 9

"Seigneur, je m'attends, cette semaine qui vient, à un miracle. J'avancerai dans ma Mer Rouge, Réalise ton grand miracle pour moi."

Mon Nom _____

Mon adesse _____
_____

Tut/phone Maison _____ Travail _____

Mon age   12-19 ☐   20-49 ☐   50 et plus ☐

MON VOTE

HF 10

Laquelle des présentations de la semaine dernière, avez-vous aimée le plus? Encerclez un SEUL numéro, SVP.

1 2 3 4 5

Ce soir, je vote pour Jésus !

Mon Nom _____

Mon adesse _____
_____

Tut/phone Maison _____ Travail _____

Mon age   12-19 ☐   20-49 ☐   50 et plus ☐

EST CE VRAI? HF 11

Si la déclaration est vraie, écrivez V.

- ☐ Après la prédication de Pierre à la Pentecôte, 3,000 personnes furent baptisées le jour suivant.
- ☐ L'eunuque éthiopien fut baptisé ce même jour.
- ☐ Le geôlier de Philippe fut baptisé au même moment.
- ☐ Le jour de mon salut pour Dieu est aujourd'hui.
- ☐ J'ai décidé de suivre Jésus dans le baptême aujourd'hui.

Mon Nom _____

Mon adesse _____

Tutuphone Maison _____ Travail _____

Mon age 12-19 ☐ 20-49 ☐ 50 et plus ☐

CERCLE DE PUISSANCE III HF 12

Je crois que Dieu répond et CE SOIR, j'ai besoin d'une PRIERE SPECIALE pour:

- ☐ Ma famille
- ☐ Mes besoins matériels
- ☐ Mes besoins physiques
- ☐ Mes besoins spirituels

☐ **MA PRIERE**

Seigneur Jésus, je te prie, donne moi la force pour obéir; pour être baptisé comme toi, et pour te suivre toujours.

Mon Nom _____

Mon adesse _____

Tutuphone Maison _____ Travail _____

L'INVITATION

HF 13

Seigneur:
Je t'invite à être

✓ Le chef de mon foyer aujourd'hui
✓ Le Seigneur de ma vie ce Sabbat

Mon Nom _____

Mon adesse _____

Tutuphone Maison _____ Travail _____

MON TEMOIGNAGE

HF 14

Si la déclaration est vraie, écrivez V.

☐ Je loue Dieu pour les bénédictions de cette campagne sur la famille.

☐ Avant le début de cette campagne, j'avais suivi Jésus dans le baptême.

☐ J'ai été baptisé la semaine dernière, et je suis heureux.

☐ J'ai raté la semaine dernière, mais par la grâce de Dieu, je serai prêt cette semaine.

☐ Je veux faire partie de la Famille de Dieu pour toujours.

Mon Nom _____

Mon adesse _____

TROIS CARTES SPECIALES

I CARTE POUR CERCLE DE PRIERE: (HF 4, 8 et 12)

1. Cette carte est utilisée chaque mercredi soir.
2. Le Cercle de Prière est l'activité finale à la fin du service.
3. Les Adventistes [A] aussi bien que les Invités [I] remplissent une carte, en marquant d'un [x] le ou les casiers qui indiquent leurs besoins.
4. Un pasteur ou un ancien se tient devant chaque allée tenant un Panier de Prière.
5. L'assemblée se lève et chante le chant thème, « Dieu des miracles ».
6. Tous sont invités à passer devant, à déposer les cartes dans les paniers, et à se mettre autour de l'autel.
7. Deux prières d'intercession sont faites pour les différentes requêtes de prière.
8. Après la Session de Prière, donnez l'assurance que les prières sont répondues.
9. Les participants chantent, « À Dieu soit la gloire », tandis qu'ils partent.

II CARTE D'INSCRIPTION DU SABBAT

1. Voir modèle à la page suivante.
2. Voir emploi dans module Sept, section II.

III PERMIS DE BAPTEME

1. Voir modèle à la page suivante
2. Voir emploi dans Module Sept, section III

JE SUIS INCRIT !

La Famille Heureuse
Célébration du Sabbat

Mon Nom _____

Mon adesse _____
_____

Tutu phone Maison _____
Travail _____

Mon age 12-19 ☐   20-49 ☐   50 et plus ☐

Mon Instructeur _____
_____   A ☐

Permis de Baptême

Nom et Prénom (Majuscules) :

Adresse :

Date de naissance   Age

Téléphone: Maison   Bureau

Portable   Email

Etat civique :   ☐Célibataire   ☐Marié (e)
☐Veuf (veuve)   ☐Divorcé (e)

Occupation

Talents particuliers :

Religion avant

Instructeur

Ne rien écrire ci-dessous, SVP

Signature de l ouvrier

Date de baptême

Eglise inscrite

CAMPAGNE LA FAMILLE HEUREUSE
PROGRAMME DE CHAQUE SOIR

1. Exercice de chant et
   Chant thème   10 min   7 :15-7 :25

2. Prière   2 min   7 :25-7 :27

3. Bienvenue   2 min   7 :27-7 :29

4. Musique I   5 min   7 :29-7 :34

5. Offrande   5 min   7 :34-7 :39

6. Promotion et Carte   15 min   7 :39-7 :54

7. Musique II   5 min   7 :54 -7 :59

8. Chant thème   5 min   7 :59-8 :00

9. Sermon/séminaire   45 min   8 :00-8 :45   Evangéliste

10. Appel et collecte
    des cartes   10 min   8 :45-8 :55   Evangéliste

11. Fin   5 min   8 :55-9 :00   Evangéliste

MODULE NEUF

DIX BIENFAITS

1. **SERVICE A LA COMMUNAUTE**
   C'est un autre service à la communauté de la part de l'église adventiste du septième jour! La vie de famille est un besoin ressenti par votre communauté, et vous devez y répondre. Tandis que les membres de la communauté comprennent et pratiquent ces principes, même s'ils ne se font pas baptiser, leur standard de vie de famille sera élevé.

2. **HOMME DE LA RUE**
   Etant un domaine d'intérêt publique, l'évangélisation par la vie de famille est attrayante à l'homme de la rue – en particulier cette personne qui s'est assise dans les campagnes d'évangélisation antérieures, et qui a besoin d'une nouvelle approche pour réveiller son intérêt.

3. **CLASSES PRIVILEGIEES DE LA SOCIETE**
   Ceux à l'esprit sécularisé et ceux qui appartiennent aux classes privilégiées de la société ne montrent pas généralement un grand intérêt pour les présentations de la Bible. Cette approche a beaucoup de valeur pour ces gens. Cependant, il sera avantageux d'utiliser un local spécial, et un enseignement plutôt que la méthode de prédication.

4. **DOCTRINES DIFFICILES**
   Les doctrines qui parfois apparaissent par repoussantes deviennent maintenant attrayantes, parce qu'elles sont liées inextricablement à la famille. De plus, il est difficile d'en accepter une et de rejeter une autre.

5. **ECHANGES FRATERNELS**
   Tandis que les croyants se réunissent dans les Cellules de Prière dans la maison des membres, un réveil d'amour fraternel, d'étude et de prière est expérimenté, et donne comme résultat une nouvelle communion fraternelle pour la Famille de Dieu.

6. **PARTICIPATION DES LAICS ET FORMATION**
   Ce genre d'évangélisation invite un fort pourcentage de laïcs, augmentant ainsi leur niveau de participation. Il permet également un haut niveau de formation pour les Instructeurs

bibliques qui trouveront des beaucoup avantages à court et à moyen terme.

7. **CONSOLIDATION DU NOVEAU CROYANT**
   L'échange Instructeur - Etudiant, avant et pendant la campagne, établit une relation qui augmente la consolidation après la campagne. La Cellule de Prière fournit un cadre de conservation, et « Evangélisation pour la conservation des membres » encourage la formation des membres.

8. **LA VIE DE FAMILLE DES MEMBRES D'EGLISE**
   La vie de famille des membres d'église est enrichie tandis qu'ils apprennent et vivent les principes et les conseils pratiques qui sont donnés dans les Séries.

9. **LA VIE DE FAMILLE DES PREDICATEURS**
   En préparant ces leçons sur un nouveau style de vie, les prédicateurs sont mis en défit de les appliquer dans leurs propres familles. La famille du prédicateur n'est jamais une famille parfaite, bais une famille qui croît.

10. **REVELATION : L'AMOUR DE DIEU**
    L'évangélisation par la vie de famille enrichit notre révélation de l'amour de Dieu, et remplit un des buts pour lesquels Dieu a amené la famille à l'existence – l'amour humain comme une illustration de la famille divine. Quand nous étudions l'amour constant du père ou l'amour tendre de la mère, nous comprenons l'amour infini de notre Père Céleste. Quand nous contemplons l'amour sans mesure du mari et de la femme, nous restons émerveile de l'amour sans égal de Christ, notre amoureux céleste. C'est **la parabole de la famille**.Quand nous faisons l'expérience de l'amour de la famille terrestre, nous pénétrons davantage l'amour de la Famille Céleste de Dieu.
    Alors nous exclamons « Qui nous séparera de l'amour de Christ ? … car j'ai l'assurance que ni la mort ni la vie, ni les anges ni les dominations, ni les choses présentes ni les choses à venir, ni les puissances, ni la hauteur ni la profondeur, ni aucune autre créature ne pourra nous séparer de l'amour de Dieu manifesté en Jésus-Christ notre Seigneur. » Romains 8 :35, 38, 39.

MODULE DIX

LA PUISSANCE ET LA GLOIRE!

I LA PUISSANCE

Toutes les fois que nous entrons dans le domaine de l'évangélisation, « nous luttons contre les principautés, contre les puissances (Eph 6 :12). C'est pourquoi, si nous devons vaincre ces puissances, les princes des ténèbres, nous avons besoin de puissance !

La bonne nouvelle est que cette puissance est promise ! « Vous recevrez une puissance, le Saint Esprit survenant sur vous » (Ac 1 :8)

Les séminaires bibliques « La famille heureuse » recherche cette puissance à travers
- Les partenaires de prière
- Les cellules de prière avant la campagne
- Les demi veilles de nuit de prière et le service de louange
- Les journées de prière
- Les cellules de prière durant la campagne
- La campagne hebdomadaire par le Cercle de Prière
- Les cellules de prières après la campagne

Le programme est saturé de prières ! Pourquoi ? Parce que ce n'est ni par la force, ni par la puissance (humaine), mais par Mon esprit (puissance divine), dit le Seigneur des armées » (Zac 4 :6)

Nous reconnaissons les ressources intellectuelles, les ressources financières et les ressources humaines que nous avons ; cependant, notre plus grand actif : Le Saint Esprit de Dieu avec sa puissance irrésistible.

II LA GLOIRE

En devenant partenaire avec la puissance de Dieu, nous déclarons la gloire de Dieu. Et en quoi consiste sa gloire ? La gloire de Dieu est le caractère de Dieu. (Exode 33 :18,19) Et en quoi consiste son caractère ? « Dieu est amour. » (1 Jean 4 :8) N'est-ce pas là le message de l'évangélisation par la vie de famille ?

Quand nous déclarons la gloire de Dieu dans nos messages, nous faisons l'expérience de Sa gloire dans le salut des âmes. Car sa promesse est « et moi, quand je serai élevé au dessus de la terre, j'attirerai tous les hommes à moi. » (Jean 12 :32) « Ceux qui sèment en pleurant moissonneront avec joie. » (Psaumes 126 :5)

Et quand nous faisons l'expérience de la puissance de Dieu et sa gloire dans le salut de l'humanité perdue, nous proclamons joyeusement, « A toi est le règne, la puissance et la gloire aux siècles des siècles. Amen. » (Matthieu 6 :13) Avec le Psalmiste, nous déclarons « Chantez à l'Éternel un cantique nouveau! Car il a fait des prodiges. Sa droite et son bras saint lui sont venus en aide. » (Ps 98 :1) Et avec l'aveugle, auteur du chant, nous pouvons nous écrier : « A Dieu soit la gloire, il a fait de grandes choses ! »

III CHANT THEME

C'est le centre de notre chant thème « la famille heureuse' : une prière pour la puissance de Dieu et une louange à la gloire de Dieu ! C'est pourquoi, sur toute la terre, chantons le ! Chantons la puissance et la gloire du « Seigneur des miracles »

Droits d'auteur ©2004, Gordon & Waveney Martinborough et Conférence Générale des Adventistes du Division Interaméricaine.

www.ingramcontent.com/pod-product-compliance
Lightning Source LLC
Chambersburg PA
CBHW052052230426
43671CB00011B/1878